法華經講義

——第九輯

——平實導師　述

ISBN 978-986-5655-98-3

執著離念靈知心爲實相心而不肯捨棄者，即是畏懼解脫境界者，即是畏懼無我境界者，即是凡夫之人。謂離念靈知心正是意識心故，若離**俱有依**（意根、法塵、五色根），即不能現起故；若離**因緣**（如來藏所執持之覺知心種子），即不能現起故；復於眠熟位、滅盡定位、無想定位（含無想天中）、正死位、悶絕位等五位中，必定斷滅故。夜夜眠熟斷滅已，必須依於**因緣**、**俱有依**緣等法，方能再於次晨重新現起故；夜夜斷滅後，已無離念靈知心存在，成爲無法，無法則不能再自己現起故；由是故言**離念靈知心是緣起法**、**是生滅法**。不能現觀離念靈知心是緣起法者，即是未斷我見之凡夫；不願斷除**離念靈知心常住不壞之見解**者，即是恐懼解脫無我境界者，當知即是凡夫。

—平實導師—

一切誤計**意識心為常**者，皆是佛門中之常見外道，皆是凡夫之屬。意識心境界，依層次高低，可略分爲十：一、處於欲界中，常與五欲相觸之離念靈知；二、未到初禪地之未到地定中，暗無覺知而不與欲界五塵相觸之離念靈知，常處於不明白一切境界之暗昧狀態中之離念靈知；三、住於初禪等至定境中，不與香塵、味塵相觸之離念靈知；四、住於二禪等至定境中，不與五塵相觸之離念靈知；五、住於三禪等至定境中，不與五塵相觸之離念靈知；六、住於四禪等至定境中，不與五塵相觸之離念靈知；七、住於空無邊處等至定境中，不與五塵相觸之離念靈知；八、住於識無邊處等至定境中，不與五塵相觸之離念靈知；九、住於無所有處等至定境中，不與五塵相觸之離念靈知；十、住於非想非非想處等至定境中，不與五塵相觸之離念靈知。如是十種境界相中之覺知心，皆是意識心，計此爲常者，皆屬常見外道所知所見，名爲佛門中之常見外道，不因出家、在家而有不同。

——**平實導師**——

如《解深密經》、《楞伽經》等聖教所言，成佛之道以親證阿賴耶識心體（如來藏）爲因，《華嚴經》亦說**證得阿賴耶識者獲得本覺智**，則可證實：證得阿賴耶識者方是大乘宗門之開悟者，方是大乘佛菩提之眞見道者。經中、論中又說：證得阿賴耶識而轉依**識上所顯眞實性**、**如如性**，能安忍而不退失者即是**證眞如**、即是大乘賢聖，在二乘法解脫道中至少爲初果聖人。由此聖教，當知親證阿賴耶識而確認不疑時即是開悟眞見道也；除此以外，別無大乘宗門之眞見道。若別以他法作爲大乘見道者，或堅執**離念靈知**亦是實相心者（堅持意識覺知心離念時亦可作爲明心見道者），則成爲實相般若之見道內涵有多種，則成爲實相有多種，則違實相絕待之聖教也！故知宗門之悟唯有一種：親證第八識如來藏而轉依如來藏所顯眞如性，除此別無悟處。此理正眞，放諸往世、後世亦皆準，無人能否定之，則堅持離念靈知意識心是眞心者，其言誠屬妄語也。

——**平實導師**——

目次

第九輯：

第十輯：

第十一輯：

第十二輯：

第十八輯：

第十九輯：

第二十輯：

第二十一輯：

自序

大乘佛法勝妙極勝妙，深奧極深奧，廣大極廣大，富麗極富麗，謂此唯一佛乘妙法，意識思惟研究之所不解，非意識境界故，佛說爲不可思議之大乘解脫境界，名爲大乘菩提一切種智，函蓋大圓鏡智、成所作智、妙觀察智、平等性智；然而此等極勝妙乃至極富麗之佛果境界，要從因地之大乘眞見道始證，次第進修方得。然大乘見道依序有三個層次：眞見道、相見道、通達位。眞見道者位在第七住；相見道位始從第七住位之住心開始，終於第十迴向位滿心；通達位則是圓滿相見道位智慧與福德後，進修大乘慧解脫果，再依十無盡願的增上意樂而圓滿，名爲初地入地心菩薩。眾生對佛、法、僧等三寶修習信心，十信位滿心後進入初住位中，始修菩薩六度萬行，皆屬外門六度之行；逮至開悟明心證眞如時，方入眞見道位中；次第進修相見道位諸法以後，直到通達而得入地時，歷時一大阿僧祇劫，故說大乘見道之難，難可思議。

大乘眞見道之實證，即是證得第八識如來藏，能現觀其眞實而如如之自性，

名爲證眞如；此際始生根本無分別智，同時證得本來自性清淨涅槃。乃至證悟般若不退而繼續進修之第七住位始住菩薩，轉入相見道位中，歷經第一大阿僧祇劫中三十分之二十有四的長劫修行，同時觀行三界萬法悉由此如來藏之妙眞如性所生所顯，證實《華嚴經》所說「三界唯心、萬法唯識」正理；如是進修眞如後得無分別智，終能具足現觀非安立諦三品心而至十迴向位滿心，方始具足眞如後得無分別智，相見道位功德至此圓滿，然猶未入地。

此時思求入地而欲進階於大乘見道之通達位中，仍必須進修大乘四聖諦，現觀四諦十六品心及九品心後，要有本已修得之初禪或二禪定力作支持，方得相應於慧解脫果；或於此安立諦具足觀行之後發起初禪爲驗，證實已經成就慧解脫果；此時已能取證有餘、無餘涅槃，方得與初地心相應，而猶未名初地。而後再依十大願起惑潤生，發起繼續受生於人間自度度他之無盡願，不畏後世長劫生死眾苦，於此十大無盡願生起增上意樂而得入地，方得名爲大乘見道之通達位，眞入初地之入地心中，完成大乘見道位所應有之一切修證。此時已通達大乘見道位應證之眞如全部內涵，圓滿大乘見道通達位應有之無生法忍智慧，及慧解脫果與增上意樂，方證通達位之無生法忍果，方得名爲始入初地心

之菩薩。

然而觀乎如是大乘見道之初證眞如，發起眞如根本無分別智，得入第七住位，成爲眞見道菩薩摩訶薩；隨後轉入相見道位中繼續現觀眞如，實證非安立諦三品心而歷經十住、十行、十迴向位之長劫修行，具足眞如後得無分別智，生起初地無生法忍之初分，配合解脫果、廣大福德、增上意樂，名爲通達見道位眞如而得入地。如是諸多位階所證眞如，莫非第八識如來藏之眞實與如如二種自性，同屬證眞如者。依如是正理，故說未證眞如者，皆非大乘見道之人；證眞如者謂現觀如來藏運行中所顯示之眞實與如如自性故，實相般若智慧依如來藏之眞如法性建立故，萬法悉依如來藏之妙眞如性而生而顯故，本來自性清淨涅槃亦依如來藏之眞如法性建立故。

如是證眞如事，於眞藏傳佛教覺囊巴被達賴五世藉政治勢力消滅以後，由於時局紛亂不宜弘法故，善知識不得出世弘法，三百年間已經不行於人世。及至時局昇平人民安樂之現代，方又重新出現人間，得以繼續利樂有緣學人。然而，縱使末法時世受學此法而有實證之人，欲求入地實亦匪易，蓋因眞見道之證眞如已經極難親證，後再論及相見道位非安立諦三品心之久劫修行，而能一

一教授弟子四眾者，更無其類；何況入地前所作加行之教授，而得具足實證大乘四聖諦等安立諦十六品心、九品心者？眞可謂：「善知識者出興世難，至其所難，得值遇難，得見知難，得親近難，得共住難，得其意難，得隨順難。」如是八難，具載於《華嚴經》中；徵之於末法時世之現代佛教，可謂誠言，眞實不虛。

縱使親值如是善知識已，長時一心受學之後，是否即得圓滿非安立諦三品心及安立諦十六品心、九品心而得入地？觀乎平實二十餘年度人所見，誠屬難事；殆因大乘見道實相智慧極難實證，何況通達？復因大乘慧解脫果並非隱居深山自修而可得者，如是證明初始見道證眞如已屬極難，更何況入地進修之後，所應親證之初地滿心猶如鏡像現觀，解脫於三界六塵之繫縛；二地滿心猶如光影之現觀，能依己意自定時程及範圍而轉變自己之內相分，令習氣種子隨於自己施設之進程而分分斷除；三地滿心前之無生法忍智慧，能轉變他人之內相分；以及滿心位之猶如谷響現觀，能觀見自己之意生身分處他方世界廣度眾生，而使無生法忍及福德更快速增長。至於四地心後之諸種現觀境界，更難令三賢位菩薩了知，何況未證謂證、未悟言悟之假名善知識，連第七住菩薩眞見道所證

眞如都只能想像者？

雖然如此，縱使已得入地，而欲了知佛地究竟解脫、究竟智慧境界，亦仍無法望其項背，實因初地菩薩於諸如來不可思議解脫及智慧仍無能力臆測故。縱使已至第三大阿僧祇劫之修行——已得八地初心者，亦無法全部了知諸佛的境界，則無法了知佛法之全貌，如是而欲了知十方三世諸佛世界之關聯者，即無其分。以是緣故，世尊欲令佛子四眾如實了知三世佛教之亙古久遠、未來無盡，以及十方虛空諸佛世界等佛教之廣袤無垠；亦欲令弟子眾了知世間萬法、出世間法及實相般若、一切種智無生法忍等智慧，悉皆歸於第八識如來藏妙眞如性者，則必於最後演述《妙法蓮華經》而圓滿一代時教；是故 世尊最後演述《法華經》時，一仍舊貫而如《金剛經》稱此第八識心爲「**此經**」，冀諸佛子醒悟此理而捨世間心、聲聞心，願意求證眞如之理，久後終能確實進入絕妙難思之大乘法中。斯則 世尊顧念吾人之大慈大悲所行，非諸凡愚之所能知。

然而法末之世，竟有身披大乘法衣之凡夫亦兼愚人，隨諸日本歐美專作學問之學者謬言，提倡六識論之邪見，以雷同常見、斷見外道之邪見主張，公開否定大乘諸經，謂非佛說，公然反佛聖教而宣稱「**大乘非佛說**」。甚且公然否

定最原始結集之四大部阿含諸經中之聖教，妄判爲六識論之解脫道經典，公然貶抑四阿含諸經中之八識論正教，令同於常見外道之六識論邪見；全違 世尊依八識論而解說聲聞解脫道之本意，亦令聲聞解脫道同於斷見、常見外道所說之解脫，則無餘涅槃之境界即成爲斷滅空而無人能知、無人能證。如是住如來家，著如來衣，食如來食，藉其弘揚如來法之表相，極力推廣相似像法而取代聲聞解脫道正法，最後終究不免推翻如來正法；如斯之輩至今依然寄身佛門破壞佛法，而佛教界諸方大師仍多心存鄉愿，不願面對如是破壞佛教正法之嚴重事實，仍多託詞高唱和諧，而欲繼續與諸多破壞佛教正法者**和平共存**，以互相標榜而**維護名聞利養**。吾人若繼續坐令如是現象存在，則中國佛教復興，以及中國佛教文化之推廣，勢必阻力重重，難以達成；眼見如是怪象，平實不得不詳解《法華經》之眞實義，冀能藉此而挽狂瀾於萬一。

如今承蒙會中多位同修共同努力整理，已得成書，總有二十五輯，詳述《法華經》中 世尊宣示之眞實義，因名《法華經講義》，梓行於世，冀求廣大佛門四眾捐棄邪見，回歸大乘絕妙而廣大無垠之正法妙理，努力求證，共爲復興中國佛教文化、抵禦外國宗教文化之侵略而努力，則佛門四眾今世、後世幸甚，

中國夢在文化層面即得實現。乃至繼續推廣弘傳數十年後，終能使中國成爲全球最高階層文化人士的歸依聖地、精神祖國；流風所及，百年之後遍於歐美社會各層面中廣爲弘傳，則中國不唯民富國強，更是全球唯一的文化大國。如是復興中國佛教文化之舉，盼能獲得廣大佛弟子四眾之普遍認同，乃至廣有眾人付諸實證終得廣爲弘傳，廣利人天，其樂何如。今以分輯梓行流通在即，因述如斯感慨及眞實義如上，即以爲序。

佛子　平實　謹序

公元二〇一五年初春　謹誌於竹桂山居

第九輯：

《妙法蓮華經》

〈五百弟子受記品〉第八（上承第八輯〈五百弟子受記品〉未完部分）

經文：【爾時阿若憍陳如等，欲重宣此義，而說偈言：「

我等聞無上，安隱授記聲；歡喜未曾有，禮無量智佛。
今於世尊前，自悔諸過咎；於無量佛寶，得少涅槃分，
如無智愚人，便自以爲足。
譬如貧窮人，往至親友家；其家甚大富，具設諸餚饍；
以無價寶珠，繫著內衣裏；默與而捨去，時臥不覺知。
是人既已起，遊行詣他國，求衣食自濟，資生甚艱難；
得少便爲足，更不願好者；不覺內衣裏，有無價寶珠。
與珠之親友，後見此貧人；苦切責之已，示以所繫珠；

貧人見此珠，其心大歡喜，富有諸財物，五欲而自恣。
我等亦如是：世尊於長夜，常愍見教化，令種無上願；
我等無智故，不覺亦不知；得少涅槃分，自足不求餘。
今佛覺悟我，言非實滅度；得佛無上慧，爾乃爲眞滅。
我今從佛聞，授記莊嚴事；及轉次受決，身心遍歡喜。」

語譯：【這時阿若憍陳如等五百阿羅漢，想要重新宣示這個義理，就以偈來講出下面的話：

「我們大眾聽聞世尊至高無上的、安隱無憂的授記法音，心中如此強烈地歡喜是不曾有過的，我們在這裡恭謹地敬禮無量智慧的佛陀。

如今也同時在世尊面前，要自己懺悔各種過失；因爲我們於佛菩提中的無量寶物，只是得到一點點的、小小的涅槃分，就如同沒有智慧的愚癡人一樣自以爲足。

譬如一個貧窮的人，前往親友的家中；親友家裡非常富有，他們熱情地敷設了種種飲食；又以無價的寶珠繫著在這個人的內衣裡面；這樣子默默地給了他，然後有事就捨離而去，當時這個貧窮人是醉臥而不覺知的。

後來這個人酒醒以後起身了，發覺親友已經離去，自己無所依止，於是次第遊行到別的國家去，他只是爲了求得衣食的溫飽可以救濟自己的生命，但是能夠資助他維生的生活資材是非常艱難取得的；

因此他總是得到一點點的資生之物，便覺得很滿足了，也沒有想要再追求更好的衣食；而他一向都沒有覺察到自己的內衣之中，有個無價的寶珠。

那位暗地裡給他寶珠的親友，後來終於又遇見了這個貧人；於是很苦切地責備了他以後，幫他把內衣裡面所縫的寶珠找了出來給他看；

這個貧人看見了這顆寶珠，他的心中非常非常歡喜，於是就去換取金銀等等，又去買了很多的財物，從此以後富有地享受他的五欲而自由自在地生活。

我們這些弟子們也是像這樣子：世尊於無盡生死漫漫長夜之中，常常憐愍我們而來教化我們，令我們種下了無上的菩提大願；

我們因爲沒有智慧的緣故，不覺也不知；到今天這一世獲得了一點點的涅槃，自己就覺得很滿足，不想要進求更高的涅槃了。

如今佛陀覺悟了我們，告訴我們說這還不是眞實的滅度；必須要獲得佛

世尊的無上智慧以後，那時才可以說是眞正的滅度。

我今天從佛陀這裡聽聞到，這個授記的莊嚴事相以後；也知道我們五百個人，未來世中也將會轉次一一受記，所以我們身心都遍滿了歡喜。」

講義：這個偈叫作重頌，就是把剛才講過的那一些話，以偈的方式再重新誦出來。這些經文中告訴我們說人有胎昧，所以往往不知道往世有什麼修學佛法的過程，因此還是須要 佛陀來攝受。特別是未滿三地心以前，都是須要 佛陀來攝受的；因爲未滿三地心以前，都還不離胎昧。甚至於有的人到了四地、五地，意生身都還沒有發起，都還有這個可能，所以都須要佛陀的攝受。那麼，在三大阿僧祇劫的成佛過程之中，這種事相是常常會遇見的；有時候忽然忘了，可是只要得到了啓發，往世的那一些所修所證，又會漸漸地次第找回來，然後從那個基礎上再繼續往前進修。這就像說，貧窮的人在親友家中接受招待而醉臥時，親友遠行之前就把無價寶珠縫在他的內衣裡面，希望他醒來以後自己可以受用。可是人有胎昧，就像他醉臥而不知一樣，於是要很辛苦去求道學法，終究一無所成。一直到後來又遇見了大富的親戚——佛陀，告訴他無價的寶珠何在，才終於能夠重新再找出來運用。

這意思就是說，不要把自己當作聲聞人，因爲聲聞人其實並不多。聲聞人被度了以後，證得涅槃，死後就會入涅槃去，所以聲聞人在世間本來就不會很多。爲什麼我們一直在說，會外有很多的法師們都是聲聞人呢？原因何在呢？原因就是被誤導，把聲聞的法和聲聞的戒律，當作是菩薩們應該學的法、應該遵守的戒律，於是就成爲聲聞人了；雖然他們心中認爲自己是菩薩，但本質都是聲聞人。

聲聞法不可能讓你一直修學而成佛，因爲聲聞法的內涵只能使人成爲阿羅漢，沒有絲毫能夠使人生起實相般若的內涵，也沒有使人成就八識心王一切種智的內涵，當然無法使人成佛，即使把聲聞法修學三大阿僧祇劫也是一樣；而且聲聞法一世就可以窮究完畢，也不必修學三大阿僧祇劫；若是很精進的人，即使不利根，只要所學的聲聞法是正確而不是像印順那樣亂說的聲聞法，最多四世也能證得阿羅漢果。所以，憍陳如等人跟著善知識一世又一世、一劫又一劫，努力修學之後都沒有去取證無餘涅槃，難道會是只學聲聞解脫道嗎？當然是修學佛菩提道才會不入涅槃，難道他們不是菩薩嗎？當然是菩薩。所以說，胎昧害人還眞的很嚴重，然而胎昧害人，也不是胎昧來害

你，因爲胎昧是本來就存在的現象；實際上也沒有胎昧這個東西來害人，是因爲自己無法突破，無法早日滿足三地心而沒有意生身發起，才會有胎昧的存在。所以胎昧的存在，是因爲自己不夠精進，沒有趕快滿足三地心才被胎昧所害，結果是被自己所害，還是自己害自己。

所以，眞正要修學佛菩提的話——眞正在學佛而不是學阿羅漢，應該要去瞭解聲聞法的內涵，然後清楚定義那是聲聞法；也應該要深入瞭解緣覺法的內涵，然後明確定義那是緣覺法；接著還要深入佛菩提之中去瞭解佛菩提的內涵，然後清楚定位這些是佛菩提法；最後是要觀察佛菩提函蓋了二乘菩提，這是在法上說。換到另一個方面來說，應該去瞭解聲聞法中的戒律，瞭解那只是一世所受的聲聞律；你沒有辦法持著這個聲聞律，一直永續修到等覺位；那是不可能的，那只是一世所受的戒律。而且，這個戒律是一世受了以後，等你捨報時就不存在了，未來世已經不存在前世所受的聲聞戒了。可是，往世曾經受過菩薩戒的人，你這一世一定會喜歡菩薩戒，一定會歡喜再接受菩薩戒；只要一聽到有在傳授菩薩戒，心裡面就想要趕快去領受，這就表示你往世曾經受過菩薩戒。

你如果往世受過菩薩戒而沒有大妄語業等，這一世菩薩戒的戒體還會存在；如果沒有大妄語業而這一世菩薩戒的戒體不在，表示你往世沒有受過。什麼人是戒體不在的人？例如有人聽到菩薩戒時就想：「那不是我要受的戒。」要不然就是另一個想法：「我過去世早就受過了，我這一世不用再受了。」他沒有增上戒的想法，這表示他對於受菩薩戒，沒有欣樂愛樂之心，這就是沒有戒體的人。若是有戒體的人，即使你是再來菩薩，當你遇到一個凡夫菩薩傳菩薩戒，而你當世還沒有受過，你一定也會趕快去受的，你心裡面會有愛樂之心，喜歡增益受菩薩戒。受菩薩戒的想法就是想要讓自己趕快再回歸到菩薩的行列之中，這就表示你的戒體還在。如果聽到受菩薩戒的事，再三考慮說：「我要不要受？作這個事也不行，作那個事也不行，一大堆的束縛。」就表示說，這個人戒體是不在的，表示過去世沒有受過。

這一世若是眞的受了菩薩戒的話，就應該要很珍惜了；因爲菩薩戒是一受永受，盡未來際；所以菩薩戒是只有受法，沒有捨法。聲聞戒是可以在佛像前面對四人之眾，宣稱說：「我今捨棄比丘戒。」或是宣稱：「我今捨棄比丘尼戒。」戒體就不在了。菩薩戒不一樣，雖然你對著大眾說：「我捨了菩

薩戒。」對不起！你的菩薩戒還是在，因為當初受菩薩戒時，戒師有說過：「只有受法，沒有捨法，有受而無捨。」當初聽了還願意受戒，就表示以後沒有捨戒的時候了；那麼一世又一世多劫修學下來，雖然還有胎昧，一聽到人家說什麼時候要辦菩薩戒了，就會趕快去報名，趕快要受菩薩戒，想要繼續回到菩薩的行列中。

所以說：「有受名菩薩，不受名外道。」《梵網經》也說，會犯菩薩戒的人才是菩薩，從來不犯菩薩戒的人都是外道。這意思，大家要瞭解，就是說，你從法上去瞭解，什麼是聲聞緣覺，什麼是佛菩提；但你從戒律上也要去瞭解，什麼是聲聞戒，什麼是菩薩戒，都得要瞭解。那麼瞭解以後，你要以菩薩戒為你的歸依，縱使出家而現聲聞相了，那聲聞戒只是在出家人之中共同常住的時候，約束自己身心的一個規則；但那只是約束一世，不是盡未來際。盡未來際的戒就只有一種，叫作菩薩戒；可以讓你未來際受持，所以菩薩戒才叫作千佛大戒；只有受了菩薩戒才有辦法成佛的，沒有人可以不受菩薩戒而成佛。

所以，憍陳如他們過去多劫以來如果不是受持菩薩戒，只受聲聞戒、修

學聲聞法，那他們早就入涅槃去了。受持菩薩戒就不許入無餘涅槃，才能夠一世又一世繼續修學下來。那麼在一世又一世修學菩薩道的過程中，有時無妨示現出家相，加受了聲聞戒，那也無妨。但是不要被人家誤導了，就拿聲聞律來解釋菩薩律，否則就會有很嚴重的過失。因爲聲聞律沒有辦法函蓋菩薩律，所以用聲聞律來解釋菩薩的戒律，那會犯下很大的過失；那麼就有很多的事情，你會受到聲聞法的侷限，就沒辦法好好行菩薩道（編案：正覺同修會中有呂姓學員犯此大過至今不知悔過而遮障道業）。所以一定要依菩薩戒的律則，來解釋菩薩的戒律，才有辦法完整受持菩薩戒而次第漸修成佛。

這就是告訴我們，憍陳如等人的言外之意就是說，你要弄清楚菩薩法與聲聞緣覺法有什麼差異，也要弄清楚菩薩戒律與聲聞緣覺的戒律有什麼差異，然後你得到一個準則，就可以持菩薩戒而沒有什麼拘束，可以如理如法的一直受持到成佛，這就是阿若憍陳如這一段經文背後所顯示的意思。也就是告訴大眾說：「我們本來就是菩薩，我們本來就不是聲聞。今生爲什麼會變成聲聞人？是因爲佛陀度眾的權巧方便，在這個五濁惡世必須如此，先讓我們證得聲聞果而出家當聲聞人。但是佛陀在那個過程裡面也不斷地演說菩

薩法，在第二轉法輪、第三轉法輪的過程中，已經把菩薩的法都教給我們。可是大眾都因爲這一世示現聲聞相，就覺得自己是個聲聞人。」原來那是錯誤的觀念，所以這一段經文告訴大家說：我們本來都是菩薩，不必把自己當作聲聞人。

那麼，台灣這幾十年來，一直都用聲聞律、聲聞法，在取代菩薩律以及菩薩法。這不是佛教界大眾的過失，而是被那一些大法師們作了錯誤教導所影響。希望從正覺同修會把正法弘揚出去以後，大家都回歸菩薩法、回歸菩薩律來，那麼正法的未來就不會有什麼需要大家擔憂的地方了。接下來要進入第九品：

《妙法蓮華經》

〈授學無學人記品〉第九

經文：【爾時阿難、羅睺羅而作是念：「我等每自思惟：『設得受記，不亦快乎？』」即從座起，到於佛前頭面禮足，俱白佛言：「世尊！我等於此亦應有分，唯有如來，我等所歸。又我等，為一切世間天、人、阿修羅所見知識：阿難常為侍者，護持法藏；羅睺羅是佛之子。若佛見授阿耨多羅三藐三菩提記者，我願既滿，眾望亦足。」爾時，學、無學聲聞弟子二千人，皆從座起，偏袒右肩到於佛前，一心合掌瞻仰世尊，如阿難、羅睺羅所願，住立一面。】

語譯：【當阿若憍陳如的重頌說完了，這時阿難尊者、羅睺羅尊者，他們二個人心裡面也這樣想：「我們常常這樣子思惟：『假使我們也可以獲得如

來的授記，那不是非常快樂的事嗎？』」二個人同樣這樣想，想完了，結果同時起身，就到佛前以頭面禮足之後，同時向佛陀稟白說：「世尊！我們二個人在這個授記的事情上面，也應該有分吧！唯有如來，您是我們的所歸。而且我們，也是被一切世間的天、人、阿修羅常常看見的善知識，他們也都認識我們：阿難一直都是當您的侍者，護持您的法藏；而我羅睺羅則是佛陀您的兒子。如果佛陀現前為我們授記的話，我們的願就滿足了，想來大眾的願望應該也可以獲得滿足。」這時候，有學位和無學位的聲聞弟子有二千位聖人（編案：此諸聖人若迴心大乘後尚未證悟之前都屬於三賢位中的第六住滿心菩薩，屬於賢位菩薩，但在二乘菩提中已屬聖人），就從座位上站了起來，大眾都偏袒右肩來到佛陀跟前，一心合掌瞻仰世尊，就如同阿難跟羅睺羅的所願一樣，大家都站在那裡等候。】

講義：接下來的經文中是說，世尊即將授給有學和無學聖人們成佛的記別。這一段經文意思是說，不但是其他的無學聖者被授記了，乃至連有學位的聖者也被授記了。那麼這樣想起來，彌勒菩薩降生成佛的時候，你們被授記的機會是多、還是少？（大眾回答：多。）喔！你們已經清楚了，所以《法

華經》的道理，你們已經懂得很多了。我們這樣子演說下來，《法華》的眞實道理才能夠漸漸彰顯出來。這意思就是說，授記，只要你心得決定的時候，那麼 佛陀會觀察因緣，該授記的時候就作授記。這一段既然是爲無學及有學聖者都給與授記，那顯示說三果、二果，也有可能是初果人被授記的，所以接下來就有一個心理準備，說爲什麼某某人也被授記了，但是這其實是有原因的。

阿難與羅睺羅他們當然會這樣想，這也難怪，因爲阿難是 佛陀的堂弟，是最小的堂弟，佛陀最疼愛他，而阿難的年紀跟羅睺羅差不多，所以阿難跟羅睺羅感情也非常好。那麼他們兩個人這樣子想，一個是想：「我是佛陀的堂弟，佛最疼愛我。」另外一個想：「我是佛的兒子，這個世間就是這種關係最親。」所以他們都想：「我們應該也有分吧！不然怎麼能當上佛陀的堂弟、當上佛陀的兒子？」這是因爲此世能當 佛陀的堂弟、佛陀的兒子，一定有一些往世的因緣；沒有過去世的因緣，也不可能啊！他們自己也這樣想：「如來是我們的所歸，我們既然跟如來這麼親，應該有分吧！」

而且他們兩個人，一切世間的天主、天人、阿修羅、人類，看見了他們

時可都恭恭敬敬，大家都知道這一位是 佛陀最疼愛的堂弟，也是 佛陀的侍者，這一位則是 佛陀的兒子。所以，當然他們心裡會想說：「我們應該也有分吧！那些阿羅漢們跟佛陀非親非故都有分了，我們爲什麼沒有？」所以他們這樣想，也是有道理啊！然後，他們不但這樣想，還爲大眾開了一扇大門，他們就說：「我阿難一直都是當您的侍者，護持您的法藏，讓您所說的法不會散失；羅睺羅是您的兒子。如果您可以爲我們兩個人授記，我們兩個人的願既然滿足了，那其他大眾應該也可以滿足吧！」你看，不但爲自己求，也爲大眾求，所以他們心中眞的沒有偏袒。

這時有學、無學聖者全都站了起來，因爲阿難這麼講，羅睺羅也這麼講了；而這兩個人是 佛陀身邊最親近的人，全都這麼說，當然無學位的阿羅漢們趕快站了起來，因爲到現在都還沒有被授記，如今是個好機會。那些有學位的聖者，有學位就是三果、二果、初果人；因爲那些聲聞性的凡夫都已經走掉了，總共五千人都走開了，所以留下來的都是有學跟無學聖者。這些聲聞弟子們共有二千個人，聽到阿難等兩人這麼說，知道這是個送上門的大好機會，趕快站起來，偏袒右肩，來到 佛陀面前，一心合掌瞻仰 世尊。世

尊看見他們大家都看著　如來，當然知道他們在想什麼，表示大家都希望獲得成佛的授記，可是到底應該要怎麼樣爲他們授記，當然還有下文。

可是在進入下文之前，有一個事情，諸位還是得要注意一下；因爲阿羅漢去弘法度化的時候，並不是沒有能力度化弟子成爲阿羅漢的。所以，一千二百位大阿羅漢所度的人，其中也有許多人都是阿羅漢，不只是三果或者下至初果而已，所以阿羅漢的傳承是一直到部派佛教分裂的時候，上座部都還是有很多阿羅漢的，是一代又一代都有的。但是，凡是落入六識論的那一些部派佛教，都不可能是阿羅漢，只要他們不認同當時上座部的阿羅漢所說法義，偏要主張六識論的解脫道法義，他們早就不可能是初果人了，更不要說是證得阿羅漢果；所以古時部派佛教剛開始時的上座部，依然還有許多阿羅漢住世；至於出頭與上座部長老們諍論而分裂出去的部派，可就沒有阿羅漢的果證了。

但是，上座部一代又一代一直傳下來，傳到後來，一一入涅槃去以後，阿羅漢越來越少，最後畢竟也是只剩下凡夫了。那麼，南洋的南傳佛教，我們可以確定的是，西元五世紀時，在覺音論師的年代就沒有阿羅漢了；因爲

覺音自己連初果人都不是，都還沒有斷我見，更不要說是阿羅漢；覺音之後的南傳佛教，全都是依止覺音論師的《清淨道論》在修學，不依止南傳《阿含經》——《尼柯耶》，當然也就不可能再有初果人出現，更不會有阿羅漢。

我的意思是說，佛陀當年的大阿羅漢們座下，各都度化了許多弟子成阿羅漢與三果以下的有學聖者；這裡講「學、無學聲聞弟子二千人」，意思就在這裡。前面不是已經有被授記的五百阿羅漢了嗎？當時 佛陀有交代說：「因為沒有在現場所以沒有親自聽聞已被授記的人，迦葉你遇見他們的時候，得要講給他們知道。」可是除了五百阿羅漢以外，也還有一些大阿羅漢們所度的弟子已經是阿羅漢的，再加上許多三果以下的聖人，所以這裡說「學、無學聲聞弟子二千人」，當然這個人數是非常多的。那麼接著，他們這樣子請求以後，佛陀怎麼樣回應呢？

經文：【爾時佛告阿難：「汝於來世當得作佛，號山海慧自在通王如來，應供、正遍知、明行足、善逝、世間解、無上士、調御丈夫、天人師、佛、世尊。當供養六十二億諸佛，護持法藏，然後得阿耨多羅三藐三菩提；教化

二十千萬億恒河沙諸菩薩等，令成阿耨多羅三藐三菩提。國名常立勝幡，其土清淨，琉璃爲地。劫名妙音遍滿。其佛壽命無量千萬億阿僧祇劫，若人於千萬億無量阿僧祇劫中算數校計，不能得知。正法住世倍於壽命，像法住世復倍正法。阿難！是山海慧自在通王佛，爲十方無量千萬億恒河沙等諸佛如來所共讚歎，稱其功德。」

爾時世尊欲重宣此義，而說偈言：「

我今僧中說，阿難持法者，當供養諸佛，然後成正覺，
號曰山海慧、自在通王佛。其國土清淨，名常立勝幡；
教化諸菩薩，其數如恒沙。佛有大威德，名聞滿十方；
壽命無有量，以愍眾生故；正法倍壽命，像法復倍是。
如恒河沙等、無數諸眾生，於此佛法中，種佛道因緣。」

語譯：【這時佛陀告訴阿難尊者說：「你於未來世將會作佛，佛號是山海慧自在通王如來，應供、正遍知、明行足、善逝、世間解、無上士、調御丈夫、天人師、佛、世尊，十號具足。你從此以後，將會供養六十二億諸佛，護持諸佛的法藏，然後可以得到無上正等正覺；教化二十千萬億恆河沙的諸

菩薩等，讓他們次第成就無上正等正覺。你的國名叫作常立勝幡，你的國土是很清淨的，以琉璃作爲大地。你那個時候的劫，名爲妙音遍滿。山海慧自在通王如來的壽命有無量千萬億阿僧祇劫，如果有人在千萬億無量阿僧祇劫中以各種方法來計算比對，都無法知道他的壽算。你成佛時正法住於世間的時間比壽命再加一倍，而像法住於世間的時間是比正法住世再加一倍。阿難！這位山海慧自在通王佛，被十方無量千萬億恆河沙等諸佛如來所共同讚歎，稱揚他的功德。」

這時世尊想要重新宣示這個道理，就以偈頌這麼說：

「我如今在僧眾中這樣說，阿難是一個受持諸佛法的人，他未來將會供養諸佛，然後成爲無上正等正覺，名號是山海慧自在通王佛。他的國土清淨，名爲常立勝幡；他教化諸菩薩，菩薩的數目如同二十千萬億恆河沙數一樣無法數盡。山海慧自在通王佛有大威德，名稱普聞於十方世界；他的壽命沒有數量，因爲他憐愍眾生的緣故；正法的壽命又再加倍於他的壽命，像法的時期更以正法再加一倍。如同無量千萬億恆河沙等一樣，無量無數的諸眾生們，在他的佛法中，種下了種種佛道的因緣。」】

講義：世尊授記說阿難未來世將會作佛，佛號是山海慧自在通王如來，同樣是十號功德具足。他在什麼時候成佛呢？未來再供養六十二億諸佛，同樣記持諸佛的法藏，就可以成爲無上正等正覺了，那時他就成佛了。被授記的人之中，有沒有人成佛的時間這麼短的？未來再供養的諸佛只要六十二億。剛剛講過，阿若憍陳如未來要供養六萬二千億佛。單位同樣是億，六萬二千億跟六十二億相差幾倍？六萬二千呵！不然就說那個最少的摩訶迦旃延好了，他是要再供養二萬八千億佛以後成佛，憍陳如多了二倍多，是六萬二千億佛，但阿難只要六十二億。單位同樣都是億，阿難是六十二，迦旃延是兩萬八，阿若憍陳如是六萬二，須菩提卻是三百萬億諸佛，而且後面加上那由他作單位。你們看，瞋心重與不重之間，相差這麼多；阿難可不必很久呵！當然阿難還有別的因緣，下一段經文中就會說。但是，阿難爲何這麼快成佛？同樣是 釋迦如來的弟子，授記成佛竟相差很多；他只要再供養六十二億諸佛，同樣再當諸佛的侍者，繼續護持諸佛的法藏憶持不忘，然後就可以成佛，須菩提每天住在空性境界中不作事，可就難了。由這裡可以看得出來，除了心性良善以外，護持法藏是如何的重要，因爲法藏如果不在了，正

法不久就滅沒了。

以我們正覺同修會來說，如果不是《大藏經》還在，我們說什麼叫作明心、什麼叫作見性、什麼叫作入地等等，誰會信呢？他們一定說：「那都是你自己想了編造出來的說法。」沒有人會信。所以，我一開始弘法時，就讚歎白馬精舍；雖然是小小的精舍，可眞是發了大心。因爲那時候大陸的《大藏經》沒有辦法取得，所以他們取得日本的《大正藏》來台灣印製，我說這是一件大功德。正因爲有《大藏經》作根據，我們把正法說出來，人家沒有辦法推翻。如果沒有《大藏經》，大家都沒有聖教作依據，那就會是各說各話了；那時不論我們怎麼說，人家都會說那是我編造出來的。所以護持法藏的重要就在這裡，只要法藏能夠繼續存在，正法的弘傳就有一個依據，沒有人可以信口雌黃把你推翻，因爲都有經藏聖教現存作爲依據。所以，護持法藏是非常重要的，阿難也正因爲這樣，再供養六十二億諸佛就可以成佛了。

還有一個原因，使得阿難所教化的菩薩非常多，達到「二十千萬億恒河沙」，這到底是多少？我也不會算；「二十千萬億恒河沙」，是以恆河沙爲單位來說「二十千萬億」，那顯然是非常多。爲什麼他能夠度這麼多人？因爲

阿難這個人最多情，他絕對不會故意要去傷害人家，總是會盡量包容；包容到沒有辦法了，最後必須要說時，他才會說出來，他是這樣的人。很多人都被他包容過，他太慈悲、太多情了，他最能包容別人。甚至於大愛道比丘尼求出家，佛陀不允許，經過三度來回，阿難還幫著找理由，最後讓大愛道比丘尼被 佛允許出家。所以，妳們比丘尼們都要感恩阿難，眞的要感恩阿難；如果不是阿難，佛陀是不收女眾出家的，這是阿難的慈悲爲人。

甚至有一次，有王舍城諸比丘尼遠道而來見 佛，但因爲行爲不如法，佛陀不接受她們的禮拜問訊，不接見她們；阿難經過三次來來回回的請示，佛陀都拒見，阿難最後一次請求 佛陀接見時，佛問阿難說：「你爲什麼還要第三次來爲這些不如法的比丘尼們求情？」阿難說：「因爲世尊您剛才說她們是『比丘尼僧』。」他就這樣想辦法從 世尊的話中找出一個名詞，讓 佛陀有一個理由可以接見她們。就因爲這樣，所以 佛陀就說：「好吧！你就讓她們過來吧！」就這樣，才讓她們可以到 佛陀面前來瞻仰、禮拜、懺悔過失以後，佛陀才爲她們開示，交代她們要從原來的路途回去，找那位五通居士好好修學：「妳們跟他學習就對了。」然後，那五通居士教導她們爲人處

事之道，以及要怎麼樣斷我見、證道等等。

你們看，阿難就是這樣，他在沒有完成對別人的幫助以前，就想方設法一直幫助下去，直到完成，所以他才能夠攝受那麼多人。那麼你想，被他幫助的那一些人，將來當然都是他成佛時要度的菩薩。像須菩提那樣板著臉，不是很好；所以如果有事情的時候，阿難總是盡量設法去幫大家圓滿，讓大眾都可以被 佛陀攝受，在道業上就會有進展，所以大家都感戴他的恩德。他這樣不斷地利樂大眾，讓大眾從法上、道業上、性障的修除上面，都能獲得利益，所以大家都感念他，都很喜歡親近他，當然他所度的眾生也就愈來愈多。就是這兩個原因，使他只要再供養六十二億諸佛，就可以成佛了。

這意思就是說，他的心量是廣大的，是很能包涵、很能含容的，所以他成佛時「其土清淨，琉璃爲地」，連那個劫的名稱都很好：「妙音遍滿，」因爲他很慈悲所以說法時期就會很久，不會很快就滅度：「其佛壽命無量千萬億阿僧祇劫，」那到底是幾歲？總而言之，也叫作無量壽佛就是了。他的壽命也是無量壽，所以他將來成佛時，你也可以稱呼他爲無量壽佛。他的正法住世又比他的壽命加倍，壽命多少都不知道了；正法住世又加倍，當然是住

世很久；然後像法又再加倍，又比正法更加倍，利益無量的眾生。這就是說，受持法藏非常的重要。

可是法藏如果出了問題，譬如被許多外道僞經滲透進來，我們就要把它剔除掉，否則將來魚目比眞珠更多，你一把抓起來，可能十顆之中倒有九顆魚目，那麼學法的眾生就慘了。我們必須把所有的魚目都剔除掉，留下來的全部是眞珠，這就是我們作《正覺藏》時的工作，這個是很重要的工作。但這個工作不能投機取巧，要一點一滴去作，要有很多人去作。這是無法投機取巧的，也無法速成，一定要經過很漫長時間由很多證悟者去作，最後才能成功。那麼阿難就因爲護持法藏，是他這麼快成佛的二種原因中的一種。

在重頌中，世尊還特地重新再講一遍：「我今僧中說，阿難持法者。」特別指出他是持法者的重要性；然後「當供養諸佛，然後成正覺」，所以護持法藏是非常重要的。那麼，這一段所講的就是這個道理，因爲他護持諸法藏，以這個法作爲依歸，而心量廣大，攝化的眾生無量無邊，所以他在成佛以後，壽命也是無量無邊的；也因爲他度的人太多了，所以他要用無量壽的壽命來爲眾生說法、利樂眾生，這就是這一段經文的意思。那麼，他那麼快

成佛，還有一個原因，就是下一段所說：

經文：【爾時會中新發意菩薩八千人，咸作是念：「我等尚不聞諸大菩薩得如是記，有何因緣而諸聲聞得如是決？」爾時世尊知諸菩薩心之所念，而告之曰：「諸善男子！我與阿難等，於空王佛所，同時發阿耨多羅三藐三菩提心。阿難常樂多聞，我常勤精進，是故我已得成阿耨多羅三藐三菩提；而阿難護持我法，亦護將來諸佛法藏，教化成就諸菩薩眾，其本願如是，故獲斯記。」阿難面於佛前，自聞授記及國土莊嚴，所願具足，心大歡喜，得未曾有。即時憶念過去無量千萬億諸佛法藏，通達無礙，如今所聞，亦識本願。

爾時阿難而說偈言：「

世尊甚希有，令我念過去；無量諸佛法，如今日所聞。

我今無復疑，安住於佛道；方便爲侍者，護持諸佛法。」】

語譯：【這時，法華會中新發意的菩薩有八千個人，他們心中都這樣子想：「我們尚且不曾聽聞諸大菩薩獲得這樣的授記，究竟是有什麼因緣而這一些聲聞人竟然可以得到這樣的決斷呢？」這時候世尊知道這些新發意菩薩

們心中的想法，就告訴這八千位菩薩說：「諸位善男子！我與阿難等人，在空王佛那個時候，是同時發起無上正等正覺之心的。阿難始終都是喜歡多聞來記持，而我一直都是精勤努力進修的，由於這樣的緣故，我已經成就無上正等正覺了；然而阿難護持我所弘揚的法，他也會護持將來諸佛的法藏，教化成就諸菩薩眾，他的本願就是這個樣子，所以今天獲得我這樣的授記。」阿難在佛陀面前，親自聽聞授記及說明他將來的國土莊嚴，所願已經具足圓滿，所以心中非常大的歡喜，從來不曾有過這樣的歡喜。這時就同時憶念起過去無量千萬億諸佛的法藏，一時之間已經通達無礙了，就如同這一世聽聞釋迦如來的所說一樣；同時他也已經認清楚了，知道自己當時的本願。這時阿難就以偈這麼說：

「世尊眞是非常的希有，加持我憶念起過去的事情來；無量諸佛所說的法藏，都如同今天我所聽聞世尊所說的法義一樣明記。

我如今已經不再有絲毫的疑惑了，已經安住於佛道之中；我將會繼續以我的方便善巧來善盡侍者的責任，並且繼續護持未來諸佛的法教。」

講義：那麼，大家疑惑到此應該就解釋清楚了，原來他是在 空王佛的

時候，跟釋迦世尊一起發心的，可是新發意菩薩們並不瞭解；新發意菩薩就是才剛剛開悟不久，心裡面想：「例如人家文殊、觀世音那一些大菩薩們，佛陀都沒有這樣公開授記，爲什麼這些聲聞人竟然可以獲得這樣的授記而得決定，竟可以爲他們斷定將來多久以後成佛，而佛國是什麼、佛號是什麼，以及弟子、正法、像法、末法等等全部都能授記？」他們無法想像。其實諸大菩薩們都是早就互相知道多少劫以前被什麼佛授記過了，他們還需要再聽聞 釋迦如來授記嗎？根本不必要。佛也知道他們沒有想要聽這個，因爲他們自己都已經知道了。新發意菩薩剛明心，當然不知道這個道理，心裡面想：「大菩薩們都還沒有被授記，你們這些聲聞們遇到大菩薩們，一個個都閉口不敢說話，怎麼你們可以先被授記？」他們當然就想不通。

世尊知道這麼多人心中如此想，當然得要解惑釋疑，所以才說出來：「阿難其實是在不可計數劫之前，也就是在空王佛那個時節，就跟我釋迦牟尼一起同時發菩提心的人；但因爲阿難喜歡多聞，只要佛在說法，他一定來聽，可是聽了只是記著，也就過去了，他不肯全部都去實行。」所以，跟阿難交情很好的女人多的是，每一個女人看見他都喜歡他，因爲他都喜歡幫人家作

事情，也喜歡重新背誦經典出來，幫人家解答佛法中的疑惑。他每次聽 佛說完法了，就全部記住，可是不能付諸於實行，而他就專門爲人重新誦出經文；他這樣作，也就是 普賢十大願王裡面的「恒順眾生」，就是廣結善緣。他就是這樣廣結善緣，說到修行卻不努力。他和許多人結善緣，又很擅長記憶，發願要記住諸佛的法藏，就一佛又一佛都這樣作。

但是這樣子比起精進修行的人來說，終究是吃虧了一點，所以 釋迦如來已經成佛很久了，阿難未來卻還得要繼續供養六十二億諸佛。六十二雖然說很少，卻是以億爲單位來計算。六十二比起阿若憍陳如的六萬二，雖然減少很多了，仍然是以億爲單位，那麼奉侍六十二億諸佛到底要再多久？你想想看，過去九十一劫中的前六十劫都無佛出現，然後才出現一尊佛，接著再過三十一劫無佛，然後才是賢劫千佛中的四佛陸續出現，那你想想看：奉侍六十二億佛，到底要經過幾劫？那一定是很長遠的時間，所以雖然說他未來成佛的時間是最短的，但其實也還是蠻長的。

釋迦如來已經成佛了，阿難還要再供養六十二億諸佛。可是他發的願就是面對所供養過的每一尊佛的法藏時，都要加以憶持，這就是他發的願。既

然要憶持，就不能夠每天精進打坐參禪等等，否則就沒時間不斷複習，就沒辦法全部記住。這就是他的願，願既然如此，他就這樣子，在未來無量世中繼續憶持諸佛的法藏，同時來教化諸菩薩們。然而他其實是在 空王佛所就跟 釋迦如來同時發菩提心，本是師兄弟一起修學菩薩道的；因此他雖然是如來座下所有師兄弟中最快成佛的人，只要再供養六十二億諸佛便能成佛，但其實比起 釋迦如來，他學佛的時間反而是很長的。

這意思是說，護持如來正法很重要，阿難尊者就是一個示現；他示現的就是：「**我不急著成佛，我要把諸佛的法藏一直憶持，不讓它散失。**」除非已經末法時代過去了，法在世間已經沒有人要學了，否則他就是繼續這樣子憶持下去。如果依這樣來看，急著出頭的人，例如以前的德山宣鑑、臨濟義玄，他們都急著出頭，其實是沒有必要的。德山宣鑑前一夜在龍潭崇信座下悟了，第二天在法堂前把他註解《金剛經》的《青龍疏鈔》放一把火燒了，然後就去德山開山了。這樣對他自己其實沒有很大的利益，所以終其一生，他就是停留在那個破初參明心的階段中，然後就被人家檢點。德山曾被人檢點，所以有個禪師就笑他：原來是一隻獨眼龍。笑他是獨眼龍，說好聽的、

解釋得好聽一點，叫作別具隻眼，但其實就是只有一個眼睛，不如人家兩個眼睛看得更分明。至於眼見佛性那一關，他是終其一生都沒有的；最後的牢關呢？還得要仰仗他的徒弟巖頭全豁指點，最後也只有解悟而已，所以他急著出頭，對他並沒有利益。

還有一個臨濟義玄也是一樣。法鼓山、中台山、佛光山，都號稱說他們是臨濟義玄的法脈，但他們那種法能叫作法脈嗎？法脈是以法而傳的，不是以色身而傳，不是師父交給這個徒弟繼承的形式——由師父這個五陰以表相或寺廟的形式移交給弟子那個五陰，不是這樣的，是要有正確的佛法傳下來，才能叫作法脈。他們至今還宣稱是臨濟的法脈，但我還在書中公開責罵臨濟義玄呢！他們宣稱是臨濟的幾十代子孫，我責備他們的老祖宗臨濟義玄，就在《公案拈提》書中將他拈出來講。這是爲什麼呢？是因爲他急著開山，急著當一方大師；黃蘗看著沒辦法阻止他，就給他一個禪板讓他去開山；結果開山後講了法出來卻是眞妄不分。所以，招到當代很多禪師的指點，當代就有很多禪師指指點點了。

後代也常常有禪師會指點他，爲什麼會這樣？因爲他的腳步都還沒站

穩。才剛剛出生的一隻小獅子，腳步都還蹣跚，牠就急著要去咬山羊，不被山羊一角戳死才怪。就是這樣啊！所以，有的人急著出頭，這不太好。你看，阿難他卻是這樣子，他眞是守得住。對於佛菩提道的修學來講，其實不用急；但是也不能因爲不用急，就懈怠。懈怠是不對的，但是急也急不來。總而言之，就是要繼續精進、繼續努力，但是要在緣熟的時候去親證祂，這樣才是最好的，品質會最好。

你們看，阿難都不急，他就是跟 釋迦如來同時發心於 空王佛座下。空王佛，有禪師說是最早的一尊佛，意思是在祂之前沒有佛；但我們現在不討論這個問題，言歸正傳。結果阿難發心那麼久了，釋迦如來都已成就無上正等正覺了，而他如今卻是當侍者。法主跟侍者，是一個很強烈的對比；然後現在被授記將來還要「供養六十二億諸佛」，那其實是要拖延很久的。可是他也不急，他就是以利樂眾生爲他的心願，以護持諸佛的法藏作爲他的本願；就這樣子，一世一世去利樂有情、護持法藏，所以未來他還會是如此，所度弟子當然無數無量。那諸位想想看，這是不是可以用來調劑一下急著要成佛的念頭？但我這樣說，不是叫大家就可以懈怠，還是繼續要精進。

經文：【爾時佛告羅睺羅：「汝於來世當得作佛，號蹈七寶華如來，應供、正遍知、明行足、善逝、世間解、無上士、調御丈夫、天人師、佛、世尊。當供養十世界微塵等數諸佛如來，常爲諸佛而作長子，猶如今也。是蹈七寶華佛，國土莊嚴，壽命劫數，所化弟子，正法、像法，亦如山海慧自在通王如來無異，亦爲此佛而作長子。過是已後，當得阿耨多羅三藐三菩提。」爾時世尊欲重宣此義，而說偈言：「

我爲太子時，羅睺爲長子；我今成佛道，受法爲法子。
於未來世中，見無量億佛；皆爲其長子，一心求佛道。
羅睺羅密行，唯我能知之；現爲我長子，以示諸眾生。
無量億千萬，功德不可數；安住於佛法，以求無上道。」】

語譯：【這時佛陀告訴羅睺羅說：「你於未來世將可以作佛，佛號爲蹈七寶華如來，應供、正遍知、明行足、善逝、世間解、無上士、調御丈夫、天人師、佛、世尊。在今天以後應當要繼續供養十個世界磨成微塵之後的微塵數的諸佛如來，常爲諸佛而作長子，如同今天當我的長子一樣。這位蹈七寶華佛，國土的莊嚴，壽命的劫數，所度化的弟子數目，正法的時間以及像法

的時間，都和山海慧自在通王如來沒有差別，也會當這位山海慧自在通王如來的長子。如此經過供養十世界微塵等數諸佛如來以後，將會得到無上正等正覺。」這時世尊想要重新宣示這個道理、這個正義，而以偈頌重新這樣說：

「我釋迦牟尼在娑婆世界這裡示現成爲太子的時候，羅睺羅是我的長子；我如今成就佛道了，羅睺羅就領受我的法而成爲我的法子。於未來世中，羅睺羅將會再遇見無量億佛；同樣都會成爲無量億佛的長子，而且一心求證佛菩提道。

羅睺羅的密行，只有我能夠知道；現在是示現爲我的長子，以這個來示現給諸眾生看見。他的功德無量億千萬，是無法計算的；安住於佛法中，這樣以密行的功德來求證無上佛菩提道。」】

講義：羅睺羅，意思就是覆障。有一位阿修羅王很有名，叫作羅睺羅阿修羅王，當世間眾生應該過苦日子的時候，他就會把太陽遮起來一段很長的時間，讓眾生缺乏食物等等，所以他就叫作羅睺羅阿修羅王。佛陀在人間出家之前有的這個兒子，是在 佛陀出家以後才出生的；他其實就是有覆障的人，所以他的出生是很奇怪的，因此才叫作覆障——羅睺羅。這個覆障，是

因爲他過去無量劫前曾經有惡業的因緣，此世就這樣子示現這個覆障。

他是什麼時候受生於母親耶輸陀羅太子妃的母腹中呢？就是 佛陀正式出家前一天的晚上。悉達多太子被很多的相師們預記說：「他將來會出家成爲佛陀，如果他沒有出家的話，那麼他將會成爲轉輪聖王，而且是金輪王，不是銀輪、銅輪、鐵輪王，他將會擁有四天下。」這些相師們已經預記說，他最遲必須在某一天出家。那麼那一天已經到了，如果那一天再不出家就會成爲轉輪聖王，人間就不會有佛陀示現了。

就在這一天的晚上，日子已經到了，淨飯王很怕他出家，因爲他如果出家了，別人是轉輪聖王，國家有可能被滅了，那人民就受苦了。所以，他那個晚上臨時又增加了五百名漂亮的女人，穿金戴銀，又戴著寶珠等各種飾品，打扮得很漂亮來陪伴他；可是他只是看著她們唱歌跳舞，最後他喜歡的還是耶輸陀羅，就是他的妃子。就在那個晚上與耶輸陀羅行非梵行，羅睺羅就在那個晚上入胎；依世間法而言，悉達多太子對淨飯王就算是有交代了。

這時五淨居天的天主們很擔憂：「悉達多太子今天晚上如果沒有出家，我們就少一尊佛可以奉侍了。」所以就來到王宮裡，把所有的女人包括耶輸

陀羅，都讓她們昏昏沉沉睡到不省人事，看來就好像死人一般，各種體態都很難看，流口水的流口水，打呼的打呼，反正就讓她們個個像死人那樣很難看，太子一看：「哎呀！怎麼都是這樣子？我還是要去尋求解決生命的問題。」於是就呼喚馬夫備馬，才一騎上馬，四大天王就把馬足捧著飛過城牆去，就這樣騎著寶馬出家去了。

出家以後就是示現六年苦行，在苦行之前，都先跟隨著外道，不論聽了什麼、學了什麼，都是當場就會；就這樣一一都學過了，無可再學，也都發覺那些人根本不是阿羅漢，也不證涅槃，都不能解脫生死，所以就開始六年苦行了。羅睺羅就是那六年苦行之時，一直都住在母胎裡面，沒辦法出生；因爲太子妃耶輸陀羅天亮醒來，知道悉達多太子出家去了，她很痛苦，不安於床，心裡很難過，寧可睡在地上受寒受凍，都不肯上床去睡覺，覺得一個人睡在床上沒意思；就這樣子，所以羅睺羅在母胎中也沒有辦法生長，就這樣子拉長到六年，六年後他才出生。

當他出生的時候，淨飯王請了一些奶媽，這些奶媽們就指責耶輸陀羅說：「太子出家六年多了，妳現在才出生孩子，妳這個孩子是從哪裡來的？」

大臣們就商議說：這個女人不貞節；依律法，有的說要把她油炸，有的說要把她殺死，有的說應該如何如何處罰，討論了很多種。但是，耶輸陀羅請求說：「讓我見父王一面之後，把事實說了，再讓我死。」這個請求很合理，死前唯一的請求，不能不准，所以淨飯王就准了；太子妃去見淨飯王，國王隔著一層布幔問她：「妳這個孩子是哪裡來的？爲什麼這樣子不貞節？」然後耶輸陀羅就稟告說：「我這孩子確實是太子的遺孕，您要是不相信的話，請您看看這孩子。」就從布幔把孩子遞過來，淨飯王一看，這活脫脫是悉達多太子的翻版，「這眞是我的孫子啊！」所以他想要問清楚爲什麼會這樣子，耶輸陀羅就照自己所知表面上的現象稟告：「我每天晚上都睡地上，我都不願意上床，因爲太子不在，我不可能再上床睡覺了。」然後淨飯王就接受了。

接受了以後孩子漸漸養大，這孩子也蠻聰明的，也很英俊。養大到六歲多，前後算來就七歲了，這時　佛陀出家已經十二年，已經成佛六年了。那麼在這之前，別人還是有所懷疑，那時　佛陀親自寫了書信，讓毘沙門天王帶到王宮，爲大眾證明說這孩子確實是悉達多太子的孩子，然後大家也就相安無事。養了六年多了，已經七歲了，佛陀認定淨飯王得度的時間應該到了，

就回來見淨飯王。這時大眾還是有人繼續議論說：「這個孩子真的是佛陀出家前的兒子嗎？」還是有人私下在議論，佛陀為了讓大眾信受，因為耶輸陀羅不能被冤枉，明明是貞節不二的，怎麼可以被冤枉呢？祂就故意把所有比丘都化現成跟自己一樣。這時一千多位比丘都跟自己一樣，然後 佛陀走入比丘群中去，於是耶輸陀羅就拿了一個指環——就是戒指，是悉達多太子出家以前戴的，叫羅睺羅拿去：「給你的父親。」就看羅睺羅要把指環交給誰，七歲的羅睺羅找來找去，最後就憑著血緣的感應，直接走向比丘群中的 佛陀，把指環交給 佛陀；然後 佛陀再把比丘們回復為原來的相貌，於是大眾相信羅睺羅眞是 佛陀的兒子。當然，懷胎六年才出生，世所難信，所以佛陀當然得要說明他過去世的因緣，因為他有造過惡業，所以才有這個覆障；正因為有這個覆障，所以他出生以後就被命名為羅睺羅，所以羅睺羅的意思就是覆障的意思。

那麼這位羅睺羅，他是密行第一。他的密行，佛陀並沒有講出來，顯然是不應該說明；因此，他的密行到底是什麼，沒有人知道。不過經中有一個記載，應該也算是他的密行，也就是他證阿羅漢的過程；他是有原因的，別

人都不像他那樣證。羅睺羅出家以後，向　佛陀請法：「請問要怎麼樣成爲阿羅漢？」佛觀察他證阿羅漢的因緣還沒有到，就問他說有某一個法，最先講的好像是說明六入之法：「這六入之法，你有沒有常常爲人宣講啊？」羅睺羅說：「沒有啊！」佛就說：「你先去爲人家詳細地解說六入之法吧！」他就去爲人家解說。解說了很多，然後又來請問：「如何成爲阿羅漢？」佛陀看他的因緣還是沒到，又提起某一個法，又叫他去爲人家解說；於是他又去爲人廣說，然後講了很多種法。

佛陀每一次都叫他爲人說某一種法，因爲他聽聞了之後，從來沒有爲人講過，佛陀就要他去爲人廣說。這樣廣說了很多種法之後，再來請法，佛陀告訴他：「你應該如此去觀行。」他依照教導去觀行之後，就成爲阿羅漢了。這表示什麼？表示他那個時候要成爲阿羅漢還是有覆障，一樣是有覆障。這個覆障要消除，只有一個辦法，就是努力去爲人說法。當他爲別人說了某一種法以後，他對那個法就貫通了；接著再去爲人說另一種法，說了以後，那個法他又貫通了；就這樣貫通了好幾種法以後，然後最後給他一個法去思惟，思惟以後就成爲阿羅漢。這也算是密行吧！沒有人知道他成阿羅漢是這

樣成的，這是經中有說的密行。

那麼他的另一個部分密行，應該說他是持戒非常精嚴，所以說他很善於持律——善於受持戒律。他對戒律的受持，清淨的地步沒有人能想像，所以說他是密行第一。至於其他部分的密行，就沒有人知道了，這就是羅睺羅，所以羅睺羅是有覆障的。這時 佛陀告訴羅睺羅說：「**你在未來世一樣可以作佛，那時的佛號叫作蹈七寶華如來。**」也就是說，腳下踩的蓮華是七寶所成的蓮華。他同樣是十號具足，可是他要成佛的時程，需要多久呢？這個很難想像，因爲他還要供養很多很多的佛，那個數目是多少呢？譬如以十個三千大千世界，把它磨成微塵，那些微塵到底是多少？我們沒有辦法計算，總而言之，就是「**十世界微塵等數**」這麼多的如來，他得要一一值遇供養。如果一劫之中，像我們賢劫有千佛，那就稍微快點；如果有時候遇到九十劫、六十劫才有一佛出現，那可就慘了；所以他成佛的時間是要很久的，他要供養「**十世界微塵等數諸佛如來**」。未來世遇到那麼多如來時，他都要當這些如來出家前的長子。永遠都當長子，就好像現在是 釋迦如來的長子一樣，他必須要這樣作。

那麼他將來成佛的時候，成爲蹈七寶華如來，他的國土莊嚴，跟阿難成佛時的山海慧自在通王如來的國土莊嚴是一樣的。那時他的壽命劫數，也跟山海慧自在通王如來一樣，是「無量千萬億阿僧祇劫」，其實就是無量壽；「無量千萬億」已經很多了，而且這個「無量千萬億」是以「阿僧祇劫」爲單位；成佛不過三個阿僧祇劫，而他未來成佛時的佛壽是「無量千萬億阿僧祇劫」，簡單的說就是無量壽。他所度化的弟子，和阿難成佛時所度化的弟子是一樣多的，也就是「二十千萬億恆河沙諸菩薩」，數量眞的很多。他的正法住世時間是佛壽的一倍，那又更長了，難以想像；而像法住世的時間是正法時間的一倍，等於就是佛壽的四倍，所以都跟山海慧自在通王如來沒有差別。那麼，他一直當人家的長子，當然也會當阿難所成的山海慧自在通王如來的長子，所以他將來是要當阿難的兒子；今世當了 佛的長子，未來還要再當阿難的長子。

那麼，他經過這麼多的諸佛如來奉事供養之後，才可以成爲無上正等正覺。那麼諸位想一想，他成佛這麼慢，如果稍微急性子的人，會覺得說：「這要等到什麼時候？」可是還有人比他更慢，是 地藏王菩薩啊！地獄眾生沒

有度盡以前是不成佛的，然而問題是，地獄眾生永遠度不盡。所以，地藏王菩薩就是一闡提人，叫作不成佛的人。《楞伽經》中說一闡提人有二種，一闡提叫作不成佛的種姓。第一種是斷善根的人，另一種是發大誓願而不成佛的人，所以一闡提有二種。地藏王菩薩就是另一種善的一闡提，就是不成佛的種姓，永遠要度苦難的眾生，因為悲心太重的緣故，他顯然就比羅睺羅成佛還要久了。雖然羅睺羅成佛要很久，但他成佛後的佛壽是「無量千萬億阿僧祇劫」，也真的是很久，比他成佛的修行過程還要久，所以互相之間其實是有所關聯的；成佛時間要很久的人，將來佛壽更長，正法、像法住世也更長，度的菩薩眾也更多，大約是成正比。

所以其實不必太在意成佛時間，是不是很長或者很短。其實成佛時間的長或短，在地前會覺得很重要，在三地、二地、初地之中也還會覺得很重要，可是到了三地滿心，也就是說意生身發起以後，其實已經不重要了：長就長吧，短就短吧，其實都無所謂。特別是入了八地以後更無所謂，因為那時於相於土都能自在，在十方世界來來去去度化眾生，對於成佛時間的長或短，根本都無所謂了。所以，這個授記其實就是跟被授記者與眾生結緣的狀況有

關，跟他希望將來成佛時的莊嚴程度有關，也跟他本身斷習氣種子的快與慢有關。如果是癡的斷除，這是比貪欲的習氣種子斷除快一些；如果以貪欲習氣種子的斷除來相比瞋恚習氣種子的斷除，又更快一些，都各有因緣。所以成佛與否，時間的快與慢，其實是跟習氣種子有關，也跟過去世是否有惡因緣有關。如果過去世廣造惡業而有惡因緣必須在未來世了斷的人，他被授記成佛的時間就會很長，所以在小惡業上要去小心。惡口、兩舌等等，這一些事情都是有很大的關聯，所以這個部分還是要小心在意。

那麼，這部分說完了，世尊接著重新以偈頌再來宣示這個授記的內涵：

「我釋迦牟尼佛出家前當太子的時候，羅睺羅是我的長子；我如今成就佛道了，他也接受我的佛法而成為我的法子。」那麼這個法子，意思是說他已經「入如來家，住如來家，生如來家，成如來子」而成就「佛子住」，也就是已經入地的意思。所以，羅睺羅這個時候是已經入地的菩薩了。雖然他一樣示現聲聞相，但他已經是入地的菩薩了。「在未來世中，羅睺羅還將會遇見無量億佛，」也就是還必須再供養無量億佛之後才可以成佛，但是「當他遇見十世界微塵等數的諸佛如來時，他要一一當這些如來出家前的長子，

然後諸佛如來成佛時，他同樣一心專精求證佛菩提道。」也就是跟隨諸佛如來而出家求證佛菩提。

「羅睺羅的密行，沒有人知道，」只有 釋迦牟尼佛才知道，所以說「唯我能知之」，「他現在是當我釋迦牟尼佛的長子，以這個方式來示現給諸眾生。」這意思就是告訴大家說，諸佛如來示現在人間的時候，得要先娶妻生子，然後才能出家，否則的話，外道會誹謗說：「他之所以會出家，是因為他不能人道，生不了孩子，只好出家去了。」或者誹謗說：「他沒有福德，沒有錢娶妻養孩子，只好出家。」外道們會這樣毀謗，所以他必須先生了孩子給大眾看：不是沒有辦法行人道，而是因為根本不貪世間的財富以及種種的五欲，所以放棄了一切財富名位和五欲而出家。所以得要先生個孩子給大家看一看，這樣讓外道沒有造口業的機會，未來眾弟子們行菩薩道的時候，才容易度化那些外道。

這就是諸佛之所示現，一定要先娶妻生子之後，然後才出家成佛。這樣想來，當妙覺菩薩的妻子，日子不會太好過；因為生了孩子，結果丈夫就出家去了；成佛以後再也沒有機會團圓了，除非後來也出家追隨，但已不是自

己的丈夫了，而是師父。不過這其實不可憐，也因爲這個因緣，她在佛菩提道的實證上面將會非常快速。所以耶輸陀羅懷胎六年，在那六年中都很痛苦，生了孩子以後也沒有一天快樂過：在養育羅睺羅的過程當中，她沒有一天快樂過。因爲總是會想著說：自己這麼好的丈夫竟然出家去了。然而，她後來出家也是很快就證得阿羅漢，不久以後又成爲入地的菩薩，所以在佛菩提道上是走得非常快速的。這樣想來，雖然痛苦，也還是划得來，所以妳們女眾其實應該要發願：將來我也要當某一尊佛的太子妃。雖然得要受苦多年，也不過一、二十年而已，但是道業進展是很快速的，還是划得來。然而這是當女眾才有這個權利，當男眾就沒這個權利了。所以這樣說來，也算是不錯的嘛！女眾應該這樣發願。這意思就是說，諸佛如來爲了避免外道無知而造口業，都是先生了長子之後，才會出家成佛。

「**無量億千萬，功德不可數；**」接著說，羅睺羅修密行；所謂密行當然是不可以公布、不能讓人知道。他的密行功德非常非常之多，沒有辦法計算，所以他將來成佛時的莊嚴才會讓人難以想像，跟未來的山海慧自在通王如來是一樣的，都是無比莊嚴。所以密行是無法讓人家知道的，從表面上看來，

羅睺羅好像沒有度什麼眾生，但他其實一定是在幽冥界、天界，或者在他方世界度化很多眾生的，否則他將來成佛的時候，哪來那麼多菩薩弟子？我們應該有智慧這樣去推斷，雖然 佛陀沒有說，但這是可以有智慧去推斷的；只是 佛陀不說他有什麼密行，我們也就無法去猜測而擅自說明了。但是，佛陀說他的密行有無量億千萬的功德，說是沒有辦法計算的；他就這樣一世一世當諸佛的長子，一直不斷地修密行，這樣安住於佛法中，繼續修習佛菩提道乃至最後成佛，這就是羅睺羅被授記的內涵。那麼，羅睺羅被授記之後，接下來其他的有學、無學聖人，還在等待，我們再看 佛陀怎麼爲他們授記：

經文：【爾時世尊見學、無學二千人，其意柔軟，寂然清淨一心觀佛。佛告阿難：「汝見是學、無學二千人不？」「唯然，已見。」「阿難！是諸人等，當供養五十世界微塵數諸佛如來，恭敬尊重，護持法藏。末後同時於十方國各得成佛，皆同一號，名曰寶相如來，應供、正遍知、明行足、善逝、世間解、無上士、調御丈夫、天人師、佛、世尊。壽命一劫。國土莊嚴，聲聞、菩薩，正法、像法、皆悉同等。」

爾時世尊欲重宣此義，而說偈言：「
是二千聲聞，今於我前住；悉皆與授記，未來當成佛。
所供養諸佛，如上說塵數；護持其法藏，後當成正覺。
各於十方國，悉同一名號，俱時坐道場，以證無上慧，
皆名爲寶相。國土及弟子，正法與像法，悉等無有異。
咸以諸神通，度十方眾生，名聞普周遍，漸入於涅槃。」
爾時學、無學二千人，聞佛授記，歡喜踊躍、而說偈言：「
世尊慧燈明，我聞授記音，心歡喜充滿，如甘露見灌。」

語譯：【這時世尊看見其餘還沒有被授記的弟子們，這些有學位及無學位的聖者們，總共有二千人；他們的心意是柔軟的，也是寂然無雜的，並且心地是清淨的，他們這樣子一心觀視於佛。這時佛陀告訴阿難說：「你看見這些有學位與無學位的二千個人沒有？」阿難回答說：「確實啊！我已經看見了。」佛陀就說：「阿難！這些人將來同樣都會供養五十個世界磨成微塵數的諸佛如來，對這麼多的諸佛如來恭敬尊重，而且護持諸佛如來的法藏。最後同一個時間，他們都在十方國各自成佛，他們成佛的時候，都是同一個

佛號，名爲寶相如來，同樣也是十號具足。這些人成佛時，佛陀的壽命是一個大劫。他們的國土莊嚴的情況，他們的聲聞弟子、菩薩弟子，正法住世的時間、像法住世的時間，全部都一樣。」

這時世尊授記完了，想要重新宣示這一些正理，就以偈頌這樣說：「這二千位聲聞人，如今在我面前安住；我全部都爲他們授記，未來都可以成佛。他們未來世所應該供養的諸佛，如同我上面所說的那一些微塵數那麼多；一一護持諸佛的法藏之後，他們將會成爲無上正等正覺。那時他們各自於十方國土中成佛，佛號都同樣叫作寶相如來。他們是同時在十方佛國坐道場，證得無上的佛菩提智慧，同樣名爲寶相，他們的國土莊嚴、弟子們的莊嚴，以及正法莊嚴、像法莊嚴，全部沒有差異。他們同樣都是以各種神通，來度化十方的眾生，所以他們的佛號名稱傳揚得非常之遠，普遍周遍於諸世間，然後漸漸地一一入於涅槃。」

此時這些有學和無學的二千位聖者，聽聞到佛陀的授記，心中歡喜踊躍，就共同以這樣的偈來稱讚說：「世尊的智慧猶如燈光那樣明亮，能夠照見我們未來的成佛之道，而我們聽聞了世尊授記的法音，如今心裡面歡喜充

滿，猶如現前看見甘露為我們灌頂一般的歡喜。」】

講義：學與無學的意涵，剛學佛的人往往會誤會；所以，以前常常接到有人寫信給我，他們說，讀了我的書很歡喜，特地寫信來道謝，最後就自稱「**無學某某某**」。當然，我們這些老師們代我回信的時候，都不會指責他們說「**你這樣講錯了**」，都當作沒看見，因為他們才正要開始學佛，不懂也是應該的，不該加以責怪。**學**，是指**有學**，也就是說他已經有所修學、有所實證了，所以叫作**學**，或者稱為**有學**；換句話說，在解脫道中至少已經證得初果了。

初果人，對於世間人而言，對於一般諸天天人而言，或者對諸天天主而言，已經算是聖人了，所以叫作聖者——有學位。初果人接著繼續進修，就使貪與瞋以及癡，全都已經變得淡薄了，叫作薄貪瞋癡，名為二果聖人。初果人的果位名目又稱為見地，因為他對於解脫道已經有所見，住於他所見的初果解脫境界相中，所以叫作見地。二果人是悟得解脫道以後，已經努力在修學、在斷煩惱了，可是仍然脫離不了欲界；但因他對欲界中的貪、瞋與無明已經淡薄了，所以稱為薄地。那麼，三果人已經離開欲界地了，所以三果

人捨報的時候，一定可以往生到色界天去，因爲他離開欲界地了。由於離欲的緣故，所以他發起了初禪，證明眞的離開了欲界境界，所以三果人就稱爲離地，那麼這些都是有學位。因爲有學的另一個意思是說，他還有解脫道中的某一些法，必須要繼續再學，所以是有所學、有所證，但還有一些法，他還得要再修學——還有得學，所以叫作有學。

那麼四果人，他對解脫於三界生死中應該要修學的法，已經修學完畢了，所以他又名畢地。已經無可再學了，所以又名無學。**地**，就是境界的意思；也就是說，他在解脫道中已經住於修學完畢的境界中。這初果到四果的聲聞人，一般都稱爲聖人。可是，若從解脫道的實證者來講，眞正的聖人其實是從三果才開始起算，因爲已經斷除欲界愛了；因此嚴格來說，二果與初果都不能稱爲眞正的聖人，因爲他們的修道還沒有成功，還在欲界中混，所以不是眞正的聖人。但是相對於諸天天主、天人、人類等等還沒有斷我見的人來說，他們卻已經是聖人了；因爲即使是初果人，最多不過七次人天往返，就可以成爲阿羅漢而出離三界生死；所以對一般人，對世俗凡夫而言，他們就是聖人。那麼這一些人只有阿羅漢是無學者，因爲對解脫道之學，他們已

經無可再學了，所以稱為無學。那麼學是簡稱，真正的名字應該叫作有學。

這時說「學與無學」還有二千人，因為前面被授記的五百大阿羅漢，已經授記過了。現在這一些人是有學與無學，其中有一部分是阿羅漢；是因為那五百大阿羅漢的徒弟中，有許多人也已經成為阿羅漢了，就在這一些無學之中；他們連同三果以下的聖者，總共有二千人，他們看見五百阿羅漢被授記了，心中也是有所盼望。經中說這些人的心意都很柔軟，當然很柔軟，因為師父們都被 佛授記了，阿難也被授記，連羅睺羅都被授記了，這時候大家想一想：「我們應該也有分。」所以就等著被授記了。等著被授記時，總不能心中是剛強堅硬的吧？當然是「其意柔軟」，而且寂然和清淨。寂然，就表示他們不會妄想紛飛，心是很寂靜的，根本就是住於完全沒有妄想雜念的清淨境界中，當然更不會有其他的染汙妄想出現，所以他們心是清淨的。

這時二千大眾一心一意瞻仰 釋迦牟尼佛：「一心觀佛。」世尊看見了他們這些人的狀況，便告訴阿難說：「你有沒有看見這些有學、無學的二千位聲聞聖人啊？」阿難當然說：「唯然，已見。」因為阿難就是要為他們請命的，當然回答說已經看見了。佛陀就說：「這些人未來還要再供養五十個世

界磨成微塵以後，以那一些微塵數來計算的諸佛如來。」前面羅睺羅是十個世界的微塵數如來，他們則是五十個世界磨成微塵數目的如來，就是五倍，所以他們成佛就比羅睺羅還要慢五倍；這個五倍是很長很長的，是無法想像的長時間。

當他們供養過這麼多如來以後才能成佛，表示什麼呢？表示他們其中的無學阿羅漢，雖然同樣是阿羅漢，但是他們修學佛道以來，其實時間還短。因為時間還很短，所學所證以及菩薩性，都遠不如一千二百大阿羅漢們，所以他們不能跟阿難、迦旃延、舍利弗、須菩提、大迦葉等人作比較。但是因為在解脫道上如果沒有什麼遮障，自己的智慧也深妙，努力精進修行一世就可以完成。證阿羅漢只要一世就可以完成，所以他們這一世有很多人已經成為阿羅漢；可是要說到成佛，那就還得很久了，因此他們得要再供養五十個三千大千世界磨成微塵以後，看那些微塵的數目是多少，得要供養那些微塵數的諸佛如來以後才能成佛；對那麼多的諸佛，要一一承事供養恭敬尊重；並且要一一護持這一些佛遺傳下來的法藏，直到這一些佛的末法滅盡之後，然後再承事下一尊佛。在供養「五十世界微塵數諸佛如來」，在最後一佛之

後，他們同時成佛，是各各散在十方國去成佛的。

那麼也許有人想：「那時候的世界眾生好像很有福報，同時有二千佛出現於世。」其實不盡然啦！焉知現在十方世界沒有很多的佛在弘法呢？因爲世界數不盡。世界數不盡哪！我們這一個地球，只是娑婆世界中靠近邊邊的一個最小的星球；而我們所住的這一個娑婆世界，還只是蓮華藏世界海第十三層裡面的一個小小的三千大千世界。在第十三層裡面有非常非常多的三千大千世界，而這個第十三層的世界，只是一個蓮華藏世界海二十層無數世界中的一層。蓮華藏世界海總共有二十層，全部二十層的無邊世界才只是一個世界海。可是這個世界海，也還只是一個香水海中很多很多世界海裡面的一個，然而十方虛空有很多很多的香水海。

那你想，他們才不過二千個人，他們同時成佛以後放進世界海中，根本看不見，所以你不必擔心說：「哎呀！這麼多的二千人同時成佛，到底要放到哪裡去？」都不必擔心，因爲十方虛空中的世界實在太多了，不必去擔心這個問題。他們各於十方國同時成佛，佛號都叫作寶相如來，那時他們所有如來同樣都是十號具足。如果有人自稱成佛了，結果這十號竟然連其中某一

號的本質都沒有，你說他成的是什麼佛？只能說他成的是妄想佛，一定是打妄想。如果有人具足十號，這十號是可以被人家一一檢驗的，才能夠說他真的成佛了。

這二千個人那時候成佛，同樣是十號具足；但他們的佛壽不是很長：「佛壽一劫」。可是，也不要去小看這一劫，我們這個時節 釋迦如來前來示現，佛壽也不過八十幾歲，所以那一劫比起前面成佛的人來說，雖然很短，其實對我們現在的人類而言還是很長的；因爲將來 彌勒菩薩下來成佛時，也不過是八萬四千歲，假使他那時的壽命加倍，也只不過十六萬八千歲，還是不能跟一劫相比；但因爲前面被授記的弟子成佛後的壽命，動輒幾十劫、幾億劫，才說他們二千人將來成佛時的佛壽只有一劫。這樣講起來，大家心量應該都變大了，所以現在才說：「**他們壽命只有一劫唷？**」這是因爲諸位心量被經文的內涵給擴大了，所以現在覺得說「**他們只有一劫**」，就覺得他們的佛壽好像太短了！其實一劫也很長了，所以他們聽了，不會覺得說：「**哎唷！我們將來佛壽才只有一劫。**」他們不會這樣想，還是很歡喜的。

那麼，他們的國土莊嚴，佛陀沒有細說；他們的聲聞弟子、菩薩弟子各

有多少，佛陀也沒有說明；他們的正法、像法住世多久，佛陀也沒有說明；只說他們這二千人將來成佛時的國土莊嚴，聲聞、菩薩、正法、像法皆悉同等。也就是說，他們學佛以來不久，以前就是同一批人常常在同一個世界，遇到的善知識也是同一批人，所以他們將來成佛的因緣就是這個樣子。這在告訴我們什麼意思呢？例如我們正覺同修會裡面，總是有這幾十個人感情特別好，另外幾十個人、一二百個人感情特別好，常常聚在一起修學及作事，有沒有？有啊！這表示什麼？表示說，這一群人將來的成佛是有某一些關聯的，而這個關聯是沒有辦法砍斷的；所以這幾十個人、這一二百個人，將來會怎麼樣呢？會同時成佛，或者他們將來次第成佛時，全都同一個佛號。

在《法華經》裡面，你要讀出它的言外之意，除非有特殊的原因，否則大約就是如此。所以要不要成為某一個團體—我們現在通俗的名稱叫作俱樂部—的成員，或者要單獨走自己的路，像須菩提，像阿難，或者像羅睺羅、大迦葉、目犍連等等，要不要像他們這樣走自己的路而快速成佛，還是要跟大家一起走同一條路，慢慢成佛，將來佛號都一樣，弟子、壽命等等統統相同，就自己去作一個衡量，《法華經》的許多玄義之一就是如此。

《法華經》有很多玄義，那些古人寫出來的什麼法華玄義，其實並沒有講出玄義；因爲這是從《法華經》的文字表面上讀不出來的，但是這個意思，當你有智慧的時候，就可以讀得出來，因爲 佛陀不會明說這些道理。但你有智慧時，便能讀出來，就能爲人解說，而解說《法華經》的責任也就落在你的肩膀上。你們懂得這些玄義，將來你們有能力住持某一個星球佛法的時候，就要這樣爲人家解說《法華經》。這樣子，諸位瞭解了，再回到重頌來說。

「是二千聲聞，今於我前住；悉皆與授記，未來當成佛。」這裡特地說明二千人是聲聞，這是不是在罵人？不是，這只是在指稱那個事實，因爲它是一個事實。這二千個人都是聲聞人，但他們不是聲聞法中的凡夫，因爲凡夫都已經退席抗議，全都走掉了，所以法華會中所有的聲聞人都是有證果的，至少證得初果。這二千個聲聞人，之所以被稱爲聲聞，是因爲 佛陀施設方便，以三乘菩提而演述佛法，因此一開始他們學的就是聲聞法的解脫道，就是四諦八正、十二因緣法，所以這些聲聞人當然是跟著 佛陀出家而示現了聲聞相；可是在 佛陀轉入第二轉法輪，開始演述般若的時候，他們

同樣跟著修學，只是外相看來還是個聲聞人，也是因 世尊的說法音聲而得聽聞，當然也應該名為聲聞。

其實，當 佛陀第二轉法輪時，把般若的法義正理不斷地演述，平常也會在私底下觀察因緣，以教外別傳的方式指點大家證悟明心，可以確實理解實相而產生般若；並且轉入到第三轉法輪時，不斷地述說一切種智唯識正理，他們都已經熏習在心中了，當時只是還不曉得自己是菩薩，但是 佛陀其實已經把佛菩提的寶珠偷偷縫在他們的內衣裡面，只是他們自己還不知道而已；但是他們心中的佛菩提種已經被種下、已經發芽了，然後看到師兄弟們或是師長們已被授記成佛了，這時他們當然不會想要入無餘涅槃。既不想取滅，他們當然想要被授記成佛，想要被授記就表示他們已經發起菩薩性了，已經成為菩薩了，才會「其意柔軟，寂然清淨一心觀佛」。他們一心觀佛，目的是為了什麼？當然是等著 佛陀授記啊！心裡想著：「什麼時候可以拿到授記呢？」這就是菩薩，表示他們願意繼續行菩薩道，未來世也不會入無餘涅槃；但是色身的表相上是聲聞，就說他們是「二千聲聞」。

那麼回過頭來，拉回現在這個時空來看當代佛教；當代佛教，不論是北

傳或南傳，他們所謂的佛法之中，不管自稱是菩薩或自稱是聲聞，其實全都是聲聞人，因爲他們都用聲聞法來取代佛菩提深法；只有少數人不願意成爲聲聞人，所以他們堅持：「我要念佛往生西方極樂世界。」另外還有少數人不願意修學解脫道，不肯當聲聞人，所以說：「我要參禪，我要開悟，我要修學佛菩提，將來要成佛，不想當阿羅漢。」當然，禪門之中也有一部分人其實本質還是聲聞，因爲他們自認爲開悟了，結果開悟後所證的果位依舊是聲聞果，那不就是聲聞人嗎？所以自稱菩薩，本質還是聲聞人。

但是話說回來，他們今天會成爲聲聞的本質，過失不在他們，而是在假名善知識；他們是被那一些假善知識—加個括弧（惡知識）—所誤導，所以才變成聲聞。其實他們能夠修學到現在，並且二千五百多年前供養過 釋迦如來，怎麼可能現在會是聲聞人呢？如果是聲聞人，在那個時候早就證初果、二果了，不會到了現代還在當一個凡夫菩薩。所以，現在這一些人會成爲聲聞人，會住在聲聞心態裡面，過失不在他們自己，而在於那些惡知識。所以，我們講《法華》時必須要把這個責任加以切割清楚：到底這個責任在誰？不在學人，而在那些惡知識們，因爲他們誤導眾生太久了。我們有幸生

在台灣、長在台灣，或者移民過來台灣，因為你們有的人是移民來的。

我們既然有幸在台灣百花齊放，也不會被人家像《舊約》說的把異教徒「剪除」那樣消滅，既然沒有問題了，我們就趕快把這一些眞正的道理講出來，讓大家瞭解。要讓當代的佛教界瞭解說：「原來我們不是聲聞，我們本來就是菩薩，我們應該趕快回歸菩薩道來。如果我們能夠這樣作，就是共同來紹隆佛種了，佛菩提道的修學以及弘揚的種子就會延續下去，這對我們未來世也是好的，因為我們未來世還是要繼續在這裡；而發願求生極樂世界的人，未來世也是要回來這裡。這對我們自己是好的，因為惡知識消滅了以後，未來大眾不再相信那些惡知識的邪說，我們未來世再來受生的時候，整個環境就是大乘法的環境；那時惡法不能繼續存在，不能繼續來誤導眾生了，我們未來世來到這裡的時候不必被誤導，我們就繼續在正道之中走下去了。」這就是我們要作的事。所以遇到會外那一些聲聞種性的法師、居士，大家都不用罵，應該以憐愍心來勸化他們回歸到佛菩提道來，這才是我們應該要作的事。

但是，這二千位有學與無學聲聞，已經被　佛授記「未來當成佛」。那麼，

佛陀說這二千聲聞所應該供養的諸佛是五十世界微塵數的如來，除了恭敬尊重供養修學以外，最重要的就是護持其法藏。如果不能護持諸佛如來的法藏而想要成佛，沒有機會。護持法藏很重要，因爲如果能夠護持法藏，就能夠讓更多的眾生繼續在佛菩提道中熏習修學前進，這一些眾生被自己經由護持法藏而影響，繼續住於佛菩提道中，未來世才會跟你自己相應，然後就一世又一世跟著你，最後你成佛的時候，他們就是你的無量無數菩薩或者聲聞弟子中的一部分，所以護持法藏就是攝受眾生。

因此，護持法藏其實就是攝受你將來的佛土，你的佛土能不能莊嚴、能不能成就，就是靠護持法藏來攝受眾生。所以，如果有一個不好的心態想：「**佛陀的法能不能傳下去，那是佛菩薩的事，跟我無關。**」那就表示說，這個人是具足的聲聞人，他還住在聲聞種性裡面；當他的種性沒有改變以前，他在佛菩提道上就很難行，處處坑崁，他的佛菩提道將會走得很慢。一直到他的心態改變了，願意護持諸佛的法藏，這時成爲眞正的菩薩了，然後他的菩薩道才開始變成坦途大道，所以護持諸佛的法藏非常重要，因此佛說「**護持其法藏，後當成正覺**」。

那麼，他們這一些人將來「各於十方國，悉同一名號，俱時坐道場，以證無上慧，皆名爲寶相。」「坐道場」就是最後身菩薩位出家參禪，即將要破盡最後一分所知障隨眠，然後成佛了，這時所坐的那個參禪時的法座就稱爲金剛座——不管是吉祥草鋪成或是寶物製成的；在那個時候就稱爲「坐道場」。他們二千人未來是同時坐道場，同時證得無上慧，也就是同時成佛，然後都同用一名，都稱爲寶相如來。這是因爲他們是同一個因緣，所以他們的國土、弟子、正法、像法，全部都沒有差異。而且，他們度眾生時有一個特性，都是以各種的神通來度眾生，所以他們度眾生的時候，不是只有度人間的眾生，十方眾生也同樣度化，因此他們所度的眾生也是不在少數。因爲「度十方眾生」，是用神通去「度十方眾生」，所以「名聞普周遍」；然後化緣已滿，一位又一位漸漸地入於涅槃了。

佛陀把這個重頌說完了，這些有學、無學等二千聲聞人很高興，因爲學佛以來沒有多久，竟然也可以被授記成佛；雖然未來要成佛的時間還很長遠，但是終究已被授記了，於是心裡當然很高興：根本不敢想像的事情，現在竟然也實現了，因此他們就講了這首偈：

「世尊的智慧猶如很大、很明亮的燈，向大家照耀到很明亮，」因為授記顯然不是一般人作得到的，也不是一般菩薩作得到的，更不要說是一般的阿羅漢了，這當然是「慧燈明」。接著又說：「我們大家聽到這個授記的聲音，心中歡喜充滿，猶如被甘露灌頂一般清涼而快樂。」設身處地想一想，如果你被授記了，你的感覺如何？那你就知道他們的感覺了。因為他們從來沒有想過自己未來可以成佛，也沒有想過現在竟然可以被授記，如今竟然被授記了，連佛號都有了，當然是很歡喜。那麼到這裡，前九品說完了，接著要進入第十品，就是〈法師品〉。

《妙法蓮華經》

〈法師品〉第十

經文：【爾時世尊因藥王菩薩，告八萬大士：「藥王！汝見是大眾中，無量諸天、龍王、夜叉、乾闥婆、阿修羅、迦樓羅、緊那羅、摩睺羅伽、人與非人，及比丘、比丘尼、優婆塞、優婆夷，求聲聞者、求辟支佛者、求佛道者，如是等類，咸於佛前聞《妙法華經》一偈一句，乃至一念隨喜者，我皆與授記，當得阿耨多羅三藐三菩提。」】

語譯：【此時世尊因為現場藥王菩薩他們有八萬人同在一起，這八萬人都是大士（換句話說，他們都是等覺菩薩），那麼世尊就向八萬大士開示說：「藥王啊！你看見現在這個法華大會之中的大眾裡面，有無量的諸天，無量的龍王、夜叉、乾闥婆、阿修羅、迦樓羅、緊那羅、摩睺羅伽、人與非人，加上人間的比丘、比丘尼、優婆塞、優婆夷，這裡面有求聲聞法的人、也有求辟

支佛法的人、也有求佛菩提道的人，這一些人雖然是不同的種類，同樣都在我釋迦牟尼面前聽聞勝妙的《法華經》，下至只聽聞一偈或一句；甚至於雖然聽了不太懂，但是生起了一念隨喜之心的人，我都爲他們授記，這一些人將來都會證得無上正等正覺。」】

講義：這一段經文，諸位聽我唸完了，有沒有感覺到什麼？這意思是說，諸位也被授記了；不過，這是理上的授記，不是實際上的授記。這意思是說，現在這一品要講的是什麼呢？是〈法師品〉。「法師」究竟是怎麼樣而被稱爲法師？《法華經》裡面定義的法師，有它的特殊涵義，不是一般人說的法師。佛教界一般所說的法師，是說出家、剃度了，受完三壇大戒了，就稱爲法師。可是，《阿含經》裡面對法師是怎麼定義的呢？你們看法界衛星電視台上面我們的節目，在播出前都有一段法師的定義，對不對？那是聲聞法中對「法師」的定義。也就是說，如果有人爲人家說明色陰是生滅的、虛妄的，不是眞實我，這個人就稱爲「法師」。如果有人對於受想行識，說是無常的、生滅的，不是眞實我，這個人就稱爲「法師」，這就是聲聞法中說的「法師」。

所以，從聲聞法來講，法師不一定是出家人，在家人也可能是法師；只

要你能夠為人解說五陰是無常的、生滅的、無我的，是應該滅盡的，你就是聲聞法中說的法師。那麼，後山那位比丘尼在書中公開說「意識卻是不滅的」，她的師父釋印順也說細意識是因果輪迴主體，是常住不滅的；也有人，例如宗喀巴乾脆主張意識是結生相續的主體，是以意識來取代第八識而說意識可以出生世世的五陰，就把意識命名為「結生相續識」，直接取代了第八識；也有教禪的法師說離念靈知是常住不壞，也有人說：「前念已過，後念未起，這中間的短暫一刹那間是離念的，是本來就離念的，這個離念靈知就是眞如，常住不壞。」

那麼請問諸位，講這一些常見外道法的人，是不是法師？顯然不是嘛！因為他們跟聲聞法中定義的法師不一樣嘛！他們講的，是把五陰裡面的一部分當作是常住不滅，是把識陰當作常住不滅，或是把識陰中的意識認為常住不滅，那就不是法師。即使他們剃頭著染衣，頭上燙了九個戒疤、十二個戒疤，仍然不是聲聞法中的法師！因為他們所說跟常見外道相同，卻跟世尊在阿含諸經中所說的法義相反，所以他們不符合《阿含經》中世尊對法師的定義，因此我說他們其實都不是法師。即使沒有實證聲聞菩提也都沒關

係，但為人演說聲聞法時一定要這麼說：「識陰是生滅的、虛妄的、無常，應該滅盡、應該遠離；色受想行四陰也是一樣。」自身還沒有實證也沒有關係，但也應該這樣講，才能符合 世尊的聖教，這樣才可以稱為聲聞法中的法師。這樣看來，那些人顯然不是法師了。

那麼，在大乘法中什麼人是法師？要能夠為人家正確演說解脫道，同時也要能夠為人家演說如來藏常住不壞，是一切法的根本，還要能夠為人家解說三界唯心、萬法唯識的妙理，並且要能夠為人家演說成佛之道總共五十二個階位，應該如何走好這條成佛之路。沒有實證是沒關係的，至少要能夠依照世尊的聖教這樣為人演說，才是大乘法中的法師。那麼顯然法師的定義，不是現在他們那些大山頭的出家人所定義的：剃頭著染衣，然後燙了戒疤，受完三壇大戒便可以稱為法師，佛法中不是這樣說的。可是，《法華經》裡面這個〈法師品〉所定義的法師又有些不一樣了，這裡所定義的法師是指 佛陀入滅後，能夠為人家解說《法華經》的人，才是《法華經》中說的法師。所以，這裡說的法師是有獨特的定義，跟一般三乘菩提中所說法師的定義不一樣。那麼〈法師品〉顧名思義，當然就是要講什麼人可以成為《法華經》

中這一品所說的法師了，現在就從第一段開始來說。

佛陀是對 藥王菩薩等八萬位等覺菩薩說的，顯然這有一種宣示的意義，表示說，這個授記不是開玩笑，而是說眞的。爲什麼這樣說呢？因爲這是對八萬等覺大士們說的，所要授記的對象包括天龍八部——無量的天龍八部，包括人以及鬼神。非人就是鬼神類，乃至那一些傍生道修練成精、化爲人身來這裡聽經的，全都包括在內。當然 佛陀座下的四眾弟子，不管他們是求聲聞法的、求緣覺法的、求佛菩提道的人，這所有的人，只要他們在 佛前聽聞《法華經》，也許從一開始就聽，或者中途才插進來聽；乃至正在授記的時候，他們才來聽，所以只聽到一偈或者一句；但因爲他們沒有生起煩惱，心中信受；由於信受的關係，所以得大歡喜；甚至於沒有得大歡喜，只是心裡面覺得說：「哎呀！不錯啊！佛陀為大家授記，太好了。」只是這樣隨喜，心中生起一念隨喜，只是這樣而已，佛陀就爲他們授記了：將來都會證得無上正等正覺。也就是授記將來一定會成佛，但佛號是還不存在的，只是將來一定會成佛。

爲什麼佛號還沒有辦法授記出來呢？因爲未來的成佛之道詳細過程還

沒有心得決定，可是他們已經確定，不會成爲聲聞人去入無餘涅槃，這已經確定，是因爲他們對《法華經》所說有歡喜心。只要對《法華經》有歡喜心，相信每一個人只要願意修學佛法，將來是可以成佛的。有這個歡喜心的時候，就表示佛菩提種子已經種進他心田去了；當他心田中有這樣的種子，即使未來世他成爲阿羅漢，只要一聽到佛菩提，或者一聽到《法華經》，或者一聽到大乘經，他就不會決定要入涅槃；這個佛菩提的種子，終究是會發芽生長，乃至最後成爲佛菩提道的大樹。所以，他們一定不會像定性聲聞一樣入無餘涅槃，因此 佛陀就可以作這個理上的授記。

這就是說，只要他對《法華經》一念隨喜，他的菩薩種性就發起了。但是，菩薩種性發起之後，他的所行、所思、所修就完全都符合菩薩道嗎？不然！在將來學佛的過程裡面，還是常常會示現出他的凡夫性，也就是說，他們目前跟實證三乘菩提的事依舊是無緣的，要很久很久以後才會跟三乘菩提的實證有緣。當他這樣一念隨喜之後，未來世修學佛菩提道的過程中，就會完全示現如法如理的菩薩行嗎？不見得！他仍然會帶有很濃厚的聲聞種性，因爲他有時會是求聲聞者、求辟支佛者，但是他終究不會入無餘涅槃了；

可是他在行菩薩道的過程當中，仍然會有很濃厚的聲聞種性心行、口行以及身行出現，這時久學菩薩就會指責他說：「你這個人是聲聞種姓。」但他仍然是菩薩，只是聲聞種性還沒有完全捨棄掉而已，但菩薩性已經發起了。剛開始發起的時候，他一念隨喜，而求聲聞、求辟支佛，我們就說他有一分菩薩種性，九十九分聲聞種性。

所以，如果看見有些人的聲聞心態，不管他已經修到什麼程度，都還會表現出聲聞心態，例如有的人已經明心而且見性了，乃至見性後幾年已經修到很高的層次了，可是他表現出來時，會不斷地支持聲聞人、支持聲聞法。這表示什麼呢？表示他的聲聞種性還沒有注意要去砍掉；這樣的人就該去把聲聞種性繼續努力砍掉，可惜的是往往沒有什麼人可以提醒他們。我今天這樣講，算不算提醒？算呵！就是自己要去觀察：我悟後（或者「我還沒有悟」都不管），要去觀察我現在是不是還繼續在支持聲聞法？繼續在支持聲聞人？我是不是這樣子？我所支持、所努力的方向，是不是在為聲聞人或者聲聞法在鋪路、在支持、在維護，是不是這樣？如果是這樣，就表示說自己的菩薩性還欠少許多，自己的聲聞種性還砍得不夠，還要繼續把它砍掉、消除

掉。所以，求聲聞者、求辟支佛者，聽聞《法華經》的時候一念隨喜，他們就已經發起初分的菩薩性了。

菩薩性不是無始本有的，而是經由熏習產生的，大家要瞭解這一點；有的人是天生就有菩薩性，還沒有接觸到佛法以前，他就有菩薩性了，但有的人要經由熏習以後才能夠生發菩薩性，因此不可以說每一個人的菩薩性都是無始本有。那麼求聲聞、求辟支佛，這本來是聲聞種性，但是他們聽聞《法華經》的時候能夠一念隨喜，表示他們的菩薩性初始發起了，他們未來世即使繼續再求聲聞、求辟支佛，縱使已經證得無學位了，捨報時也不會入無餘涅槃，所以佛陀當然要為他們授記；因為他們未來一世又一世都會在十方世界中繼續流轉，終究不會入無餘涅槃。他們的未來有無量際，在未來無量際之中總是會證得佛菩提，將來總是會成佛，因此可以為他們作理上的授記。世尊對這一些人「皆與授記，當得阿耨多羅三藐三菩提」，這個授記是有道理的。那麼這一段的眞實義，大家理解了。再來進入下一段：

經文：【佛告藥王：「又如來滅度之後，若有人聞《妙法華經》，乃至一偈

一句，一念隨喜者，我亦與授阿耨多羅三藐三菩提記。若復有人受持、讀誦、解說、書寫《妙法華經》，乃至一偈，於此經卷敬視如佛，種種供養——華、香、瓔珞，末香、塗香、燒香，繒蓋、幢幡，衣服、伎樂，乃至合掌恭敬。藥王！當知是諸人等，已曾供養十萬億佛，於諸佛所成就大願，愍眾生故，生此人間。」】

語譯：【接著是佛陀告訴藥王菩薩說：「如來滅度之後，如果有人聽聞《妙法華經》，即使只聽到一偈或者一句，心中只有生起一念隨喜之心的人，我也爲他們授無上正等正覺之記別。如果有人受持、讀誦、解說、書寫《妙法蓮華經》整部經，或者半部經，或者一品乃至於只是其中的一偈，對於這一部經的經卷恭敬看待，猶如看待佛陀一般，以種種的供養，譬如華、香、瓔珞，末香、塗香、燒香，繒蓋、幢幡，衣服、伎樂，乃至於合掌恭敬。藥王啊！你應該知道像這樣的人，是已曾供養過十萬億佛的人，他們已經在諸佛那裡成就大願了，因爲憐愍眾生的緣故，而出生在這個人間。」】

講義：這意思是說，釋迦如來告訴我們，說祂滅度了以後，如果有人在如來滅度後，聽聞《妙法蓮華經》，例如聽聞整部經、半部經，或者一品，

乃至於一首偈或者其中的一句，只要在心中生起一念歡喜隨喜，不生疑、不毀謗、不抵制，那麼 世尊也是會爲他授記，說他將來一定會成佛。如果是受持這部《妙法蓮華經》，也就是說，他是加以記持，然後深入瞭解它的義理；或者說沒有辦法這樣受持，他只是能夠讀誦；乃至於有的人稍微好一點，可以爲人家解說整部經或者半部、一品乃至一首偈，或者講解其中一句；或者把《妙法蓮華經》請來，把其中的經文加以全部書寫，下至只有抄寫其中的一首偈，能夠對這一部經的經卷恭敬看待，猶如看待 如來一樣，猶如對 如來，應該以華、香、瓔珞、衣服，乃至編造音樂來演奏樂器而作供養，這樣來對 世尊表示恭敬；其實能夠這樣作的人已不是普通人，這樣的人是過去世已經供養過十萬億佛了，否則不會對《法華經》有這樣的信受力。那麼這樣的人，到底是什麼原因而會對《法華經》有這樣的信受力呢？且聽下回分解。

《妙法蓮華經》上週講到一〇二頁倒數第六行，是說能夠受持、讀誦、書寫《法華經》、供養《法華經》，乃至合掌恭敬的人，佛陀告訴 藥王菩薩說：「應當知道這一些人等，已曾經供養過十萬億佛了，已經在諸佛的座下

成就了大願。」在經中讀到有人已經供養十萬億佛時，往往一讀就過去了；可是經歷十萬億佛而修學、供養，究竟是經過了多久的時間呢？這個時間是很難計算的，因爲有時候過六十劫才有一佛出現，有時候過三十劫才有一佛出現，所以十萬億佛到底是多久的時間？眞的不容易計算。不過我們大約可以把它作一個約數，就是大約一大阿僧祇劫過了三分之一左右，大約可以這麼說。如果他在學佛的過程中，福報比較不好，往往是每經一劫、二劫才遇到一佛，或是經歷三劫、五劫才遇到一佛，那麼他供養十萬億佛以後，可能幾乎是一大阿僧祇劫過完三分之一的時候，他都還沒有辦法斷我見或者證悟明心，因爲他遇到的佛陀很少，道業不易進步。

如果是已經有十萬億佛供奉過了，那麼可能在每一劫中都有幾尊佛出現，甚至像我們賢劫一劫之中即有千佛出現，那就福報太好了；那麼可能他供養過十萬億佛時，以一大阿僧祇劫的時間來算，大概可能才只過完五分之一、七分之一的時程，但他已經就開悟了，依舊說是過完第一大阿僧祇劫大約三分之一時程。所以這個供養十萬億佛，並不一定說時間眞的有多久，只能夠講一個約數。不過如果已經修行這麼久了，已經供養過十萬億佛了，他

一定會發起大願，因爲遇到每一尊佛時都會聽到《法華經》；當他《法華經》聽多了，一遍又一遍聽久了，心量就被諸佛擴大了，他就能夠發起大願。因此，由於這個大願的緣故，願意哀愍眾生而生在人間；所以通常而言，這是已經證悟之後，才能夠說他已經成就了大願，一般人是沒辦法的。

可是證悟之後能不能把整部《法華經》如理加以解說呢？那就不一定了！就要看他證悟以來，又見過多少佛，又進步了多少，智慧又增長了多少，才能夠全部演說。所以有的人可以受持、可以讀誦，但不能解說；有的人可以解說，但不能夠具足，因此即使不具足說，下至只能爲人解說一首偈，這樣的人對於《法華經》的經卷，一定也是「敬視如佛」的。這樣的人對於《法華經》的經卷，一定很恭敬，所以他會以種種的供養，譬如華、香、瓔珞乃至幢、幡、衣服、伎樂來供養，當然也會「合掌恭敬」，更不在話下了。

這樣的人願意如實爲人解說《法華經》，當然是因爲愍念眾生的緣故而生在這個人間，因爲開悟之後可以不必生於人間，諸佛淨土隨願往生，不必一定要生在人間。特別是生在五濁惡世的人間，那只有被人家輕賤，所以在人間受持《法華經》，解說《法華經》都很不容易的。雖然一般而言是證悟

後來爲人說《法華經》，但是也沒有作嚴格的限定，所以如果凡夫爲人家演說《法華經》也是非常好；因爲不管怎麼樣，至少他演說了，總比「一念隨喜」要好。所以即使是凡夫爲人家講說《法華經》，我們都仍然應該隨喜，而且要讚歎。不管他說得好、不好，都應該隨喜讚歎。除非有自稱成佛的宇宙大覺者，卻是依六識論邪見，來講 世尊的《法華經》而不是宣講她自己入涅槃前的《法華經》。

所以台灣東西南北，不管有誰已經在講，或者講過了，或者未來會講，我們都隨喜讚歎；因爲乃至一偈一句，聽聞之後，生起一念隨喜，都表示這個人將來會成佛，因爲他信受《法華經》。信受《法華經》的意思就表示說，他信受諸佛的境界，他也已經瞭解聲聞與諸佛畢竟不同；這樣的人，我們應該給予讚歎。那麼，這一段經文既然說，只要聽聞《法華經》而「一念隨喜」的人，都會被授與無上正等正覺的記別；那麼到底是什麼樣的人，未來世會作佛呢？我們再來看 佛陀的開示：

經文：【「藥王！若有人問：『何等眾生，於未來世當得作佛？』應示：『是

諸人等，於未來世必得作佛。』何以故？若善男子、善女人，於《法華經》乃至一句，受持、讀誦、解說、書寫；種種供養經卷，華、香、瓔珞，末香、塗香、燒香，繒蓋、幢幡，衣服、伎樂，合掌恭敬；是人，一切世間所應瞻奉，應以如來供養而供養之。當知此人是大菩薩，成就阿耨多羅三藐三菩提，哀愍眾生，願生此間，廣演分別《妙法華經》。何況盡能受持、種種供養者？藥王！當知是人，自捨清淨業報，於我滅度後，愍眾生故生於惡世，廣演此經。若是善男子、善女人，我滅度後，能竊為一人說《法華經》，乃至一句；當知是人則如來使，如來所遣，行如來事。何況於大眾中廣為人說？」】

語譯：【「藥王！如果有人問：『什麼樣的眾生，於未來世將會作佛呢？』應該這樣開示說：『這一些人等，在未來世一定會作佛。』為什麼這樣說呢？如果有善男子、善女人，於《法華經》的全部，乃至於只有對其中的一句，他能夠受持、讀誦、解說、書寫；以及種種的供養經卷，譬如以華、香、瓔珞，末香、塗香、燒香，繒蓋、幢幡，衣服、伎樂，以及合掌恭敬；那麼這樣的人，是一切世間所應該瞻仰以及供奉的人，應該以對如來所作的供養來供養他。應當知道這個人是大菩薩，成就了無上正等正覺，只因為哀愍人間

的眾生，所以願意生在這個人間，來廣爲眾生演說分別《妙法華經》。何況還有人全部都能夠受持、而作種種供養的人呢？藥王啊！應當知道這樣的人，他是自己主動捨棄可以往生天界的清淨業報，在我滅度了以後，因爲愍念眾生的緣故，而出生在這一個惡世之中，爲眾生來廣爲演說此經。如果是善男子、善女人，在我釋迦牟尼佛滅度以後，能夠私底下爲一個人解說《法華經》，乃至只有解說經中的一句；應當知道這個人是如來所派遣的使者，是因如來所派遣而來人間，行於如來所行之事。何況能夠在大眾中廣爲大眾而演說的人呢？」】

講義：這就是說，如果有人問：「什麼樣的人於未來世是可以作佛的？」因爲前面說，凡是有人聽聞《法華經》整部經，或者並沒聽到整部，而只聽到一首偈下至一句，只要生起隨喜之心，也是被授記將來會成佛的人。可是這樣的人終究會有一個現象表現在外，也就是說，這樣的人對於《法華經》的全部或者其中的幾品或者幾首偈，乃至只有僅僅一句，他願意受持、願意讀誦、願意解說、願意書寫；除此而外，他還用種種的善妙物品供養經卷，對《法華經》是完全尊重的，當作是稀世珍寶一樣，當作猶如 佛陀在世一

樣，把這個重要的法寶供養著。例如以華、香、瓔珞乃至衣服、伎樂等等來作供養，這個人對《法華經》也是合掌恭敬而不曾掉以輕心的。

像這樣的人，顯示他對《法華經》是有所認知的。《法華經》的眞實義理，他不是懵懂無知的，因此才能夠有這樣的恭敬心，來受持、讀誦、解說、書寫，乃至加以種種的供養。所以這樣的人不是一般人，因爲一般人讀過《法華經》，當他從頭讀到最後，往往心中會生起懷疑。心中懷疑的時候，他對於佛菩提道就沒信心了，對這部經典也就沒信心了，所以他在佛菩提道上的修證將是不成功的。如果他完全都不懷疑，而能夠這樣的受持、讀誦、解說、書寫，乃至種種的供養，並且對《法華經》的經卷也是合掌恭敬的，表示這個人已經有證得實相，所以他才能夠瞭解《法華經》所說都是眞實不虛的，不像一般淺學者讀了以後會說：「這只是神話。」所以印順派那一些人，以及日本某一分所謂的佛學學術界人士，他們會質疑說：「那大乘經典都是神話，那個你們也相信？」他們會提出這樣的說法，來質疑信受大乘經的人；連大乘經都不信了，對於《法華經》這麼難信受的經典，當然更不可能信受。所以一定是證得實相以後，才能夠如實信受《法華經》，這樣的人當然是「一

切世間所應瞻奉」，三界世間的有情都應當瞻仰供奉這個人，應該以對 如來那樣的供養來供養他。

佛又開示說：「應當知道這個人是大菩薩，已經成就了無上正等正覺。」也就是說他已經證悟實相了，因爲菩薩摩訶薩最少得要明心，證得聲聞初果的人雖是聖位的通教菩薩，在別教中都還不能叫作摩訶薩，至少得要明心不退以後才能成爲菩薩摩訶薩。所以說這個人是大菩薩，因爲他已經證悟了，叫作「成就無上正等菩提」。這樣的人，十方諸佛世界隨願往生，沒有哪一個佛世界不歡迎這樣的佛弟子。你們可以去看看淨土經典的開示，開悟的人往生極樂淨土時是哪一品哪一生？是上品上生。既然可以上品上生極樂世界了，他想要往生到諸佛世界，還有哪個世界不歡迎呢？即使條件比較高的琉璃世界，要求至少要念佛可以一心不亂才能往生，得要淨念相繼才能往生。換句話說，現在全球如果不會無相念佛的人就不能往生琉璃世界了，因爲他們沒有辦法淨念相繼嘛！他們心中妄想一堆。

但即使是那樣條件很高的佛世界、淨土世界，也只要會無相念佛就能往生。若是證得實相而成爲摩訶薩，已經「成就阿耨多羅三藐三菩提」，這樣

的人要生諸佛淨土，當然一定可以往生，不必再來這個五濁惡世的人間受生；可是他竟然願意繼續生在人間，而且願意爲人家來講解難信難懂的《法華經》；不論他是演講整部、半部、一品，乃至其中的一首偈或者僅僅一句，這都已經顯示他是哀愍眾生的緣故，才願意生到這個五濁惡世的人間來，然後爲眾生廣泛深入地演述，並且對這一部《妙法華經》詳細分別，使聽聞者可以如實瞭解全部或一部分。

這樣只是爲人家解說一品一偈一句的人，都已經是大菩薩了，何況還能夠全部受持而作種種供養的人呢？所以 佛陀就吩咐 藥王菩薩說：「**你應當知道像這樣的人，他是自己主動捨棄了清淨業報，而來生在這個惡世人類之中。**」因爲證悟之後，十方諸佛淨土都可以去，不必一定要繼續來人間。你們看看，天竺就不說，只說中國好了，中國禪宗那麼多證悟的菩薩們，那麼多證悟的禪宗祖師們留下來的沒幾個，大部分都（不要說溜走了）往生到佛世界淨土去了，沒多少人願意留下來；因爲這裡的眾生難應付，不容易接引。所以，能夠「**哀愍眾生，願生此間**」，這眞的是「**自捨清淨業報**」的人。不管他有沒有禪定功夫，他只要證悟了，就可以生到諸佛淨土去了，何必再來

這個五濁惡世的人間，跟那一些邪見惡見的眾生辛苦奮鬥，被人家羞辱？所以這眞的叫作「自捨清淨業報」。他本來可以往生諸佛淨土，那種「清淨業報」，他卻捨棄了，所以他願意在 釋迦牟尼佛滅度以後，由於哀愍人間有善根的眾生，就生在這個五濁惡世之中，來爲人家廣泛宣演這一部《妙法蓮華經》。

如果有善男子、善女人，在 釋迦牟尼佛滅度以後，能夠私下爲一個人演說《法華經》，不管他說的是全部，或者一品一偈一句，應當知道這個人是「如來使」，也就是 如來的使者；他是 如來所派遣的，特地來人間行於 如來所行的事業。私下能爲人這樣演說，就表示他對《法華經》信心具足，何況能夠在大眾中廣爲人說？廣說就是從頭講到尾，都無遺漏。這意思是什麼呢？就是說，《法華經》其實不容易講，因爲依文解義時，人家往往聽不下去；所以當他依文解義的時候，自己心裡也會覺得心虛。但如果不想依文解義，又該如何宣講？因爲《法華經》裡面的玄義並沒有明白指出來。所以若是能夠爲人家廣爲宣說，這眞的很不容易。

不過，雖然說很不容易，但是我們也要回頭爲人家讚歎，讚歎那些依文

解義的人；因為至少他也算是「如來使」，是如來所遣，總算是來「行如來事」的人；因為人家不願意相信的經典，他竟然願意為人解說。所以，只要有助於《法華經》在人間繼續流傳的事，我們都認同；只要他們不去作扭曲，我們就認同。所以，日本有一個創價學會，他們都叫人家唸《法華經》的經名。以前，有很多老人家就跟著唸，每天就是用日語唸：「南無妙法蓮華經。」這也好，但是他們如果去跟人作扭曲的解釋，那就不好了。

如果只是單純的叫人家唸《法華經》的經題，求平安，那也很好，因為這也有助於《法華經》在人間的繼續存在；只要繼續存在，終究有人願意受持《法華經》，願意去讀。讀了生信，然後受持，總是多了一些度人的機會，也多了一些讓眾生發起菩薩性的機會，這總是好的。所以這部分，我們還是認同。我們不認同的是，他們把《法華經》的內涵加以曲解，這是我們所不認同的。所以，一切有助於《法華經》在人間流傳的事業，我們都支持。那麼，接著 佛陀又怎麼開示呢？

經文：【「藥王！若有惡人以不善心，於一劫中現於佛前，常毀罵佛，其

罪尚輕；若人以一惡言，毀呰在家、出家讀誦《法華經》者，其罪甚重。藥王！其有讀誦《法華經》者，當知是人以佛莊嚴而自莊嚴，則爲如來肩所荷擔。其所至方，應隨向禮，一心合掌恭敬供養、尊重讚歎，華、香、瓔珞，末香、塗香、燒香，繒蓋、幢幡，衣服、餚饌，作諸伎樂，人中上供而供養之，應持天寶而以散之，天上寶聚應以奉獻。所以者何？是人歡喜說法，須臾聞之，即得究竟阿耨多羅三藐三菩提故。」爾時世尊欲重宣此義，而說偈言：

若欲住佛道，成就自然智；常當勤供養，受持《法華》者。
其有欲疾得，一切種智慧；當受持是經，并供養持者。
若有能受持，《妙法華經》者；當知佛所使，愍念諸眾生。
諸有能受持，《妙法華經》者；捨於清淨土，愍眾故生此。
當知如是人，自在所欲生；能於此惡世，廣說無上法。
應以天華香，及天寶衣服；天上妙寶聚，供養說法者；
吾滅後惡世，能持是經者，當合掌禮敬，如供養世尊；
上饌眾甘美，及種種衣服，供養是佛子，冀得須臾聞。

若能於後世，受持是經者，我遣在人中，行於如來事。
若於一劫中，常懷不善心，作色而罵佛，獲無量重罪；
其有讀誦持，是《法華經》者，須臾加惡言，其罪復過彼。
有人求佛道，而於一劫中，合掌在我前，以無數偈讚；
由是讚佛故，得無量功德；歎美持經者，其福復過彼。
於八十億劫，以最妙色聲，及與香味觸，供養持經者；
如是供養已，若得須臾聞，則應自欣慶：「我今獲大利。」
藥王今告汝，我所說諸經，而於此經中，《法華》最第一。

語譯：【佛陀又開示說：「藥王！如果有惡人以不善之心，整整一劫之中時常出現在佛陀面前，不斷地毀罵於佛陀，他的罪還算是輕的；如果有人以一句惡口的話，來毀罵侮辱一切在家或出家讀誦《法華經》的人，他的罪非常非常地重。藥王啊！假使其餘的出家、在家人中，有人讀誦《法華經》的話，應當知道這個人是以佛的莊嚴來作爲他自己的莊嚴，這樣的人就是被如來的肩膀所荷負而不必履踐於惡處的人。隨著他所去到的各方面處所，大眾應該隨著他所在的方向而作禮拜，一心合掌來恭敬供養他，而且還應該尊重

讚歎他，要以華、香、瓔珞，末香、塗香、燒香，繒蓋、幢幡，衣服、餚饌，並且同時要作種種歌頌他的音樂，以人間最上妙的供養等事情來供養他，並且還要設法持得天上的寶物來散布於他而供養他，而且還要以天上種種寶物一聚又一聚來奉獻給他。爲什麼要這樣呢？因爲這個人以歡喜心來爲人家演說《法華經》，有因緣的人只要聽聞一段很短的時間，就可以在未來世究竟具足無上正等正覺的緣故。」這時世尊想要重新宣示這一些長行中所說的法義，就以偈頌重新再講了一遍：

「如果想要住於佛菩提道中，成就種種非修行所得的自然智慧；就應當時刻不斷地勤加供養，受持這部《法華經》的人。

假使有人想要快速獲得，諸佛成佛後的一切種子智慧；都應當要受持這一部《妙法蓮華經》，並且要供養受持《法華經》的人。

如果人間眞的有能受持，這一部《妙法蓮華經》的人；應當知道這個人是佛陀所派遣來的使者，他是愍念諸眾生而來生在人間。

所有能夠受持，這一部《妙法蓮華經》的人；其實都是捨棄了清淨的佛土，憐愍眾生的緣故而受生到這個人間來。

應當知道像這一類的人，他們有能力自在於所想要往生的佛世界；但是卻能夠在這個五濁具足的惡世，爲人們廣說這個無上的妙法。

所以應當以天上的妙華以及妙香，和天上的寶貴衣服；加上天上勝妙寶物一聚又一聚，來供養這位演說《妙法華經》的說法之師；

我釋迦牟尼佛滅度以後的五濁惡世中，能夠受持這一部《妙法華經》的人，大眾應當對他合掌而禮拜恭敬，猶如供養世尊一樣；

並且應該以最上勝的飲食，具備種種既甘又美的妙好上味，以及種種妙好衣服，來供養這樣的有智佛子，祈望藉著這樣的供養可以短暫聽聞《妙法華經》。

如果能在我釋迦牟尼示現入滅後世之中，繼續受持這一部《妙法華經》的人，他其實就是我釋迦牟尼派遣在人間大眾之中，來實行於如來所行之事。

如果在整整一劫之中，常常懷著不善之心，而且以很難看的臉色，前來辱罵於佛陀，將會獲得無量的重罪；

假使另外有人一直讀誦與受持，這一部《妙法華經》的話，若有別人在短暫的時間裡加以惡言辱罵，他的重罪還遠超過一劫之中辱罵於佛陀。

有人爲了求證佛菩提道，而在整整一劫之中，合掌恭敬於我釋迦牟尼佛面前，以無數的偈頌來讚歎我；

由於這樣讚歎如來的緣故，獲得無量的功德；然而另外有人讚美這位受持《妙法華經》的人，他的福德其實是超過前面這個人的。

假使有人於八十億劫之中，以最勝妙的色塵、聲塵，以及最勝妙的香塵、味塵與觸塵，來供養受持《妙法華經》的人；

這樣作了最殊勝供養之後，如果能夠在短暫的時間裡聽聞《妙法華經》，他就應該自己歡欣地慶祝說：『我如今獲得很大的利益。』

藥王啊！我如今告訴你，我所說的所有經典，全都是在『此經』中，而以這一部《妙法華經》最爲第一。」】

講義：這就是說，受持《法華經》的功德很大，而聽聞《法華經》的功德也是很大；因爲《法華經》不容易聽聞，能夠眞正演述《妙法華經》的人並不多，大部分是依文解義而不懂得「此經」。所以，假使有惡人用不善之心，在很長很長的時間裡面，譬如在整整一劫之中，於 佛陀面前當面不斷地辱罵 佛陀，佛說這個罪雖然是很重、很重、很重，但是比起用一句難聽

的話來毀辱一個在家或者出家人讀誦《法華經》的罪，還是無法相提並論的，因爲這樣的罪遠比一劫之中辱罵 佛陀還要重。

世尊爲何要這麼說呢？是因爲《法華經》顯示佛菩提道的實際情況，而這個實際情況不是虛言假語，並且《法華經》說的「此經」又是一切世間、出世間法的根本。爲什麼 世尊要提出來說「有人對受持讀誦《法華經》的人會加以毀辱」？例如那些崇尚聲聞法的六識論者，或者墜入六識論中的所謂學術研究者、佛學家，當他們看見老比丘、老比丘尼在誦持《法華經》的時候，他們就說：「那種神話，你們也相信！你們也未免太愚癡了吧！」就這麼一句、二句，他們的罪是比整整一劫在 佛陀面前當面辱罵的罪更嚴重；這是因爲辱罵 佛陀時，只是針對 佛陀個人辱罵；可是當他否定《法華經》時，就等於否定十方三世一切佛世界以及否定十方諸佛，也是否定宇宙萬有起源的根本，必將使自己及別人遠離對於實相的探究，或遠離探究實相的正確方向，這種罪當然是無比深重的。

那麼由這裡，諸位可以來反觀那些主張人間佛教，刻意排除天界佛教、他方世界佛教的人，他們的罪重不重？他們其實等於在否定《法華經》，他

們只是不明著說：「我否定《法華經》。」只是不明著講而已。爲了預防有人繼續推廣錯謬的人間佛教，我們應不應該加以辨正破斥，來救護眾生不要再繼續走上他們的後路呢？當然應該要嘛！所以，他們的人間佛教的說法是一個邪說。但他們已經說服了很多人接受，而台灣也有不少大山頭接受人間佛教的邪說，所以我們得要用另外一種正確的人間佛教來取代它。我們的人間佛教是承認十方三世人間和天界的所有佛教，但是以人間爲主。

我們提出正確的人間佛教，來取代他們那種錯誤的人間佛教。希望那一些信受錯誤人間佛教的人，將來會看見我們有一本新書，書名就叫作《人間佛教》（編案：已於二〇一三年十一月底出版），使他們願意試著讀一讀，那我們就能把他們救回來，死後免墮於三惡道中；除非他們連讀一讀都不肯，或是讀了依舊不信，繼續毀罵大乘菩提等八識論妙法，繼續堅持六識論而自我限制、自我貶抑的人間佛教，那就無可救藥了。這就是說，十方三界的人間、天界都有佛教，不是只有娑婆世界的地球人間才有；他們不應該因爲 釋迦牟尼佛出現在人間，然後就否定娑婆世界的天界佛教，又否定十方三世一切世界同有的佛教。

講到這裡，也許有人心中一直存在的疑問，我得要來說明一下。因爲有人聽了我演述《法華經》以後，心中有一個懷疑。好像是在阿含部的經中吧，佛陀有說：「諸佛終不在天上成佛。」有沒有人讀過？有嘛！可是我們說的《法華經》，釋迦牟尼佛授記那麼多弟子將來的成佛，其中許多人的成佛並不是人間的境界，那麼是不是有一個很大的問號放在心中了？對啊！所以，有人私下就提出來詢問了，但其實這些並沒有衝突；而 釋迦如來說的「諸佛終不在天上成佛」，說的也只是娑婆世界的賢劫千佛，不函蓋十方三界一切諸佛。

話說回來，請問諸位：前面授記阿難、須菩提、迦旃延、目犍連、舍利弗、大迦葉等人，他們成佛後的壽命有沒有人間短短幾百歲的？都沒有呵！那麼又請問：人間的人，壽命最短是十歲，那時候女生五個月出嫁，十歲就死亡；而人類壽命最長的時候可以到幾歲？八萬四千歲。這表示什麼？表示說，佛陀授記的這一些弟子將來成佛時的壽命，以劫來計算，那並不是人間的壽命，那是他們的報身佛壽命。這樣瞭解嗎？在《佛說首楞嚴三昧經》中，佛陀也說 釋迦牟尼佛自己的佛壽七百阿僧祇劫。七百阿僧祇劫夠不夠長？

夠長嘛！可是祂在人間明明只有八十幾歲。在人間壽命明明只有八十幾，卻說壽命有七百阿僧祇劫，到底這個壽命是天上還是人間的？是報身佛的壽命。可是 釋迦佛畢竟是在人間示現成佛，所以被授記的這一些弟子們將來的佛壽，那是他們報身佛的壽命，而他們將來也有可能還是一樣要在人間示現成佛。在人間成佛，如果是人壽八萬四千歲時，例如當來下生 彌勒菩薩成佛時就是八萬四千歲，可是他的報身佛壽命不可能只是八萬四千歲，所以其實並沒有衝突。

還有，記得我講《法華經》時曾經講過：「化身佛不作授記，在人間示現的佛陀本尊——也就是應身佛，才會作授記。」有沒有講過？有嘛！我相信也有很多人在心中有一個問號：「奇怪！怎麼會這樣？」可是確實是如此，凡是授記都是應身佛所作。那麼生到淨土世界，譬如在我們娑婆世界五不還天的色究竟天宮，釋迦如來的報身佛 盧舍那佛，報身佛是可以作授記的，但只對三地滿心以上的菩薩來作授記。可是報身佛不是化身佛，由應身佛或報身佛變出化身出去的諸佛，都是不作授記的；祂們也一樣隨緣應物去度眾生，但這二者之間是沒有衝突的。

所以，在《法華經》中已被授記的這一些未來佛，雖然未來成佛後都是在色界天中，可是他們最後那一世，仍然是要在人間成佛，但是無妨莊嚴報身在色究竟天宮的壽命有那麼長。而人間成佛的應身佛壽命最多不超過八萬四千歲，以諸佛報身來看人間的應身佛壽命，眞的微不足道，一會兒就過去了。在人間成佛，譬如 釋迦牟尼佛三十六歲成佛，八十幾歲入滅；若是天人在四王天睡個覺，他們的一天是人間五十年，他若是午餐時看見 釋迦牟尼佛成佛而在人間弘法，當他那天晚上睡個覺，明天早上起來時，應身佛陀已經不見了。所以，他們在人間的佛號値得去作授記流傳嗎？不値得嘛！因爲時間太短暫了。那麼，這樣諸位聽了就瞭解了，這樣心中還會有衝突嗎？沒有了呵！

所以，將來一樣會有應身佛在人間成佛，應身佛也會講《法華經》而作授記。那麼，應身佛在人間成佛之後示現入滅了，莊嚴報身還是在色究竟天中；但是應身佛在人間示現八相成道圓滿以後，還是會在別的星球人間繼續示現應身佛，示現八相成道而繼續爲有緣人授記。因爲三大阿僧祇劫以來，所度的眾生非常多，不可能那一些眾生都擠在同一個星球中，事實上一定不

可能這樣嘛！所以，報身佛的境界與應身佛的境界是應該區隔開的。不過，這是我的過失，我一直沒有說明這一點，因爲我沒有注意到大家會有這個困惑，也是因爲經文的內容就已經夠精彩了，我只顧著法樂就漏掉講解這個部分。那麼，這裡因爲講到人間佛教，所以就衍生出這個題目，因爲也正好有人問，所以在這裡就順便爲大家解說。

那麼，辱罵人家讀誦《法華經》，輕蔑地說人家是迷信，這個罪是很重的；因爲十方的佛教，其實是遍於人間和天界的，而且是遍於十方三世的；而且《法華經》的妙旨，其實同樣是《金剛經》、《實相經》所說的「此經」，是十方三世一切三界世間的本源。現在如此，過去的十方三界諸佛世界也是如此，盡未來際的十方三界諸佛世界也仍然是如此。《法華經》告訴我們的，就是這個道理。所以，毀謗《法華經》的罪非常之重，原因就是在於他否定了十方三世的人間天界的佛教，以及宇宙萬有的本源，所以這個罪是非常的重。

「藥王！其有讀誦《法華經》者，當知是人以佛莊嚴而自莊嚴，則爲如來肩所荷擔。」接著說，如果有人讀誦《妙法蓮華經》，這個人就是以諸佛

的莊嚴來莊嚴自己，都是修學佛菩提的人；這樣的人就是被　佛所護念的人，因為這個人是菩薩，不管他的聲聞種性有沒有斷盡，他至少已經成為菩薩了；聲聞種性可以將來慢慢去斷，即使他還有九十九分的聲聞種性，他願意誦《法華經》的時候，至少已經有一分菩薩性了，這表示他已經成為菩薩了；既然成為菩薩，他就永遠不會去入無餘涅槃。這表示說，他已經邁向佛菩提道，當他信受《法華經》的時候，將來縱使證得二乘涅槃，他就一定不會取無餘涅槃。他永遠會是個菩薩，不管他未來成佛的時劫是長或者短，他永遠都會是菩薩，所以這樣的人就是用佛菩提來莊嚴他自己。

他既然是真正的菩薩了，諸佛當然會護念他；當他被諸佛所護念，就是「為如來肩所荷擔」。以前的小孩子不像現在有汽車可坐，也不像現在的人們都有手推車；以前鄉下人家的小孩子，大人要去田裡工作時，挑著兩個米籮，一邊放鋤頭、簸箕、圓鍬等工具，另一頭就放著小孩子，在前往田裡的路上，這小孩子就不必踩在泥巴路上。同樣的道理，如果你被　佛陀所荷擔，你就不必墮落三惡道，意思就是這樣。所以，如果願意信受《法華經》而能夠瞭解《法華經》的義理，他就知道　佛陀是如何的尊貴，不是阿羅漢可以

相提並論的，當然，也不是諸菩薩可以相提並論。那麼這樣的人，他既然以佛菩提道來莊嚴他自己，如來就一定護念他。

「其所至方，應隨向禮，一心合掌恭敬供養、尊重讚歎，華、香、瓔珞，末香、塗香、燒香，繒蓋、幢幡，衣服、餚饌，作諸伎樂，人中上供而供養之，應持天寶而以散之，天上寶聚應以奉獻。」所以，這樣的人「其所至方，應隨向禮」，意思就是說：這是菩薩。也許諸位想說：「這句話有點誇大吧！他只是信受《法華經》，爲什麼他到哪裡，就應該面對他所在的方向來禮拜呢？」可是有一個典故，不曉得諸位還記不記得？阿羅漢在前面走，弟子在後面揹著阿羅漢的行囊，一面走著，他心裡就發起菩薩心，想要當菩薩，將來要行菩薩道。那三明六通大阿羅漢知道了，隨即把他揹的行囊拿過來自己揹。他那麼尊重這個徒弟，因爲阿羅漢想：「我不敢當菩薩，他竟然敢當菩薩，不得了！」大阿羅漢是很尊貴的呵！諸天天主對他們都是恭敬得不得了，但他竟然來恭敬那個凡夫徒弟，只因爲他是菩薩。

那麼你想，能夠信受《法華》、讀誦《法華》，這樣的人已經顯示他的菩薩性是很具足的，不管他眼前悟或未悟，當然都應該要恭敬他而隨其方向禮

拜，所以對這樣的人應該「一心合掌恭敬供養」，而且還要加上尊重和讚歎。所以諸位都是值得那些六識論的聲聞種性者，對你們「一心合掌恭敬供養、尊重讚歎」的人，因為你們從我開始講述《法華經》到現在，已經聽聞那麼久了，並沒有覺得厭倦，這就是「受持《妙法華經》」。那麼對於這樣的人，應該用華、香以及瓔珞，以及三種香：末香、塗香、燒香，再加上莊嚴具的繒蓋、幢幡乃至衣服和餚饌，並且加上音樂來供養，要用人中最上的供養來供養他。如果有諸天天人看見了他受持《法華經》，「應持天寶而以散之」，還要以天上的寶聚用來奉獻給他，佛陀認為應該這樣子。

「所以者何？是人歡喜說法，須臾聞之，即得究竟阿耨多羅三藐三菩提故。」為什麼佛陀認為這樣呢？因為這個人以歡喜心為人演說《妙法華經》，願意當這一部《妙法華經》的演說法師，因為這一品說的是〈法師品〉，而大乘法中的法師當然得要演說大乘的眞如妙法。那麼，只要有人在短短的幾分鐘、幾十分鐘去聽聞《法華經》，他瞭解了十方三界佛教的眞相，生起了恭敬心，這個人就不會再回墮於聲聞菩提之中，也不會回墮於緣覺菩提之中，未來一定會成為無上正等正覺。

所以，爲人家如實演說《法華經》、受持《法華經》，才是大乘法中眞正的「法師」；若是大乘法中眞正的法師，就是有這樣的功德，當然應該要以上妙供養來供養他。世尊這樣子解說，意思就是告訴我們：紹隆佛種非常重要，能夠把十方三界的佛教面貌顯示出來，讓人家對佛菩提生起非常殷重的信心，永遠不會再落入二乘菩提中，發起了菩薩性，將來便可以成佛。這很重要，這可以使得眾生長養菩薩性、發起菩薩性；由於有許多眾生長養菩薩性、發起菩薩性，菩薩種姓就越來越多，那麼佛種就可以綿延不斷了。

能夠紹隆佛種，那個功德是非常大的。譬如說，有人能夠救一萬個人的性命，人家說：「**救人一命，勝造七級浮屠**。」他救護了一萬個人的性命，這眞不得了啊！可是竟然不如度一個人受持五戒十善。可是你度一萬個人受持五戒十善，不如度一個人證得初果。你度一萬個人證得初果，還不如度一個人成阿羅漢。度一萬個人成阿羅漢，又不如度一個人在大乘法中發起將來願意成佛的菩提心。你想這功德大不大？大呀！所以阿羅漢會那麼恭敬菩薩，不是沒有緣由的。那麼，這個人歡喜爲人說法——這個法指的是《妙法華經》的法義，他這樣歡喜說法，有人在短短的二、三十分鐘時間裡聽聞了，

知道說：「喔！原來十方三界的佛教是如此，佛菩提不得了啊！深廣微妙難知。」聽得信受與歡喜，他就發起對於佛菩提的偉大信心，佛菩提的種姓中又多了一個人。

「須臾」，一天有三十須臾，一須臾大約是四、五十分鐘，不到一小時。才只聽聞《妙法華經》幾十分鐘，就能夠信受佛菩提，這個心是很偉大的。一般人大概都想：「我學佛就是要了生脫死，我只要自己了生脫死，管那麼多眾生幹什麼？救眾生是佛菩薩的事，不是我的事。」好多人學禪時就是這樣的心態，你叫他出來破邪顯正，他說：「那不是我的事，那是佛菩薩們的事。」且不說破邪顯正，單單說求證實相念佛——求證佛菩提的開悟明心，單單說這一件事情，有專門弘揚淨土法門的一位很有名的大法師，他以前怎麼說的？他說：「那是大菩薩們的事，不是我們念佛人的事。」他是當著我的面這樣說的。

單單求開悟，這位大師就已經這麼說了，更別說是破邪顯正，更別說是救護眾生發菩提心。所以你看，能夠為人家解說《妙法蓮華經》，顯示十方三界佛教的真實相貌，令人得以生起歡喜心而紹隆佛種，這個功德當然是偉

大啊！所以這樣的人，當他為人家演說《法華經》，有人聽到這樣的眞實妙義以後發起了菩薩性，那麼那個聽聞的人永遠都不會落入二乘菩提中，他將會開始走上佛菩提道，三大阿僧祇劫之後一定成佛，那麼他一定會利益無數人。所以，能夠如實為人演述《妙法華經》的人，功德之大就在這個地方。

接著，世尊以重頌來說：「**若欲住佛道，成就自然智；常當勤供養，受持法華者。**」如果想要住於佛菩提道中，將來可以成就自然智，應當要殷勤地供養受持《妙法蓮華經》的人。「**自然智**」是說這個智慧的發起，所證的法是自然存在的，不是經由修行以後才得來的(例如離念靈知)。自然而有的法就是第八識眞如心，證得這個本然而有、法爾而有的眞如心，就會生起法界實相的智慧，就有了實相般若，懂得什麼叫作「**般若波羅蜜多**」，這種智慧才是「**自然智**」；離念靈知的境界是意識境界，是生滅境界，也是「**修得智**」；凡是修得的，都是生滅有為之法，不會與法界實相相應。

有一些人聽聞祖師的開示，所以想要了生脫死，然後就想要取涅槃，他想要過牢關，目的是要入無餘涅槃。可是這個過失不在他，而在於他的師父沒有告訴他《法華經》的「此經」道理，在於沒有告訴他佛菩提道的整個內

涵。所以，如果單單幫助人家開悟，而不把三乘菩提的全部內涵加以演述開示給弟子，那個禪師是有過失的；因爲弟子過了牢關以後，就會想要入無餘涅槃了；特別是有四禪功夫的人，他一過牢關，可能今天晚上就把衣鉢變賣了供養眾生，然後明天、後天他就入無餘涅槃了。

在禪宗歷史上就有這樣的人，洞山良介禪師座下就有這麼個徒弟，所以有人問洞山禪師說：「他供養眾僧之後入滅了，他到哪裡去了？」洞山禪師說：「他只解恁麼去，不解恁麼來。」說他只懂得這樣走了，可就是不懂得再這樣子來，因爲他入無餘涅槃去了。然後洞山禪師對這種人，有過一句話批評；因爲他厭惡這一類人，也因爲他遇到一個僧人將要了生脫死了，洞山就叫徒弟去取三兩麵粉來供養那個人。後來徒弟問說爲什麼只用三兩麵粉供養他？洞山就說他只值三兩麵粉。他只值得三兩麵粉的供養，因爲他只是一個聲聞人。所以，這是禪宗歷史事實上曾經存在的事。

因此，若是想要住於佛菩提道，一定要瞭解《妙法華經》，要先瞭解十方三界的佛教究竟是怎麼回事，然後發起欣慕之心，願意一世又一世去行菩薩道。將來能夠入無餘涅槃時，一樣不會樂於取證無餘涅槃，願意一世又一

世辛苦地廣行菩薩道，最後一定是會成佛，在成佛的過程中就會利益無數人，成佛以後又繼續利益無數人而無盡期。當他成佛的時候得到的就是「自然智」，也就是說，成佛時所證的一切，其實都是本來自有的功德，都是本來自有而不是從外來的，也不是經由修行才有的新法。既是本來自有的，爲什麼卻要經由修行才能發起呢？都是因爲被無明所障，被貪瞋癡慢疑所障，所以無法發起。

既然那一些功德都是本來自有的，當你擁有了本來自有的全部功德以後成佛了，這些功德當然就不會失去，因爲本有的功德是自家本來具足而時時刻刻都存在的勝妙法。因此你對眞如心中含藏的一切種子都具足了知時，這時的智慧當然是「自然智」，因爲都是你的眞如心中自然而有，不是從外修來的。那麼這個「自然智」，我們就說它叫作諸佛的一切智，也就是一切智慧之意。如果要作比較精準的定義，就叫作一切種智，就是第八識眞如心所含藏一切種子的智慧，也就是如來藏所含藏一切功能差別的智慧。這一切的功能差別都是眞如心中本來自有的，是自然而有，不是外來的；也不是修行以後才有，而是因爲修行清淨之後自然發起了，但這些功能差別都是本來就

存在眞如心中的，都是自然已有的。那麼，想要獲得這樣的智慧，佛說「常當勤供養，受持《法華》者」，因爲如實受持《法華經》的人，可以把這個眞實道理演述給我們知道。

所以，世尊接著就說：「其有欲疾得，一切種智慧；當受持是經，并供養持者。若有能受持，《妙法華經》者；當知佛所使，愍念諸眾生。」想要快速獲得佛菩提道的智慧，佛菩提道的智慧是什麼？就是了知眞如心所含藏一切種子的智慧。如果想要快速獲得，應當要自己去受持這部《妙法蓮華經》，並且對於受持《妙法華經》的人，也願意加以供養。爲什麼要這樣作？因爲如果有人受持這一部《妙法華經》的話，那個人就是「如來使」。能受而能持就表示：他不斷地熏習《法華經》的義理，熏習久了自然會了知其中的道理，他將會被 如來指派來人間住持正法，他就是 如來的使者，名爲「如來使」。如來的使者願意在人間弘傳《妙法蓮華經》，當然就是愍念諸眾生的人。

「諸有能受持，《妙法華經》者；捨於清淨土，愍眾故生此。當知如是人，自在所欲生；能於此惡世，廣說無上法。」如果有人能夠受持《妙法華

經》，他其實就是自己發了大慈悲心，捨離於清淨佛土，愍念眾生的緣故而受生於此人間。因爲能如實受持《法華經》的人，他是已經實證了法界實相的人。所以「**當知如是人，自在所欲生**」。這樣的人是可以隨他所願，往生到諸佛淨土的，可是他卻能夠在這個五濁惡世中來受生，這是依願而來人間的。在五濁惡世受生並不愉快，在五濁惡世受生，苦多樂少；即使是生來很有錢，含著寶玉出生，叫作「賈（假）寶玉」；或者含著金湯匙出生，我們就不指稱哪些人，難道他們一生都沒有苦嗎？出生時被擠壓就是一件苦事，然後接著生長的過程，多少的求不得苦。

小時候爲了求一顆糖果，可以跟母親賭氣；哇哇大哭，賭上一天的氣，有沒有呢？有很多這種孩子啊！求不得苦是很多的。然後在學校或許讀書讀不好，不是每科都很行，常常要被罵、被處罰，乃至生長的過程等等以及老病死，好多好多的苦啊！人生苦多樂少，竟然還有人明明知道有這樣的苦，他本來可以到十方諸佛淨土去，或者說可以生到這個娑婆世界的天界去，竟然不去，這是天下第一號大傻瓜，來人間爲大家「**廣說無上法**」。「**廣說無上法**」，對他有好處嗎？沒有好處欸！因爲廣說無上法時一定會被凡夫僧和廣

大的迷信者唾罵。

天下本來就是眞正開悟的人很少、很少，悟錯的人則是漫山遍野。就好像世界各國的軍隊一樣，雖然廣有百萬士兵，但是只有一位大將軍；不可能是百萬大將軍而只有一位士兵吧？所以，開悟的人出來演說無上法的時候，他不說別人不對，人家還要說他不對呢！因爲他說出來的法跟人家都不一樣，人家當然要說：「你們看，他這個人說的跟人家都不一樣，一定是悟錯了。」那些悟錯的人還振振有詞啊！只因爲菩薩說的跟人家都不一樣。所以，大演說無上法的人，他就好像住在廣寒宮，高處不勝寒，成爲孤家寡人了，大約是沒有知音。所以，在人間「廣說無上法」是辛苦的，沒有什麼快樂可言，而他竟然願意生到這個惡世來。

像這樣的人，大眾當然應該用「天華香，及天寶衣服；天上妙寶聚，供養說法者；」當然是應該這樣去供養他。不過我這裡要下個註腳：不是要你們供養我，因爲我不受供養。那麼，因爲這個緣故，佛陀當然要交代說：「吾滅後惡世，能持是經者，當合掌禮敬，如供養世尊；」在佛陀滅度以後的五濁惡世之中，如果有善知識能夠受持這一部《妙法華經》的話，大眾應當

合掌禮敬，如同供養世尊一樣。要怎麼供養呢？「上饌眾甘美，及種種衣服，供養是佛子，」為什麼要作這樣的供養？供養要有目的，不能夠說供養了，完全沒有目的嘛！我常常說有許多人沒有世間智慧，他們把支票簿帶了去，拿起來一開就是三千萬、五千萬元，只因為那名氣很大的大法師願意接見他，只是因為接見他。

這是我親耳聽見的，有一個富商要去見某甲大法師，那某甲大法師不接見，他就又去求見某乙大法師，某乙大法師接見了，他當場就拿支票簿開了新台幣三千萬元整供養。可是，他供養的是什麼？是大妄語人，並且還同時害很多人一起大妄語。他就這樣供養，供養得好高興——大法師願意接見我。可是廣欽老和尚在世，他也去見了，因為太容易見了，所以最多包個五百塊、二千塊錢供養。所以，淺見無知的眾生就是賤骨頭嘛！開價愈高，他愈要見。很隨和的人，不管你有多少實證，他就不想見；縱使有因緣遇見了，他也覺得沒什麼：「還不是跟我一樣有一個頭、二個眼睛，一個鼻子、一個嘴巴，又沒有多出一個眼睛來。」這就是眾生。

可是我說，他們供養的時候，其實應該有一個前提放在心中才對。也就

是說：「我供養了以後，對我自己在修行上有沒有利益？對於眾生有沒有利益？」他應該施設這樣的前提。可是許多人都不去觀察這個前提，只因爲對方名氣大，很難讓他面見；終於願意接見他了，就覺得很了不得，他就願意大把大把的錢財供養；可是供養了以後，對他沒有利益啊！因爲對他的道業完全沒有幫助，他固然修了福德，卻也同時得了幫助大師害眾生大妄語的共業；而他也沒有能力去檢查說：「我作了這個供養以後，對我的道業有沒有幫助。」更沒有能力去檢查說：「我作了這樣的供養之後，這筆錢對眾生會不會有幫助？」他完全沒有能力判斷。

但是我們知道說，眞實受持《法華經》，能夠捨棄他自己應該有的清淨業報，而願意受生到人間來，跟五濁惡世的眾生同事、利行，這樣的人，我們如果以種種的供物來供養以後，我們應該有所期待。期待，即使短短的五分鐘、十分鐘，或者多一點可以有一、二個鐘頭，聽到他爲我們演述《妙法蓮華經》，闡述十方三界佛教的眞相，我們來作這些供養就值得了。所以說：

「冀得須臾聞。」

「若能於後世，受持是經者，我遣在人中，行於如來事。」因此說，能

夠在 釋迦牟尼佛入滅以後，後末世也就是到了末法的時代，甚至於最勝妙的就是在末法最後剩下五十二年時，爲人家演述《法華經》，這其實都是如來派遣了菩薩在人中行於如來之事，因爲《法華經》的眞實義很難聽聞。如果有人願意這樣講，表示說這個人是有眞才實學，是眞實親證三乘菩提的菩薩摩訶薩，這樣的人宣演《法華經》時，當然應該去設法聽聞。可是如果要聽聞，只是空口來請求說：「你能不能爲我講《法華經》？」善知識不一定有意願。可是，如果你去護持而使他一個道場成就了，然後大眾來請求說：「請大師爲我們演述《妙法蓮華經》吧！」他可不能一直推辭下去，終究有一天得要宣講。

當他把《法華經》的眞實義顯示宣說，讓我們如實理解十方三界的佛教眞相之後，我們對諸佛如來就更加具足了仰信和正信，然後就可以讓自己在佛菩提道中修行更加順利，不會有妄想。我講的是虛妄之想，隨便的自以爲說：「我現在開悟，這一悟就是佛陀了。」就不會這樣亂想了，就很清楚知道自己成佛之路該怎麼走了，因此，能這樣教導大眾的人當然功德大。我們應該要有這樣的前提存在，來施設自己對什麼樣的善知識，應該作什麼樣的

供養。

「若於一劫中，常懷不善心，作色而罵佛，獲無量重罪；其有讀誦持，是《法華經》者，須臾加惡言，其罪復過彼。」這樣的善知識在人間弘法的時候，當然不應該辱罵，因爲辱罵這樣的善知識，會毀壞十方三界佛教眞相的傳布，會使人間斷絕佛種，所以這個罪就很大了，遠比一個人用一劫的時間來不斷以惡口辱罵於 如來的罪更重，因此，對能夠如實演述《法華經》的善知識，應該要讚歎才對。

佛陀作了這樣的一個開示說：「有人求佛道，而於一劫中，合掌在我前，以無數偈讚；由是讚佛故，得無量功德；歎美持經者，其福復過彼。」你看，讚美受持《法華經》的人，這個福德遠超過一劫之中讚歎於 佛陀，爲什麼會這樣？讚佛的功德是非常之大的，可是讚歎受持《法華經》的人，功德竟然比讚佛更大，而且時間這麼短，所得福德就夠大了。這意思就是說，這一個受持《法華經》的人，他是在如實履踐一件事情，這件事情就是把十方三界佛教的眞相去告訴大眾，而他是一個實行者，由於悲愍眾生而廣說無上法。若有人以偈在一劫之中讚佛，那是很多人都在作的事；所讚的是佛，功

德當然很大；但是諸佛卻由這個法而來，這個法就是《法華經》，也是《金剛經》中說的「此經」，所以世尊才會說：讚美這個持經的人，他的福德超過那個一劫之中讚佛的人。

「於八十億劫，以最妙色聲，及與香味觸，供養持經者；如是供養已，若得須臾聞，則應自欣慶，我今獲大利。」那麼，對於供養受持《法華經》的人，是應該自己欣慶的。也就是說，用八十億劫那麼長的時間，都用最妙的五塵來供養這位受持《妙法華經》的人；五塵就是色聲香味觸，以很勝妙的五塵來供養這位受持《法華經》的人；這樣整整八十億劫來供養之後，只是想求一個短短的幾十分鐘時間聽聞到這位受持《法華經》的人，把整個十方三世的三界佛教眞相來告訴他，只求把《法華經》的密意告訴他，只是想要求到這個。假使有因緣求到了，應該這樣欣慶說：「我今獲大利。」因爲十方三界的佛教，佛陀並沒有在諸經中說明，只有在這部《法華經》裡面才加以說明。那麼，這樣可以紹隆佛種，也可以使自己的菩薩性不斷地增長，所以應當八十億劫，以最妙的色聲香味觸來供養這位持經者。

「藥王今告汝，我所說諸經，而於此經中，《法華》最第一。」最後，

如來告訴藥王菩薩說：「我所說的諸經，這一部《妙法蓮華經》是最妙的。」這部《妙法蓮華經》的妙，到現在我還沒有具足顯示出來，因為我們還沒有講完；而且還要有多寶如來前來證明，還得有其他無數的他方菩薩來證明，所以不是佛陀說是勝妙就算數，而是有諸佛菩薩來作證明的。所以，這部《法華經》是諸經中最妙的經典，否則何必還要諸佛菩薩來作證明呢？因此要深信：「我所說諸經，而於『此經』中，」《法華經》最為第一。那麼，聽到這裡，對《法華經》終於有更深入的一分理解了。以前讀《法華經》的時候，總是依文解義讀過以後，心想：「奇怪！這部《法華經》為什麼說是諸經中第一？」因為看起來，好像沒有說到什麼深妙的法。可是，這部經中所說的法在其他的經典中並沒有說到，現在如實理解以後，終於可以確認說，這《法華經》眞的叫作經王。

那麼從此以後，看見有人拜經時是拜《法華經》，就不用再起輕賤想。因為有很多老人家，他們不識字，或是字認得不多，他們就用個工具，把厚厚的《法華經》（因為課誦本的那種《法華經》一頁一頁翻過去，得用一個工具定在一個字上），他們每移過一個字就拜一拜，起身又往下再挪一個字，再拜

一拜。他們就這樣拜，把一部《法華經》拜完了，可不曉得是幾年，因為他們年紀好大呀！但是他們有功德啊！這表示他對這一部經是絕對信受的。當他們將來聽到有人在講《法華經》的時候，就一定會去聽。不識字沒關係，總是聽得懂，那時他們就可以去聽。聽完了以後，就會發起菩薩性了，那當然是「獲大利」，因為他們那時一定不會以小法為主，一定會去取證佛菩提道。

所以說，這部《法華經》是經王，拜經當然也有功德；只是因為他們的學法因緣還不滿足，所以就這樣子一拜又一拜去修行。但是，我們不必去起輕賤想，因為我們在過去世也曾經這樣拜經，只是因為他們學佛比較晚，所以他們在這一世開始這個過程。我們過去世也是這樣拜過，所以就不必對他們起輕賤想，還是要讚歎他們：「老菩薩！您真的不簡單，這樣一字一拜，真的不容易啊！功德無量啊！」還是要讚歎他們。你讚歎他們，讓他們信心愈發堅定，你就告訴他們：「這是經王啊！您未來一定會成佛。」那你也有一分隨喜《法華經》的功德，何樂而不為呢？所以，這部《法華經》確實是經王，而《法華經》其實又是「此經」，就是第八識真如心。我們現在終於

對經王的定義，有了更深刻的認識了，可是後面還會繼續顯示它爲什麼是經王，但現在還是回到這個〈法師品〉，接著下一段：

經文：【爾時佛復告藥王菩薩摩訶薩：「我所說經典無量千萬億，已說、今說、當說，而於其中，此《法華經》最爲難信難解。藥王！此經是諸佛祕要之藏，不可分布妄授與人。諸佛世尊之所守護，從昔已來未曾顯說，而此經者，如來現在猶多怨嫉，況滅度後？藥王！當知如來滅後，其能書、持、讀、誦、供養、爲他人說者，如來則爲以衣覆之，又爲他方現在諸佛之所護念。是人有大信力及志願力、諸善根力。當知是人與如來共宿，則爲如來手摩其頭。藥王！在在處處，若說、若讀、若誦、若書，若經卷所住處，皆應起七寶塔，極令高廣嚴飾，不須復安舍利。所以者何？此中已有如來全身。此塔應以一切華、香、瓔珞，繒蓋、幢幡，伎樂、歌頌，供養恭敬，尊重讚歎。若有人得見此塔，禮拜、供養，當知是等皆近阿耨多羅三藐三菩提。」】

語譯：【這時佛陀又告訴藥王菩薩摩訶薩說：「我所說的經典有無量千萬億，有已經說過的、現前正在說的、未來將會說的，但是所有經典之中，以

這一部《妙法蓮華經》最爲難以令人相信。藥王啊！這部經是諸佛祕密法要的寶藏，不可以隨意分布、隨意授與他人。諸佛世尊之所守護就是這一部《妙法蓮華經》，從往昔以來都不曾明白地顯說；而這一部經典，如來現前還在人間，尚且都還有許多人對這一部經典生怨嫉妒，何況是如來滅度以後呢？藥王啊！你應當知道如來滅度以後，如果有人能夠書寫、受持、閱讀、課誦、供養，以及爲別人解說此經，如來就會以如來衣隱覆於他，使他安隱無災，並且這個人也同樣會被十方現在的諸佛所護念。這個人有很大的信力、志願力以及種種善根的力量。應當知道這個人就是與如來共住於如來之家，就是被如來親手爲他摩頂。藥王啊！不論是在什麼處所，爲人解說、閱讀、課誦，或者書寫這部《妙法蓮華經》，如果有這一部《妙法蓮華經》的經卷所在的地方，都應該起造七寶之塔，應該讓這個七寶塔非常高廣，而且還要作種種莊嚴妙飾，就不須要另外安置佛舍利了。爲什麼呢？因爲這個妙塔之中，已經安放了《妙法蓮華經》的經卷，就等於有了如來的全身了。而這個七寶塔建好之後，應該要以一切的華、香、瓔珞，繒蓋、幢幡，伎樂、歌頌，並且還要加以供養、恭敬、尊重和讚歎。如果有人能夠看見這樣的寶塔，加以禮

拜和供養，應當知道這樣的人都已經接近無上正等正覺了。」】

講義：佛陀就告訴　藥王菩薩，這藥王菩薩摩訶薩到底是哪個果位的菩薩？在《法華經》裡面沒說，可是在《楞嚴經》裡面有說，他其實是等覺菩薩。佛陀向等覺菩薩說的，可不可能信口開河？當然不可能信口開河，因爲等覺菩薩三大阿僧祇劫的道業都已經修過了，現在等覺位中是「百劫修相好」，他聽見諸佛所說的《法華經》，已經聽過無數億次了，當然　如來說《法華經》時可不能含糊。所以，這一段經文就得要對著等覺菩薩們來說，這就是取信；因爲當在場大眾知道　藥王菩薩是等覺，那當然知道說他見過無數佛，他也知道諸佛如何演說《法華經》；因爲等覺菩薩沒有胎昧，又已經修過三大阿僧祇劫了。所以，這時　世尊說這一段話，是由　藥王菩薩來信受，是最有公信力的。

世尊說：「我所說的經典有無量千萬億，」當然在人間說的是很有限，世尊在人間已說、今說的經典是很有限的，而祂老人家在人間之所當說也是很有限的；因爲《法華經》講完就沒什麼經典要說了，就準備要入滅了，所以接著就是講《大般涅槃經》，講完就入滅了，因此說　世尊在人間所說的很

有限。可是《法華經》說的並不單單是人間佛教的事，所說是有十方佛世界，也有十方天界的佛教，有時是在此世界中講，有時則在別的世界中講；有時是在人間講，有時是在天上或龍宮講；因此才說：「所說經典無量千萬億，已說、今說、當說，」也許諸位想：「釋迦世尊成佛才不過幾十年，所說經典怎麼可能無量千萬億？」其實 釋迦如來成佛，並不是現在才成佛的，是已經成佛很久了，但是在這個地方由於往昔所發的願而特地示現給我們遇見，是感應我們的需要而有應身來示現成佛。但這個是後話，後面再來說，後面經文之中自然會講到。

那麼，因此說 如來所說的經典是有「無量千萬億」，這當然是包括「已說、今說、當說」，才會有「無量千萬億」。但是在這麼多部經典之中，就是這一部《妙法蓮華經》最讓人難以信受，也最讓人難以理解。想想看，那些授記容不容易信受？單說授記就好，為這些阿羅漢們授記就很難信受了，可是這其中還有許多的玄義隱藏在其中沒有講出來，也是很難理解，所以才說此《法華經》「最為難信難解」。這眞的是事實，相信諸位聽到今天，也已經信受這一點了，但是今天時間又到了，只能講到這裡。

上週講到一〇四頁第二段第二行，說這一部《妙法蓮華經》非常深奧，很難信受也很難以理解。那麼，世尊接著開示說：「藥王啊！這部經是諸佛祕要之藏，不可以廣爲分布，不應虛妄傳授給不該被傳授的人。」這也就是說，這部經的眞實義很難以理解，因爲其中的文字，大部分人都懂，大致上的意思也懂，可是其中含藏於背後的深妙義理是沒有人知道的，而這個「諸佛祕要之藏」其實就是眞如心——如來藏，因爲如來藏是三乘菩提之根本，是實證般若的關竅，也是宇宙萬有的本源，諸佛都依祂而成佛，所以這個眞實義是指眞如心，就說祂是「諸佛祕要之藏」。那麼，「不可分布」是說針對某一些對象，不應該把這一部經的眞實義送給他們，因爲他們不會信受，反而會因此而把「此經」與別的經典一概而論，認爲說：「《法華經》像其他的大乘經典，都一樣是神話與玄學；因爲這一部大乘經典是不可信的，所以其他大乘經典想當然爾，也是不可信的。」所以《法華經》的眞實義對那些人不可以分布，不應該妄授給他們。

那麼，這指的是哪些人？第一種是外道，第二種是信根、信力不足的人。信根不足，信力更沒有發起，這是指對大乘法的信根不足，信力沒有發起，

當然包含聲聞法中已經證果的不迴心聲聞聖者。第三種人是聲聞法中的凡夫，不管他是不是披著大乘的法服，也不管他是不是已經受了菩薩戒，他的心態以及他所想、所寫出來的法都屬於聲聞，這樣的人就是不應該被妄授的人。像這樣的人，我們不該把眞實義的《法華經》送給他，連《法華經》的經本都不該送給他，因爲他可能拿到了就隨便往椅子、床鋪一丟，毫無尊重之意。因爲他不相信經中說的都是眞實的，他一向認爲：「這都是後人亂編派而寫出來的一種神話，不是佛陀親口所說。」

這種現象也是一個事實，當佛教傳到這一百年來，好多人寫文章或者說法時都主張：大乘非佛說。他們認爲：大乘法中只有和聲聞解脫道相同的部分才是佛說，雖然不是 佛陀親口所講的經典，也算是佛教中的經典。這就是印順派的那一些人，跟日本佛學學術界裡的一小分人士（不是全部，而且只是少數人）的看法。這一些人根本不懂《法華經》裡面的眞正要義，所以他們認爲這一定不是眞正的佛說經典。如果把「這部經典」吩咐給他們、傳授給他們，他們一定會誹謗，並且因此而導致他們去抵制大乘法；而這類抵制大乘法的現象確實也已經存在很久了，所以「這部經」眞的是「諸佛祕要

之藏」，「不可分布妄授與人」，「這部經」指的當然是第八識眞如心。

那麼，「這部經典」是「諸佛世尊之所守護，從昔已來未曾顯說」，諸佛都不把其中難以思議的眞相加以明顯地說明。這是事實，古來註解《法華》的人那麼多，講解《法華》的人那麼多，有誰把這部經典裡面眞正的義理講清楚呢？所以，你眞正要去瞭解的話，確實是很困難的。《法華經》中的文字很淺白，可是義理很深妙，因此大眾很難以信受，所以這一部經典是不曾顯說過的。我們這樣子講解，也只是顯說了一部分，也還沒有完全具足顯說；所以這部經典實在是很深而且廣大，不是容易具足理解的。但是這一部經典確實很重要，因為它同時顯示了十方三世的佛國世界和十方世界佛教的現況，顯示佛教不是單純地被侷限在人間，也不是單純地侷限在這二千五百年中，並不是印順所說的：佛陀出現在人間只是一個偶然。而這部經典也是把三乘菩提妙義全部收圓到唯一絕待的法中來，就是第八識「妙法蓮華」，這也是大乘法中的凡夫與二乘法中的聖者所難以了知的事，對於眾生而言，當然更是難信的事情。

「而此經者，如來現在猶多怨嫉，況滅度後？」因此說，諸佛世界的眞

相固然應該告訴有緣的學佛人，至於無緣的學佛人與聲聞人或是外道，我們縱使講了，他們也是無法信受的。所以平常時，佛陀偶爾講一些其他佛國世界的事情，那些聲聞凡夫們都是不信受的；弘化即將圓滿而必須眞正具足宣說時，就必須要正式以《法華經》來宣講。正因爲平常時 佛陀有過這一類開示，所以那些聲聞凡夫們聽說佛陀要講《法華經》了，他們心中不能安忍，於是這五千個聲聞法中的凡夫，都是未證謂證的大妄語人，他們便當場退席抗議，那是很壯觀的。如果三、四百個人來抗議，那叫作小事，不是治無始無明病的大醫師該處理的，由治分段生死病的小兒科醫師來處理就夠了；而這五千個人當場退席，那可眞是壯觀。但是，身爲佛弟子，成爲聲聞人，都還沒有眞的斷我見，卻自以爲是阿羅漢了；這樣的人一聽到 佛陀眞的要演說《法華經》了，他們從平常 世尊的私底下開示中，已經少分知道實證的人在演說此經時都會被授記，但自己是沒機會被授記的，因此他們對於即將開演的《法華經》，無法想像也無法信受，爲免難堪，於是不約而同當場退席，所以說：「而此經者，如來現在猶多怨嫉，況滅度後？」

那五千聲聞凡夫就這樣當場退席，這表示他們心中「猶多怨嫉」。如來

現前還在人世，他們都敢如此了，何況　如來滅後二千五百年後的現代？所以現代那些假名爲菩薩的聲聞本質凡夫僧，他們在那邊大聲主張「大乘非佛說」，這也是勢所必然，因爲他們在大乘法中完全沒有任何實證，對三乘菩提完全不懂，所以這也是正常的。那麼，如果有人罵我們正覺是邪魔外道，那也是正常的，因爲我們說的法，他們都無法相信；也是因爲他們對於三乘菩提的信根都還沒有發芽，信力還不曾生起，卻已經成爲未證謂證、未悟言悟者，這就很正常了。

「藥王！當知如來滅後，其能書、持、讀、誦、供養、爲他人說者，如來則爲以衣覆之，又爲他方現在諸佛之所護念。是人有大信力及志願力、諸善根力。當知是人與如來共宿，則爲如來手摩其頭。」所以應當要知道說，如來滅度以後，假使還有人能夠書寫、受持、閱讀、課誦、供養或者爲別人演說這一部《法華經》，那麼　如來就暗中以佛衣來遮覆他，讓他不會遭受鬼神之所侵害。而且，這個人不但　釋迦如來這樣以衣遮覆，並且還會被十方現在的諸佛之所護念；因爲十方諸佛具足了知十方諸佛國土的現狀，而這不是人間的菩薩們所能理解的。所以，假使有人能夠瞭解其中的深妙處，也能

夠爲人解說，乃至他具足信根而發起了信力——對《法華經》有具足信受的力量生起了，而他也願意讀誦、書寫或者廣爲人說，當然諸佛一樣會護念這個人。

如來會護念他的原因，當然就是因爲他有大信力、有志願力、有種種善根力。如果他的信根不具足，信力沒有發起；或者信力不夠強大，他就不可能信受《法華經》中所說十方諸佛世界的難以思議事實。如果沒有「志願力」，他也不可能選定這一部經來爲人解說，因爲這部經很難令人信受。十方諸佛世界的廣大無垠深妙難知，不是人間凡夫所能理解的；三賢菩薩或者聲聞羅漢們，也只是能夠完全依於 佛的證得而全然信受，也不是自己能夠完全理解的，所以這是很難令人信受的。

就好比台北市的一隻小螞蟻，假使你能夠跟牠溝通，你告訴牠說：「距離你這個住家多遠、多遠有一個高雄市，那裡是如何如何；比這個更遠很多倍、很多倍遠處的新疆省，又是如何、如何。」牠能信受嗎？牠無法信受，因爲牠眼前所見可能不到一公分，連一公里外的事情牠都無法信受了，那你告訴牠這一些，牠如何能信受？可是，萬一幾千萬隻螞蟻裡面，剛好碰巧有

那麼一隻、二隻願意信受，你就知道牠快要離開螞蟻這一道了，因為一般的螞蟻是絕大多數不可能信受的。所以《法華經》所說的這一些深廣而難以思議的內涵，那一些六識論者如何能信受呢？連自己身上現前就有意根、有阿賴耶識的事實，他們都不肯相信了，何況能信受這種他們無法想像的十方佛國不可思議的事情呢？因此說，能夠相信的人，一定是有「大信力」，然後他願意去讀誦、思惟，這種人一定是已有種種的「善根力」。

如果他還能夠「為他人說」，那一定是他有那個「志願力」，連同「諸善根力」都已經具足了。否則等他講了出來，人家提出質疑時，怎麼辦？沒有辦法回答就不想再講了。如果整理出來印成書而流通出去了，人家寫信或者寫文章，或者寫論文來質疑，那又該怎麼辦？都沒辦法回答。所以這必須「有大信力、諸善根力」，還得要有「志願力」。因此，到了 釋迦如來滅度之後，能夠「讀、誦、書寫、為他人說」此經，這些都很不容易，眞的很不容易。所以這樣的人當然會被 釋迦如來以衣覆庇（庇是庇佑的庇，不是遮蔽的蔽）。也應當知道，這個人是十方如來所護念的人。

大家也應當知道說，這個人其實就是「與如來共宿」，他就是住在如來

家；「與如來共宿」是很難得的，因為 如來不是時時都在人間，大眾很少有機會「與如來共宿」；所以這句話的意思其實是說：已經住如來家，成為佛陀的眞子了。這樣的人由於 如來時時刻刻護念著他，而他能夠瞭解《法華經》的玄妙之處，也願意為人解說，不畏懼被人提出質疑；對於這樣的人，大家應當知道，他就是已經「為如來手摩其頭」。你們有多少人夢見過 如來摩頂？眞的叫作寥寥可數。能夠夢見 如來示現給你個機鋒就很不得了了，這在正覺同修會之外學佛人中，幾乎是不可能的；至於 如來摩頂呢？機會更是微乎其微的。但是，這個人「有大信力及志願力、諸善根力」，願意護持《妙法蓮華經》，願意讓它久住於人間，這個人就等於 如來已經為他「手摩其頭」，其實是常常暗中為他摩頂的。

「藥王！在在處處，若說、若讀、若誦、若書，若經卷所住處，皆應起七寶塔，極令高廣嚴飾，不須復安舍利。所以者何？此中已有如來全身。此塔應以一切華、香、瓔珞，繒蓋、幢幡，伎樂、歌頌，供養恭敬，尊重讚歎。若有人得見此塔，禮拜、供養，當知是等皆近阿耨多羅三藐三菩提。」接著世尊又說：「藥王啊！不論在什麼地方或什麼時候，把這一部《妙法蓮華經》

請出來演說、閱讀、課誦或者書寫，這時只要是有《法華經》經卷所在的處所，都應該建造七寶塔，所建造的七寶塔應該令它非常高廣嚴飾，」這個七寶塔必須建造得又高又廣，「然後要有種種的莊嚴一一加以布置起來，這個七寶塔裡面就不須要另外再安置佛舍利了。」

那麼請問諸位，你們都領到一本精裝本的《法華經》，當你們回到家中了，有沒有建起七寶塔來？爲什麼搖頭？你爲什麼搖頭？沒有嗎？你們沒有建造起七寶塔嗎？有啊！張老師說「有」啊！爲什麼不必再安奉佛舍利？因爲這裡面已經有如來的全身了。那你說：「明明我家就沒有建七寶塔，你蕭老師爲什麼說我家已經建造起來了？」可是，我就說你們已經建造好了，所以你們這個七寶塔，每週都會飛來正覺講堂聽聞《妙法蓮華經》。這樣，看見七寶塔了沒有？喔！看見了。可是，這個七寶塔雖然建好了，你還要使它「極令高廣嚴飾」。要怎麼樣讓它「高廣嚴飾」？心地得要清淨，性障得要修除，得要不斷地往上提升，超越人間、超越四王天、超越忉利天，乃至超越欲界天、超越初禪天等等；當你不斷地超越，你這個七寶塔就愈來愈高廣、愈來愈嚴飾，塔裡面就不須要另外再安奉佛舍利了，因爲你自己這座七寶塔

裡面已經供有「如來」的全身了！有沒有？有嘛！

所以，你們每一座七寶塔裡面，都已經安了「如來」全身了。你們把如來全身已經安奉好了，又何必再安奉佛舍利呢？那麼這部《法華經》「經卷所住處，皆應起七寶塔，極令高廣嚴飾，不須復安舍利」，請問諸位：《法華經》的經卷，指的是什麼？當然正是第八識眞如心嘛！這心才是最勝妙的，爲什麼還要去供奉舍利呢？舍利的意思，直接翻譯過來叫作什麼？叫作什麼？就是屍身，是死掉的身體。活的不供，供死的幹嘛？這樣懂了呵？所以，你這座七寶塔要怎麼樣去把它「高廣嚴飾」？就靠修行，要每天修清淨行、修智慧行、修禪定行、修解脫行，然後它就愈來愈高廣、愈來愈莊嚴。你如果生到忉利天去，不是比人間這個七寶塔更高廣嚴飾了嗎？那你如果離欲而發起初禪了，可以生到初禪天去；又加上你有了初果、二果解脫，也有實相般若、妙觀察智、平等性智，不就比欲界天身更高廣嚴飾了嗎？而且你的初禪天身還是有解脫德及般若德的賢聖，豈不是更加「高廣嚴飾」了嗎？都因爲你這一個天身已不是凡夫的天身，諸天天主見了你，都得要恭敬供養，因爲你是實證「此經」如來藏的菩薩；所以你這個七寶塔裡面「不須復安舍利」，

因爲這七寶塔裡面已經有你自己的「如來全身」了。

那麼，諸位再檢查一下，對於這個七寶塔，你有沒有用「一切華、香、瓔珞，繒蓋、幢幡，伎樂、歌頌，供養恭敬，尊重讚歎」？有沒有？有呵！如果沒有的話，你就要檢討了。有時候在家裡面供了佛，供佛是眞的，但同時不也供了自己的自性如來了嗎？雖然祂是不受供的，就因爲不受供之中你供養了祂，使這個供養成爲三輪體空的大供養，這功德才是眞正的偉大莊嚴；如果祂落在六塵中受供了，那你的供養就不是眞實供養，早就不是三輪體空了。那麼，你每天爲自己的七寶塔洗洗刷刷、塗塗抹抹，每天莊嚴它；又如說：「晚上要去正覺講堂聽經了，我得要穿整齊一點，不能穿得邋邋遢遢。」平常的工作服就要趕快換掉，整整齊齊去講堂聽經，你的七寶塔不是常常這樣莊嚴的嗎？

如果要求你把這個七寶塔稍微毀壞一下，你都不肯的，否則就會障礙修行了。你對自己這個七寶塔是很恭敬尊重的，並且常常讚歎：「好在我有這個七寶塔，否則我這一世可沒機會進正覺修學正法了。」然後，你有沒有每天供養這個七寶塔呢？有嘛！每天供佛還只供一次，但你供這個七寶塔是供

三次。對啊！確實是如此啊！那麼，伎樂、歌頌也就不在話下了。可是，有誰知道人人身上就是個七寶塔？沒有人知道啊！都因爲不知道自己早就有了自心如來，後來縱使知道了也無法實證。如果你能夠看見這個七寶塔，因爲早看見裡面已經供著自心如來的全身了，所以懂得每天好好禮拜供養，應當知道你這一種人，就是已經接近無上正等正覺了，因爲這個七寶塔裡面有「**如來全身**」。可是你要看見這個七寶塔，看見其中的「**如來全身**」，卻得要先瞭解《法華經》，否則就不知道自己有這個七寶塔，更不知道塔中早已供著自己的「**如來全身**」。

你自己這個七寶塔裡面的自心如來，不就是你的「**多寶如來**」嗎？在祂心中什麼樣的成佛所需的寶貝全都有，只是你現在還無法從祂心中拿出來用而已；而你這個能夠實證而「**爲他人說**」的五蘊身，不就是自己的應身釋迦如來嗎？所以只要你學佛，不論哪一世，一定要聽《法華經》，除非沒有人演說。若是沒有人說，你就自己讀，不然就課誦、書寫都很好，即使是依文解義也都比讀誦的好。但是，今天終於聽聞眞實義的《法華經》而知道說：「**喔！原來自己的七寶塔已經建好了，並且裡面已經安著如來全身了。**」你

知道了這一點，應該感念什麼呢？應該感念有這一部《妙法蓮華經》。如果在剛才之前還沒有建造這個七寶塔，現在心裡要趕快把它建起來，然後每天要記得：「我這個七寶塔，每天得要燒香、供養。」另外還要觀察：「我這個七寶塔裡面有如來全身，都因爲有這一部《妙法蓮華經》的緣故。」

如果能夠眞實理解，而且也能現觀這個眞正的道理，那麼你就是已經漸漸「接近無上正等正覺的境界了」，因爲你已經向正確方向起步了。如果懂得這個道理，即使還沒有找到七寶塔中的「如來全身」，至少已經依正確方向正式邁向佛菩提道，不會再退回去二乘菩提中，也不會走入外道法中；這時不論是俱解脫阿羅漢、三明六通大阿羅漢或者辟支佛來度你，你都不可能再退回二乘菩提中，這就表示你已經是「皆近無上正等正覺」的人了，因爲你已經正式邁開步伐往佛地修行前進了。那麼，這個道理眞要說起來很難令人信受，被那一些六識論者、被那一些錯將不正確的聲聞道認作佛菩提道的凡夫們聽見了，他們又要向我開罵了。這表示他們皆遠「阿耨多羅三藐三菩提」，而諸位是「皆近阿耨多羅三藐三菩提」了。聽到這裡，今晚回到家裡，應該奉上清水一杯，供養你自己的這個七寶塔了，然後上床睡覺維護這個七

寶塔。

經文：【「藥王！多有人在家、出家行菩薩道，若不能得見聞、讀誦、書持、供養是《法華經》者，當知是人未善行菩薩道；若有得聞是經典者，乃能善行菩薩之道。其有眾生求佛道者，若見、若聞是《法華經》，聞已信解受持者，當知是人得近阿耨多羅三藐三菩提。藥王！譬如有人渴乏須水，於彼高原穿鑿求之，猶見乾土，知水尚遠；施功不已，轉見濕土，遂漸至泥，其心決定知水必近。菩薩亦復如是，若未聞、未解、未能修習是《法華經》者，當知是人去阿耨多羅三藐三菩提尚遠；若得聞解、思惟、修習，必知得近阿耨多羅三藐三菩提。所以者何？一切菩薩阿耨多羅三藐三菩提，皆屬此經；此經開方便門，示眞實相。是《法華》經藏，深固幽遠無人能到，今佛教化成就菩薩而爲開示。藥王！若有菩薩聞是《法華經》，驚疑、怖畏，當知是爲新發意菩薩；若聲聞人聞是經，驚疑、怖畏，當知是爲增上慢者。」】

語譯：【「藥王啊！有很多人，或者在家、或者出家修行菩薩道，如果不能看見或者聽聞，或是不能讀誦、書寫、受持、供養這部《妙法蓮華經》，

那麼應當知道這個人是還沒有善於修行菩薩道的人；如果有人是已經聽聞這一部《妙法蓮華經》了，他才是能夠善行菩薩之道。這一些人在眾生之中發心而求佛道時，如果看見或聽聞了這部《法華經》，聽聞之後又能夠如實信受理解，而且堅決受持都不捨棄，應當知道這個人是已經接近無上正等正覺了。藥王啊！譬如有人口渴而疲累了，他須要補充水分，所以他在所住的高原之處土地穿鑿求水，當他穿鑿一段時間以後，結果仍然只能看見乾土，就知道距離地下水還很遠；於是他又繼續往下挖，不斷施加功力而不停止，漸漸地終於看見有一點濕的土了；然後又繼續往下再挖，終於可以看見有泥了，這時他心中就很清楚確定而不懷疑地了知：已經很接近水了，再挖不了多久就會有水。菩薩也是像這樣子，假使還沒有聽聞、或者聽聞而不能理解；或者聽聞而理解了，但是還沒有辦法修學熏習這一部《法華經》，應當知道這種人距離無上正等正覺的實證還很遙遠；如果能夠聽聞而理解，並且願意深入思惟而加以修學熏習，必定會知道自己已經開始接近無上正等正覺了。

為何我這麼說呢？一切菩薩所證的無上正等正覺，全都屬於這一部《法華經》；這部《法華經》是開了方便門，而顯示了眞實相。這一部《妙法蓮華

經》的法藏很深奧堅固，並且幽沉而深遠，人間沒有人能夠到達，如今由我釋迦牟尼佛來教化成就菩薩們而作這樣的開示。藥王啊！如果有菩薩聽聞這部《妙法蓮華經》之後，心中是驚嚇懷疑、恐怖畏懼，你就應當知道這一種菩薩是屬於新發意的菩薩；如果聲聞人聽聞到這一部《法華經》，心中驚嚇懷疑、恐怖畏懼，你應當知道這一種聲聞人是屬於增上慢的人。」】

講義：這一段經文，諸位聽過之後，有沒有反觀到當代的佛教界？我想很多人已經瞭解：確實如此。這就是說，在大乘法中，不論他是在家人或出家人，總是要修行菩薩道，因爲菩薩道才是究竟道；然而修行菩薩道並不容易，因爲菩薩道的修行有二種差別：如實修以及表相的修。一般人修菩薩道都是修表相的，甚至也有人只是附庸風雅，因爲聽說學佛很高尚，而學佛就是要受菩薩戒，就是要修菩薩道，人家聽起來說這個人是菩薩，那觀感就不一樣，因此他也來修菩薩道。可是你若要跟他講到眞正的菩薩之道，他可就聽不進去了；所以他願意去受菩薩戒，可是菩薩戒受了以後，吃喝玩樂樣樣都不缺，幾乎繼續每天喝小酒、打麻將，後來終於有人提醒他：「你這樣犯了菩薩戒喔！」他竟然還告訴你：「有犯名菩薩，無犯名外道，所以我還是

菩薩，因爲我有犯。」又有人告訴他說：「你受持菩薩戒以後就不能學聲聞法，如果你去學了，應該也是作爲方便才行，不能把聲聞法當作究竟法，不該把聲聞法當作是佛菩提道。」可是他不接受，竟然還跟你說：「你們講什麼大乘經典？那都是『非佛說』啦！什麼如來藏？那是外道神我啦！」他還跟你諍辯，你也眞的無可奈何。

甚至於有人出家了，受過三壇大戒，那講起來是很風光的：「是三壇大戒呢！」可是，他沒有想到的是，三壇大戒的最後一壇是受什麼戒？是千佛大戒。千佛大戒就是菩薩戒，不是聲聞戒，而比丘、比丘尼戒都是聲聞戒；那菩薩戒中不是告訴你說「不許依止聲聞法」嗎？你可以學聲聞法，也應該要證聲聞法，但聲聞法只是菩薩法中的一個小部分而已，菩薩要學要證，但不以它爲依歸，要以佛菩提妙法爲依歸。可是你對他講這些戒律，他一點兒都聽不進去，就更別跟他說到《法華經》。因爲你一旦說《法華經》，他立刻會說：「那種神話故事，你也相信？」你眞的拿他無可奈何。

所以，佛明著講：「多有人在家、出家行菩薩道，若不能得見聞、讀誦、書持、供養是《法華經》者，當知是人未善行菩薩道。」這類人確實不能「善

行菩薩道」。但爲何說這種人都不能善行菩薩道？得要先來探討《法華經》的宗旨是什麼；最重要的宗旨就是打**開**諸佛的所知所見，然後顯示給大家來瞭解諸佛的所知所見，並且進一步幫助大家來證**悟**諸佛的所知與所見，最後因爲證悟就進**入**諸佛的所知所見之中，這就是《法華經》最重大的宗旨。就是對佛陀的所知與所見，爲大家開、示、悟、入；**開**然後**示**，目的是要你**悟**了，然後進入諸佛的所知所見之中。請問：佛的所知與所見，總相是什麼？是眞如佛性；就是如來藏以及如來藏所顯示出來的本覺之性，這就是這部《法華經》的宗旨。

然而，這樣**開**、**示**、**悟**、**入**諸佛的所知與所見之後，把它講了出來，結果有自命爲菩薩，宣稱自己是在修行菩薩道的六識論出家人，當人家在演講《法華》時，他不想聽；人家把《法華經》的經本印好要送給他，他不想看見這部經的經本，當然更不可能讀誦、書持以及供養。那麼遇到這種人，你就知道這種人「未善行菩薩道」，他們對於菩薩道是一定修不好的，因爲連入門都不可能。且不說入門，他們連信受都不肯信，身爲菩薩而不信菩薩所修的法藏——菩薩藏，那你說他們怎麼可能「善行菩薩之道」呢？所以，一

定要對於《法華經》所開、示、悟、入的內容，也就是對佛陀的所知與所見能夠信受，這是最重要的基礎，他才能夠眞的開始正式修學菩薩道。

可是信受之後想要進而往上提升，乃至於能夠更加的廣修，那就要對於佛陀所說的十方三世諸佛世界的種種勝妙事相，以及對諸佛的威神之力，令你難以信受的部分，也能夠理解。這樣子聽聞《妙法華經》時，就不會生起任何煩惱，然後越聽越歡喜，甚至於有的人心裡面想：「哎呀！眼前怎麼沒有個桌子，讓我拍案叫絕呢？」因爲《法華經》中的玄義確實很深妙難懂，聽懂以後開始覺得有些不玄，知道這其實都是義學；當他後來終於實證《法華經》了，對他而言便不再是玄學了，這時就說：「若有得聞是經典者，乃能善行菩薩之道。」因爲對於諸佛所見的十方佛國世界，十方現在過去諸佛乃至未來的諸佛，佛陀都能理解如實了知；而對於現前所證應該如何入手，以及證悟之後是看見了什麼樣的實相而名爲《妙法華經》，也能夠如實理解。假使還沒有實證，也不必氣餒，因爲當你能夠這樣子聽聞這一部《妙法蓮華經》，信受並且理解而願意受持了，不捨棄《法華經》的眞實義所說，你就知道，自己就是 世尊所講的「當知是人得近阿耨多羅三藐三菩提」的人，

你對於無上正等正覺已經靠近了，不久以後將會實證「此經」。

所以接著　佛陀說了：「藥王啊！譬如有人因爲非常口渴缺水，」他必須要喝水；可是他住在高原，那時怎麼辦？當然還是一樣要向下挖。河流在山下，距離那麼遠，不可能每天走好幾里路去取水呀！於是他就在居住的高原土地往下挖，「穿鑿求之」；剛開始挖一尺、二尺、三尺、五尺，當然都還是乾土，可是他因爲知道距離水的所在還很遠，就努力「施功不已」；然後挖得更深了，終於看見土已經有些潮濕，不再像剛開始挖那三、五尺時全都是乾的；接著又繼續挖，那土變成可以用手去把它撥動的泥了，這已經是混合著水的泥土了；這時候他已心得決定，知道再挖不了多深，水就會出現了。學菩薩道的人也是這樣子，如果還沒有聽聞過《法華經》，或者聽聞以後還沒有理解，或者閱讀以後還沒有理解，乃至沒有辦法修學熏習這一部《法華經》的人，是因爲他覺得這部經典很難理解，而且經中說的好像都是不可能的事，因此他不信受，不願意熏習修學，就說這個人距離無上正等正覺的修習和取證是還很遙遠的。

如果依文解義來說《法華經》，且不說「玄義」，一般大乘法中的學佛人

大約還是會接受；可是像我這樣講，初機學佛人聽了很容易生起煩惱的。而諸位沒有生起煩惱，這就不容易了，這表示什麼呢：應當知道你距離無上正等正覺已經不遠了。如果我是依文解義的話，也就不用演講《法華》，等著由後山那位比丘尼出來講就行了，何必由我來說？諸位也不用來聽聞，因爲我講的跟她們都一樣。人家名氣那麼大，道場那麼大，大家去聽她講的不就行了嗎？所以說，你們每週都來聽我講《法華經》，一定是我說的跟一般大師講的不一樣。而我一定要把《法華》的玄義顯示出來，使得親證的人可以如實理解《法華經》；因爲佛的所知所見不是只有眞如佛性，還包括十方諸佛世界一切事情，全都是佛陀的所知與所見，我當然不能把它侷限在眞如佛性這個總相裡面。所以，菩薩如果不曾聽聞《法華經》，或聽聞以後不能理解《法華經》，或者聽聞理解以後不能修習，心中不願意接受——雖然理解了，但心中還不肯接受，就說：「那根本就是不可能的。」那麼這個人「去阿耨多羅三藐三菩提尚遠」啦！

「若得聞解、思惟、修習，必知得近阿耨多羅三藐三菩提。所以者何？一切菩薩阿耨多羅三藐三菩提，皆屬此經；此經開方便門，示眞實相。」世

尊說：「如果聽聞之後理解了，而且能夠一一加以思惟，並且願意修學和熏習，就必定可以知道這個人已經接近無上正等正覺了。爲什麼是這個道理呢？是因爲一切菩薩所證的無上正等正覺，全部都攝歸於這一部《妙法蓮華經》中；」這也就是說，一切人歸依三寶的時候，不是只有歸依釋迦牟尼佛。即使來正覺講堂領受三歸依，也不是只有歸依蕭平實一個人，而是整個正覺菩薩僧團，也包括十方一切諸佛及大乘賢聖僧在內，要瞭解到這一點。因爲佛教是十方三世的佛教，不是只有這一個地球上的佛教；所以法遍十方，大乘賢聖僧也一樣遍十方世界，因此在正覺同修會中的三歸依才是如法的歸依。我們是歸依十方一切諸佛，也歸依十方三世遍法界一切法，也歸依現在十方世界的一切賢聖菩薩僧，獨獨不歸依聲聞聖僧。我們就是這樣子講歸依的，這樣才符合諸佛的所知與所見。

我也曾跟某一些同修們說：「我個人也是歸依於正覺教團，我們親教師們也都說自己歸依於正覺教團。」爲什麼如此？因爲我們是菩薩法，所以不是歸依某一個人，而是歸依整個正覺教團；而這個教團只是正覺同修會的代表，但是我們心中的歸依是什麼？是十方三世一切三寶，不是只侷限在小小

的地球上面台灣的這個正覺同修會一個小單位而已。而且，一切菩薩所修的無上正等菩提，不論是證什麼，都在《法華經》所說的函蓋範圍之內；因爲《法華經》說的，從眞如與佛性的總相出發，函蓋了整個十方三世的佛教，這才是究竟的歸依。然而，一切法都攝歸於這個「法」，若無「此經」如來藏——妙法蓮華，就不會有一切菩薩，不會有四聖六凡一切有情，也不會有宇宙萬有，何況能有佛教與佛法三寶？所以說：「一切菩薩阿耨多羅三藐三菩提，皆屬此經。」

那麼，這一部《法華經》眞是「開方便門，示眞實相」。也就是說，沒有一部經典是把整體的十方三界佛教加以如實演述的，就只有這一部《妙法蓮華經》，把十方三界的佛教，包含過去的佛教以及未來佛教將會如何，加以圓滿演述。諸位也許想：「什麼時候講到未來佛教？」有啊！爲這些阿羅漢們以及有學、無學們授記，就是未來佛教的事情。把十方世界未來佛教將有什麼佛，以及各人成佛時正法、像法、末法住世多久，弟子是怎麼樣等等都講了；然後又顯示十方世界還有其他諸佛，那就已經講出一部分了；其餘的未來十方佛教，大家類推就可以知道一個梗概了。

佛教不是只有今天才有的，而是無量無邊不可思議阿僧祇劫以前就始終存在著，並且早就是很廣泛存在於十方三界中，是過去很久以來就一直存在著，這就是《法華經》所說的二個主要宗旨之一；另一個宗旨就是把十方三世一切佛教及一切有情、宇宙萬有，都攝歸於假名爲《妙法蓮華經》的這個如來藏心中；所以一切菩薩所證的無上正等正覺，全部都要歸屬於這部《法華經》，這就是十方三世一切佛教的眞相——「示眞實相」。而佛陀把這個眞實相給宣揚出來、解說出來，這就是「開方便門」，因爲其他的經典之中所說的都是局部的，只有這部經把萬法收歸眞如一心，也把十方三世佛教加以宣說。

「是《法華》經藏，深固幽遠無人能到，今佛教化成就菩薩而爲開示。」這一部《法華經》的深妙法藏，既深奧而且是堅固難壞，既是幽隱難知而且深遠而難以具足了知；因爲只有諸佛才能具足了知，等覺菩薩尚且不能具足親到，所以眞是「深固幽遠無人能到」。雖然如此，如今釋迦牟尼佛教化這些菩薩們，讓菩薩們的道業得以成就，然後再作這樣的開示；否則菩薩們無法了知十方三世諸佛世界的狀況，眼光不免短淺，而且難免仍有許多的無

知，由此可知此經爲何會被指稱是「收圓」的經典，不是沒有原因的。

「藥王！若有菩薩聞是《法華經》，驚疑、怖畏，當知是爲新發意菩薩；」世尊隨即又吩咐說：「藥王啊！如果有人聽聞這一部《法華經》之後，心中驚嚇懷疑、恐怖畏懼，應當知道這個人就是新發意的菩薩，是不久之前才剛剛發心來當菩薩的人。」這都是正常的，眞正實證的菩薩在人間弘法，很不容易被凡夫大師及學人們接受。如果有一位菩薩出來弘法，徒眾廣大，大家都接受，你就知道這個人不是眞的菩薩，因爲他只是個爛好人，只是跟大家和稀泥的凡夫俗子。當知佛法背俗，佛法跟俗人所喜樂、所知的都是剛好顚倒的，所以「俗之所珍」，即是「道之所賤」，因此《阿含經》中的《雜譬喻經》說：「智愚不同謀，猶明冥不可共處。」你在眞實的佛道上面修行時，覺得這部經或第八識如來藏是很珍貴的法，但俗人卻認爲這是不值一提的，沒有什麼尊貴的地方；你所尊貴的反而被俗人覺得是應該被輕賤的，甚至還被貶抑及誣賴輕蔑爲外道神我。然而當你一分一分實證之後，也瞭解了《法華》所說十方三世的佛教，你心中是很歡喜的，因爲這時候你已經知道，未來世有無量無邊的十方虛空諸佛世界可以任你不斷地往生、遨遊、修行；而

你將來成佛時將是如何地莊嚴，那個福德又是如何地廣大，屆時你所證的不可思議境界，連等覺、妙覺菩薩都無法想像，竟是如此「深固幽遠無人能到」；而你將來一定可以到達，那麼你心中當然很歡喜說：「我走對路了。」如實理解這個眞相時，你就不再驚疑、怖畏。

如果是「新發意菩薩」——我們常常說這樣的人是新學菩薩，他們學佛以來不過十世、百世、千世、萬世，並不是已經學佛很多劫；當他們聽聞到我這樣子宣講《妙法蓮華經》時，一定會受到驚嚇，他們心中會想：「這個善知識竟然敢這樣說法，好誇大！」他們第一個感覺就是認爲我誇大，接著懷疑說：「佛陀眞的有那麼厲害嗎？十方眞的有這樣的佛世界嗎？」他們第一個感覺是「這個善知識說話很誇大」，然後接著質疑說：「那些大法師們都不懂《法華經》了？都講錯了？」於是他們心中就受到驚嚇：「我跟隨大法師學習，跟隨了一二十年、三四十年，你竟然說他們弄錯了！」喔！他們心裡面很驚嚇，然後心中就懷疑：「是眞的嗎？」一定懷疑啊！懷疑之後呢？就覺得恐怖：「怎麼正覺講堂說法跟人家都不一樣，這搞不好是天魔下凡來人間的。」於是他們心中覺得很畏懼，今天既然來了，不得不安忍著聽到完，

其實聽完第一個鐘頭之前就已經決定：「我再也不來這裡聽經了。」眞的如此啊！

我相信在座一定有這樣的人，今天是第一次來聽我講經，心中早已經下決定了：「我下週不來了。」可是我這裡要講一句話，把 佛陀的話送給你：「當知是爲新發意菩薩。」如果你想要跳脫「新發意菩薩」的層次，要趕快實證佛菩提、趕快如實理解《法華經》，那麼就得要勉強自己下週再來；不但下週要來，而且聽到明年之後還得要再來聽法，後年還是要繼續聽聞下去，才能離開新學菩薩的階位，否則未來世一旦聽聞所未聞法，依舊還會驚懼恐怖，永遠不能進入內門修菩薩道。我們《法華經》不會講很久的，因爲總是會講完啊！不過是聽聞幾年的時間。你如果聽得進心裡去，幾年之間便能夠跳脫新學菩薩的層次，那時生起一念要修學眞正的佛法了，可就是一念過完一大劫，或是一念過一萬劫，一念過十萬劫，一念過百萬劫或者千萬劫，然後就成爲久學菩薩，再也不是新學菩薩了。這樣來修行菩薩道，才能夠成爲善行菩薩道的菩薩，那麼道業的進展就會很快速。

「若聲聞人聞是經，驚疑、怖畏，當知是爲增上慢者。」接著，佛陀又

從另一個方面來說：「如果是聲聞人聽聞這部經典，」當然這裡要先定義什麼是聲聞人，也就是說，他雖然受了菩薩戒卻以聲聞戒爲主戒，認爲菩薩戒是別解脫戒；或者連菩薩戒都不接受，並且認定聲聞解脫道就是佛菩提道，不承認大乘法，心中認定阿羅漢就是佛，這樣的人就是聲聞人；「這一種聲聞人如果聽到眞實正確的《法華》玄義，當善知識把《法華經》的眞實理加以解說之後，他聽不懂而成爲玄妙難解之義理，當他聽聞了，心中產生了驚嚇懷疑、恐怖畏懼的心，那麼你們應當知道這個人其實是增上慢人。」增上慢的意思，最簡單地說，就是「未證謂證、未悟言悟」；三乘菩提之中，沒有一種菩提他是已經實證的，但是他宣稱他已經實證而且已經圓滿了，其實卻只是凡夫，就是增上慢人。

佛陀開始準備要講《法華經》的時候，那退席的五千個聲聞人就是增上慢人，其中有好多、好多人都認爲自己已是阿羅漢了。如果他們是眞正的阿羅漢，根本不可能退席；因爲他們還要等著被授記，何況敢退席呢！可是他們全都退席了，爲什麼呢？因爲他們早就聽說過：如果沒有實證，就不可能在宣講《法華經》的法會中被授記。至少得要是初果，至少要相信　佛陀不

只是阿羅漢，有菩薩種性，才會被授記；可是他們心中認為阿羅漢就是佛陀，佛陀只是阿羅漢而已。當他們以前聽過這個大阿羅漢們的言說：世尊將會演說《妙法蓮華經》，阿羅漢們屆時將會被授記。他們心中想：「我們一定不會被授記的，那我們留下來幹嘛？」於是 世尊接受舍利弗三度請求，應允開講《妙法蓮華經》時，他們就公然集體退席了。所以說：聽聞《法華經》而產生了「驚疑、怖畏，當知是為增上慢者」。

你們也可以檢查一下當代的佛教界，那一些所謂的大師們是不是如此？確實如此啊！那一些否定《法華經》的大師、否定大乘經典的學佛人，他們不是有人已經自稱成佛了嗎？所以有人在醫院的門廳畫了佛陀探病圖，那佛陀的面貌是誰？請大聲一點！就是印順法師啊！可是他信受《法華》嗎？不信！他信受大乘經嗎？也不信！他信受有十方佛世界嗎？更不信！他們根本不相信有 阿彌陀佛、有 琉璃光如來，更不要說十方諸佛了；可是他的傳記書名叫作《看見佛陀在人間》，這是他自己同意的書名，表示他自認為成佛了；可是他這尊佛竟然連我見都沒有斷除，又否定第八識如來藏，把一切有情及三乘菩提的根本所依否定了，所以他在三乘菩提之中無一實證，這不

就是增上慢者嗎？

而他的追隨者，台灣後山那位比丘尼，竟然自稱或接受弟子們的封號：宇宙大覺者。這也是自稱成佛，所以每年五月浴佛法會時所浴之佛像，竟是她的雕像。你們看，二千五百多年前，佛陀說的經典到現在都還管用，那些人早都被 佛陀預記在先，而他們依舊不知不覺地依著 佛陀的預記在進行著，都是增上慢人，如今全都可以檢驗出來啊！但這還只是正統佛教中喔！可是如果到附佛外道的密宗裡去看呢？那就是漫山遍野全都是增上慢者。他們不相信《法華經》，他們有誰願意供奉《法華經》、修習《法華經》、演說《法華經》呢？沒有！因爲《法華經》中的眞實道理一講出來，他們密宗所謂的成佛就全部破功了，那個好大的牛皮就立即被戳破了，所以密宗喇嘛們全都是增上慢者。如果你如實理解了《法華經》以後，絕對不會自稱成佛了，因爲自己會很清楚瞭解，自己距離佛地還非常非常遙遠，這都是事實啊！

講到這裡，我來作個預告：我們明年夏天，應該在夏初，不會拖到六、七月去，大約在明年四月（編案：這是二〇一〇年十二月所說），我們會推出第二片音樂CD，這第二片裡面其實有二片，因爲有的曲子非常長。其中最長

的一首曲子叫作〈菩薩底憂鬱〉，我用情歌的方式來寫詞、也寫曲。這裡面第一句是怎麼講的？這第一句講的就是距離 佛陀世尊的境界還非常非常地遙遠，所以說「佛地難思議，我今在遙」。確實是如此啊！當你瞭解自己距離佛地的境界還很遠的時候，你還會有慢心嗎？絕對不可能嘛！可是不懂的人就會罵：「哎呀！這蕭平實好傲慢。」因爲他們不懂佛法，但我也只是如實說。

可是你們也許會想：「奇怪！爲什麼那一首歌名叫作『菩薩底憂鬱』？」菩薩有什麼憂鬱？我這裡且就賣個關子，讓諸位期待、期待。並且這套ＣＤ不會在我們出版社裡賣，而會在外面賣。這片ＣＤ總共有二片，正式的名稱就叫作「禪意無限」，禪的意涵是無限的。那麼其中有許多首歌都很好聽，我現在就先插播這個廣告；那首「菩薩底憂鬱」，我們的製作人蔡華蓉師姊一拿到譜子就說：「哎呀！這首歌好美！好美！眞的很好聽。」我先作個廣告，敬請期待！（編案：後來把多出來很長的曲子，再增補其他曲子成爲第三片ＣＤ，名爲「禪意無限」，第二片名爲「菩薩底憂鬱」，都已出版了。）

這曲子一開頭的意思是說「佛地難思議」，每一個實證的人都會知道「我

今在遙」，知道自己如今距離　佛陀的境界，還是很遙遠的。每一個人正確開悟以後都會知道這一點，每一個實證聲聞菩提究竟果的阿羅漢們，也都知道這一點，所以一般情況都不會有增上慢人。只要實證了，不管證的是聲聞菩提或佛菩提，即使證的是最粗淺的聲聞初果，也會知道自己距離佛地還很遙遠，都不可能成爲增上慢者；除非他所謂的實證是聽來的，或者實證初果的因緣還沒有成熟——證初果前應該先修習的次法還沒有修習完成，善知識就硬塞給他，當然可能成爲增上慢者，就不是眞正的初果人。就好像果實都還青、還硬、還小，就被摘了下來，這時它的綠色是綠得暗沈，並且還是很堅硬的；若是成熟的果子，一定變黃、變紅了，然後它開始軟化了。

這意思在說明什麼呢？說增上慢者是非常傲慢剛強的，他們對誰都不服；明明只是一個凡夫，硬要說他們比　佛陀厲害，硬要說他們比諸大菩薩們厲害；然而心性都是硬梆梆的，想要他們調柔一點點都不可能。如果是成熟的果子呢？只要一不小心掉下地來，都是軟趴趴的。可是，那個硬梆梆的而且還只是小小的一顆，被人以邪見打下地面來時，它是很堅硬的，一掉下地還會反彈上來，增上慢者正是如此。那些增上慢的人，他們不會相信《法

華經》這麼深妙廣大難知難解的內涵；也就是說，佛陀的所知所見，他們是不會認同的，他們所認同的就是自己現前所知的識陰境界離念靈知：「我入無餘涅槃的時候就是保持一念不生，在涅槃中就是清清楚楚、明明白白、一念不生，這就是證得阿羅漢果；阿羅漢就是佛，所以我現在就是佛。」卻不知道自己只是一個落入識陰境界中，逃不出識陰範圍的博地凡夫。

這就是增上慢者的想法，而且他們這個想法堅固而不可破，你想要幫他們打破，想要把他們從邪見中解放出來，他們不但不讓你打破、不讓你解放，反過來還要打擊你，因為覺得你影響了他們的名聞與利養。即使你眞的把它打破了，他們還要賴在那個破殼裡面不肯出來；末法時代的佛教界就是有這樣的人，大師、小師們大約都是如此。那你就會知道，這些人都不會相信《法華經》；如果聽聞到我這樣演說的《法華經》，心中一定驚疑、怖畏。那麼，諸位再把眼光收回來看看自己心中有沒有驚疑、怖畏？（有些人輕聲說：沒有。）你們都有這個膽子敢說「沒有」，行！眞的行。可是我相信一定還有少部分人心裡面依舊不免有一點驚疑，只是還沒有到「怖畏」的地步；是極少數人的心裡面還是會有驚疑，可是沒有怖畏，想要繼續理解、繼續學下去

試試看。那麼至少已經脫離新學菩薩位了，想要在這一世立即進階成爲久學菩薩是有希望的，我這裡就向你們期勉了。接著下一段經文中 佛陀怎麼說：

經文：【「藥王！若有善男子、善女人，如來滅後，欲爲四眾說是《法華經》者，云何應說？是善男子、善女人，入如來室，著如來衣，坐如來座，爾乃應爲四眾廣說斯經。如來室者，一切眾生中大慈悲心是；如來衣者，柔和忍辱心是；如來座者，一切法空是。安住是中，然後以不懈怠心，爲諸菩薩及四眾廣說是《法華經》。」

「藥王！我於餘國，遣化人爲其集聽法眾，亦遣化比丘、比丘尼、優婆塞、優婆夷聽其說法，是諸化人聞法信受，隨順不逆。若說法者在空閑處，我時廣遣天、龍、鬼神、乾闥婆、阿修羅等，聽其說法；我雖在異國，時時令說法者得見我身。若於此經忘失句逗，我還爲說，令得具足。」】

語譯：佛陀接著開示說：【「藥王啊！如果有善男子、善女人，在如來入滅以後，想要爲佛門四眾演說這部《法華經》的話，應該如何來演說？這位善男子、善女人，應當進入如來室，穿著如來衣，坐在如來座上，才可以爲

佛門四眾廣說這一部經典。我所說的如來室，是一切眾生中的大慈悲心；我所說的如來衣，是柔和忍辱心；我所說的如來座，是一切法空的實證。安住於這三個狀況下，再以不懈怠之心，來為諸菩薩及佛門四眾廣說這一部《法華經》。」

「藥王啊！我在其餘的國度中，將會派遣幻化的人來為他集合聽法的法眾，我也會派遣幻化的比丘、比丘尼、優婆塞、優婆夷來聽他說法，而這一些幻化的人聽聞《法華經》以後都會信受，並且隨順而不拂逆說法的人。如果這個說法者是在空閑之處來演說這部經典，我將會時時廣為派遣諸天、龍、鬼神、音樂神、阿修羅等，來聽他演說《法華經》；當他說法的時候，我雖然在別的佛世界中，仍然會時時使這位說法者可以看見我的金身。如果他在這一部經典之中忘失了句逗，我還會為他提示說明，讓他具足演述這一部《法華經》。」】

講義：這個說法聽起來一樣是難以思議，也令人一樣難以信解。這就是說，演述《法華經》並不是一般人可以演述的，必須要有這三個條件才可以為人演說《法華經》，否則他註解或演說的《法華經》，都會只是皮毛，都會

只是依文解義而作了誤會後的說法，聽聞的人就無法深心信受了。因此，世尊告訴 藥王菩薩說：「如果有善男子或善女人，在如來示現滅度以後，他想要為佛門四眾演說這一部《法華經》，應該要怎麼樣來演說呢？」世尊首先提出三個條件來：「這個善男子、善女人，必須要先入於如來之室，接著要穿著如來衣，最後要坐在如來座上，具足了這三個條件，才可以為佛門四眾廣說這部《法華經》。所謂的如來室，就是一切眾生中的大慈悲心；」換句話說，演說《法華經》的時候，不可以拒絕別人來聽聞；即使明知人家來聽《法華經》時，將會中途辱罵或者中途離席抗議，也是一樣；你明知會如此，也不能拒絕人家前來聽聞，你得要接受，你必須具有在一切眾生之中的大慈悲心。當你為眾生演述的時候，有些眾生因緣不是很具足，因為他是新學菩薩，距離無上正等正覺的實證還很遙遠，他可能才剛剛圓滿十信位，才剛剛進入初住位；這時他的善根只是剛好圓滿了，可是善力呢？還是只有一點點，所以他可能中途不能信受就會離席，或者甚至當眾會辱罵說法者；但是你一樣要包容，不可以因此而起瞋，對一切眾生都應該有大慈悲心。

為什麼要這樣呢？因為當你演述了以後，雖然當時他有懷疑而不能安

忍，可是這一世畢竟把這個正確的道理熏習進去了；未來世又重新聽一遍人家解說《法華經》時，他又熏習了一點點；就這樣一世又一世，要熏習多久呢？熏習一大阿僧祇劫的三十分之六，才算熏習完成了。那麼這樣子到底是幾大劫？我也不會算，諸位自己算算看吧。經歷一個無量數劫的三十分之六以後，他聽聞眞正的《法華經》時才不會再生起煩惱，於是他在那一世就可以實證《妙法蓮華經》如來藏了，他就可以把自己的七寶塔加以高廣嚴飾了，他就懂得供養這個《法華經》七寶塔了。所以說，雖然他還須要那麼長久的時間才能眞的信入「此經」，你也要包容；他能夠聽進多少眞實義，就讓他聽進多少。也許十年後，他還會有機會再聽聞，也許二十年後，他會有機會得到你講解以後整理出來的書，就這樣一世又一世慢慢地增長他對《法華經》的信受和理解，所以你不能拒絕他來聽聞。任何人，只要願意聽，即使他只願意聽一分鐘就會當眾走人，你也要接受他，你必須對一切眾生有「大慈悲心」。

「入如來室，著如來衣，坐如來座，爾乃應為四眾廣說斯經。」有了「大慈悲心」以後，接著就是「著如來衣」，「如來衣」就叫作「柔和忍辱心」。

大家也許以爲：釋迦如來在世的時候穿的是金縷衣。其實不是這樣的！到了大乘法廣大弘揚開來之後，有許多大居士作上等的供養，才會有金縷衣，但那已是後面的事了。如來剛開始弘法時，也是與眾僧一樣去棄屍林撿那一些還沒有爛光的裹屍布，回來洗淨和染色，親自去縫起來成爲壞色衣，那就叫作忍辱衣。以一個國家的太子之尊，祂如果不出家，未來還可以當轉輪聖王，而且是金輪王，統領四天下；但是祂願意穿那種人家所不要的衣服，這叫作忍辱行；而且還要忍受外道的種種誹謗，常常要忍受外道們的指指點點，有時也得忍受外道們的言語辱罵，世尊就這樣子穿起這件衣服，名爲忍辱衣。世尊自己穿這件出家人的衣服，就是要示現：出家人應當要修忍辱，所以這衣服便叫作忍辱衣。出家人穿著這件忍辱衣，就要時時提醒自己：不論眾生對自己如何，都不能起瞋，都必須要包容攝受眾生，所以穿著這件「如來衣」，就是時時記得「柔和忍辱心」。那麼，菩薩既然是學佛而不是學羅漢，當然要穿柔和忍辱衣，這就是爲什麼受菩薩戒的時候，要發給這一條縵衣的緣故，這件縵衣其實就是柔和忍辱衣，要使菩薩記得「柔和忍辱心」。

菩薩要有的第一個條件「入如來室」，才能眞的爲剛強眾生演說《法華

經》；也就是先對一切眾生有了「大慈悲心」，然後穿起「如來衣」，就是說，你搭起縵衣來講經的時候，面對一切抗議者，你不能夠起瞋，要有「柔和忍辱心」。因爲你要攝受他，你想要成就他的道業；縱使你這一世只能夠成就他一點點道業，也得要成就他；雖然你成就他的時候，他心中很痛苦，也許當場辱罵你或者當場退席抗議，你心中都要接受。那時你必須視而不見，你可不能盯著他看；當他離席的時候，你還不能盯著他，你要裝作沒看見，不然他會說：「我一離席，他就緊緊盯著我。」反而讓他心中不高興，所以你就當作沒看見。

要知道這是正常的事，讓他離開的時候覺得心安理得。因爲你講經時穿著菩薩衣，你所穿的這件縵衣便叫作「柔和忍辱」衣；既然是菩薩衣，身爲菩薩，你要柔和對待眾生，你要接受一切不順心的情境，不管那個情境如何違心，這就是想要爲人演說眞正《法華經》時必須先有的第二個條件。爲什麼要這樣子？因爲你要演說的《法華經》中，所講述的十方佛國那一些狀況，是很難使人信受的，而結果你竟然要講它，就得有這個心理準備，得要柔和、得要忍辱。

這二個條件成就了，還要有另一個條件：「坐如來座。」「如來座」不是隨便人可以坐的，得要有實證才能坐上去。在別的道場，法主這個座位，除了堂頭和尚，沒有人敢上來坐；假使誰看見私下沒人，偷偷上去坐一下，只要被瞧見了，他就一定會被舉報，然後受到處罰。但我們正覺講堂不講這一套，我都要求親教師們只要是上課時，就得坐上來。為什麼呢？因為「法」尊貴。我們這個法很尊貴，為大眾傳授這個法的時候，不應該站著講，應該要坐上來。所以我不指定說「九樓講堂這個法座是法主專用的座位」，是因為各班的老師們上課所說的法都是《妙法蓮華經》，「此經」何等尊崇與珍貴！怎可立在地上說法？因此說，坐這個法座是要有實證才可以坐上去，因為這是「如來座」；如果沒有實證，就不應該上來坐。不但這部經中如是說，《佛藏經》中也是一樣的說法，將來宣講時諸位就會聽到。

那麼，「如來座」的實證到底是指什麼？指「一切法空」。但這個「一切法空」，不是講斷滅空那個一切法空，而是指「一切法『空』」。這樣說到底是什麼意思？就得要解釋一下什麼叫作「一切法『空』」。一般而言，「一切法空」應該說是斷滅空，為什麼這裡又說不是斷滅空呢？因為：一切法總括

三界諸法，可是三界諸法存在的當下，全部緣起性空；可是在緣起性空背後，還有一個空叫作如來藏。如來藏，你不能夠說祂是像世間法一樣有一個物質，祂無形無色，當然應該說之爲空；一切法都由祂而生，而祂這個空有其眞實性與如如性，既然有眞實性，就說祂是空性，又名眞如。這個空既然有眞實性與如如性，那就是眞如，眞如就是空性，所以眞如是「空」。

《大般若經》中也說「**眞如雖生諸法而眞如不生，是名法身**」，既然一切法由眞如所生，眞如當然含攝了一切法；而一切法被眞如所生，眞如也是空，所以「**一切法空**」。因爲你從眞如，也就是從如來藏來看如來藏自己的時候，也沒有所謂如來藏、沒有所謂眞如可說。這是因爲眞如不看眞如——如來藏不看如來藏，你意識覺知心才要看如來藏，來使意識自己生起智慧；但如來藏不看如來藏自己，所以從如來藏—眞如—的立場來看一切法時也是空。你設想自己站在如來藏的立場，就沒有如來藏的存在與否可說，所以如來藏還是空——眞如空，這不就是「**一切法空**」嗎？而如來藏所生的一切法，從最底層的地獄，上來是餓鬼、畜生、人間、欲界天、色界天、無色界，全部都是如來藏所生；所生之法必然有滅，無常故空，那當然也是「**一切法空**」。

可是，聲聞法不知道這種實相界的「一切法空」，聲聞法只能夠瞭解現象界中的蘊處界虛妄的空，而十方世界的三界爲什麼是空？在聲聞法中實證的聖人並不知道，他們只能夠用無常故空來解釋，至於實相法界這個「空」就不知道了，所以他們只知道現象界的法空，不知道實相界的法空，那如何能談得上「一切法空」呢？

所以，具備了前面二個條件，還得要有這種「一切法空」的實證，才能夠坐上這個「如來座」。否則上得座來，好像夾山善會禪師悟前當大座主的時候，講著講著，遇到有僧人提問「法眼」時，他瞎扯說：「目前無法，意在目前，不是目前法，非耳目所到。」道吾禪師是故意來他座下聽經，才一聽他這麼解答，當場就「噗——」地笑了起來，就是噴飯的聲音，他不自禁而當眾笑了出來，要不要命呢？因爲夾山善會當時還沒有證得「一切法空」，所以這時其實是不應該「坐如來座」的，既不能「坐如來座」就不能講《法華經》。可是他也厲害，他知道自己悟前講那幾句話其實是狗屁不通，而他懂得除慢，就把經典潦草講完，趕快把道吾禪師請進方丈室奉茶請教，道吾禪師便指點他：「你去找那個擺渡的船子德誠好了。」

船子德誠因此度了他，他回來夾山講法時竟然還是講那一套：法非目前，非眼耳之所能到一類的話。還是講同樣的這一套，但他這時能夠轉圓了。一般都說轉圜，其實「圜」一樣要讀作圓，二個字的意思是一樣的，所以「轉圜」依舊要說成「轉圓」。夾山禪師悟後所說的還是悟前一樣的字句，但他現在所講的道理還是通啊！因爲只要悟了以後，怎麼轉都通，這就是眞悟的好處。阿羅漢們的法沒辦法轉圓，錯就是錯了。可是菩薩悟了以後，對他悟前講的錯誤法義，這麼一轉也是圓滿，因爲實相是通二邊的；所以只要有這個「一切法空」的實證，就可以「坐如來座」了。因此說，「一切法空」的實證並不容易，而《法華經》不是三明六通大阿羅漢們所能講解的；因爲《法華經》的內涵並不是阿羅漢的所證，不但是實證「此經」，而且經中所說的函蓋面是很廣的，是十方三世、十方世界的佛教，是從實相界出發而回到現象界來，再從現象界而講到實相界，就是從因地到佛地，都是函蓋在裡面的。

所以如果有「一切法空」的實證，加上「大慈悲心」和「柔和忍辱心」，就能夠爲人演說《法華經》。然而，有「一切法空」的實證而坐上了「如來座」，如果沒有「大慈悲心」，他也不願意講《法華經》，因爲他想：「哎呀！

眾生大概都不會相信啦！那我講這部《法華經》徒然招來罵聲，何苦來哉！」他不想講，因爲眾生無法接受究竟而且極深妙的法義，無法思量和接受，就一定會辱罵；而他不願意被辱罵，因爲他沒有穿「柔和忍辱」衣——沒有生起「柔和忍辱心」「著如來衣」，他不肯接受，他覺得說：「我身爲一個善知識，竟然要被凡夫俗子當眾辱罵，自己怎能這麼沒智慧。」他覺得這樣是沒智慧的行爲。若眞是這樣子，我們得要回過頭來檢查他了，就說他沒有「著如來衣」——沒有穿「柔和忍辱」衣，而他的「大慈悲心」也不夠；這二個有欠缺，就表示他的「一切法空」修得不圓滿，修得還不夠，才會這樣。如果具足這二個條件，「安住是中，然後以不懈怠心，爲諸菩薩及四眾廣說是《法華經》」，這樣說法就可以圓滿了。今天時間又到了。

今天講經前要說一點題外話，諸位來到講堂時如果有注意到，就會看見電梯口貼著我們大樓的相片，還貼著律師函；是因爲有些住戶不滿意，想要拆掉我們懸掛的破達賴邪法的廣告布條，但我們不允許他們拆，因爲我們是掛在自己的樓層，而別的樓層也一樣掛有廣告，我們的行爲是符合公平原則的。我們寫的文字當然是聳動的，顏色也很醜；這其實我們是刻意的，就

是要醜而醒目的顏色，人家才會注意到。你如果選的顏色漂漂亮亮的、美美的，人家就不會注意到，並且我們破達賴邪法的那些字也算是聳動的，大家路過時就會注意到，大約都會想：「密宗怎麼會是這樣？」我估計，這三大廣告貼在那裡半年，破斥達賴雙身法的功效，可以抵得上我們發《博愛》口袋書六年，我認為這個功效會抵得上。當然達賴率領的密宗喇嘛們很不滿，就轉向官府告狀（編案：後來還轉向新聞媒體告狀），誣告說：「他們正覺同修會怎麼可以公開鼓勵別人性交？」他們的講法眞是顚倒到無以復加，我們明明是在破斥他們淫人妻女，結果他們反過來指責說我們在鼓勵喇嘛們性交，說這樣不好。

這眞是好奇怪的講法，眞是顚倒是非嘛！我們請問說：「是誰來告狀？」結果是無名氏，原來不敢具名，藏頭縮尾。然後又有人去向市政府告狀，說我們的字句太腥膻，要求政府來取締，要強行拆下我們的廣告。那麼到底是誰去告的狀？大家就可想而知了。所以我們還要繼續維持這三大廣告布條，因為這個廣告效果太好了；我們大家很辛苦去發那本《博愛》口袋書，發上六年的功效可能是相等於這些布條張掛六個月；這是因為這六個月剛好台北

舉辦花卉博覽會，來賞花的人非常多，最後應該會有幾百萬人前來，就會同時看到我們破達賴雙身法的廣告，這個社會教育的效果最好了。以後大家看到喇嘛時，就會聯想到這一棟正覺大樓，會聯想到喇嘛們推廣的無上瑜伽是什麼。這個效果那麼好，我怎麼可能放棄？這可是百年難逢的好機會。

最近聽說有人要邀請達賴喇嘛來台，說是要幹什麼，我忘了。但我說：他如果又來了，我們又有一次好機會，當他在九〇一或者九一一來的那天，我們再來一次更大規模的抗議，並且還要買各大報紙全部都刊登，廣破達賴的雙身法，我們將會再有一番話教育社會大眾，遠離達賴喇嘛那群人騙財騙色的惡行。如果他又來了，是我們的機會，要繼續讓他灰頭土臉。如果政府敢邀請他來最好，我們的機會又來了，這個教育社會大眾的機會是千載難逢的，有哪一代的達賴喇嘛讓我們有機會可以用來教育社會大眾？這機會眞的很少，我們當然要把握。所以我們不會受威脅，這是我們既定的立場，難得有這樣的機會、這樣的時空，可以有希望把達賴密宗趕出佛教，我們爲什麼要放棄這個好機會？我們不可能因爲南部某單位的威脅就放棄，過去世被殺都殺了，死都死過了，這回怕什麼！所以我們還是要繼續堅持，也希望大家

繼續堅定心志，把密宗假佛教趕出佛教的事情，要執行到底，否則佛教最後又會像以前天竺時一樣，又被他們蠶食然後鯨吞，最後被消滅掉。

言歸正傳，上一週講到一〇六頁第四行說完了，那麼今天要從第五行開始：「藥王！我於餘國，遣化人為其集聽法眾，亦遣化比丘、比丘尼、優婆塞、優婆夷聽其說法，是諸化人聞法信受，隨順不逆。」佛陀告訴 藥王菩薩說，假使 佛陀入滅以後，有人為諸菩薩以及四眾廣說這一部《法華經》，那麼 佛陀雖然已在別的國度弘法利生，將會在其餘的國度派遣化現的人，如同化身一樣化現，來為這一個說《法華經》的人聚集聽法的大眾。這是因為有時候想要講《法華經》時，不見得有人願意聽。一般人讀《法華經》的時候，會覺得這經中的義理很簡單，而且裡面的內容大部分好像是神話，所以《法華經》好像沒什麼需要聽聞的，一般人會這樣覺得；如果他有深入去讀，大約會這樣認為。所以，像這樣的經典要為人解說，願意聽聞的人不會很多。

但如果有人真的要把這一部經典的真實義加以解說，當然得要讓他成就這個大願。因為為人講解這一部經的內容確實很重要，所以 世尊雖然已經

又在別的世界、別的國度受生示現八相成道，繼續去度化眾生了，但是知道有人留在這裡要繼續演說《法華經》，就會爲了這個人的緣故，派遣化人來這個世界聚集聽法之眾，那麼這是第一個層次。也就是說，這個人初發勝義菩提心，《法華經》雖然很勝妙，但是他無法很如實、很具足演述出來；可是爲了鼓勵菩薩們發願講解《法華經》，所以 世尊就派遣了化人來聚集聽法之眾，這是第一個層次。

接著第二個層次：「**亦遣化比丘、比丘尼、優婆塞、優婆夷聽其說法，是諸化人聞法信受，隨順不逆。**」這就是說，第二種人是講《法華經》的時候，已經有努力在觀行；關於佛菩提應該如何實證的事，他也知道，已經在「觀行即佛」位中；可是他雖有觀行的智慧，卻還沒有實證，也就是即將破參時，終究還沒有實相般若的親證智慧，無法如實演說，因此只能夠派遣變化的比丘、比丘尼等四眾來聽他說法。但是，還沒有達到讓天龍八部來聽聞的地步，因爲這種人還沒有眞實證悟，還不是眞的瞭解第一義空。如果他講經的時候，天龍八部也來聽他說法，可能不很好，是因爲他會因此生起慢心，然後自以爲很了不起，就開始虛妄說法，那可就不好了，所以只能派遣變化

的比丘等四眾來聽他說法，這是第二個層次。當然，既然是佛陀化現的四眾來聽，一定是聞法信受，一定隨順他的所說，不違逆於他，他就可以講得很歡喜。

「若說法者在空閑處，我時廣遣天、龍、鬼神、乾闥婆、阿修羅等，聽其說法；」接下來第三個層次：假使說法的人是獨自一人在空閑處演講此經，世尊將會廣為派遣天、龍、鬼神、乾闥婆、阿修羅等，前來聽聞他的說法。這又不同了，這就是說，這個人已經沒有慢心了；他即將悟入，雖然還沒有開悟，但因為他沒有慢心；他的慢心降伏得很徹底，所以他演說《法華經》的時候，雖然沒有人願意來聽，但可以派遣天龍八部來聽他說法，增長他的信心，因為連天龍八部都相信了，大眾就會漸漸也相信。比起人類來說，天龍八部大部分壽命都很長遠，可以證實他所講的《法華經》是眞的，因為他們二千多年前已經聽聞過了；或者講經者是五千年、九千年後才講的話，那時天龍八部會說：「我們在五千年前、一萬年前，就聽聞佛陀講過了，所以這部經典確實是眞的。」大家也都願意重新聽他再說一遍，使他對《法華經》又更有信心，這是另一個層次。

那麼第四個層次說：「我雖在異國，時時令說法者得見『我』身。」世尊說：「那時我雖然已示現在別的國度繼續度眾生，也會時時刻刻使說法的人可以看得見我的眞身。」如來的眞身是什麼？就是如來藏啊！就是「此經」啊！正是《金剛經》說的「此經」，正是《法華經》說的「此經」，就是第八識自心如來，就是 如來的眞身。雖然他在這裡演講《法華經》，可是 如來已經感應別的世界有情而去受生應化，已經出現在別的國度度化眾生，不住在這個地球上了；但是他已經明心了，一面演說《法華經》，就一面讓他時時看見 釋迦如來的眞身——也就是如來藏。他時時可以看見如來藏，因此他講《法華經》的時候，和那一些沒有悟的人所說的《法華經》又不一樣了，這就是第四個層次。

「若於此經忘失句逗，我還爲說，令得具足。」如果證悟之後講《法華》，有一些義理也許他沒有想到，是因爲《法華經》中隱藏的眞實義不容易了知；可是應該講的部分，當機的聽眾也應該聽聞到的部分，結果他突然忘了不曾講，那麼 世尊就會爲他提示，讓他又記起來而且「令得具足」，這又是另一個層次了。也就是說，當他講經而「忘失句逗」的時候，佛陀會給他一個念

頭而提醒他，他就會突然想起來說：還有這個部分幾乎忘了講，還得要再補說一下。

「句逗」，因爲這經文是古時翻譯的，那時候中原河洛話蠻流行的，現在台灣中南部老人家有時候還會這樣子講：「你這個『句逗』不好。」有沒有？有時說：「你這個『句逗』講得不好。」有沒有？中南部的老人家還有人在講這些語言，因爲河洛話裡面本來就有這一句話。這意思就是說，這一句跟那一句應該如何斷句，假使斷句錯了，意思就錯了。這一句應該逗上哪一句合在同一段，另外一句應該逗上另外一段，這意思便叫作「句逗」。也就是說，分篇、分章、分節、分目不可以錯亂，如果有人錯亂了，就說他是「忘失句逗」。當他「忘失句逗」的時候，原來的眞實義，他就會錯解，因爲錯解的關係就會把重要的法義講錯。所以，如果有人「忘失句逗」，佛陀會爲他說明；但 佛陀的說明不必運用語言文字，只要給你一個念頭就夠了，你就馬上會知道意思。當你感應到 佛陀的時候，並不須要語言文字，然後祂想要給你瞭解什麼，你就會瞭解什麼，不須要告訴你那些語言文字；這就是說：「若於此經忘失句逗，我還爲說，令得具足。」那麼其中隱藏的眞實

義，就可以為大眾解說出來。

所以，後末世的菩薩們為眾生解說《法華經》時，當然各有不同的層次；但是，即使他講錯了，只要不是錯得離譜，雖然是依文解義，我們都應該隨喜讚歎，因為《法華經》的眞實義本來就不容易懂，古人才會稱之為玄義。如果是那麼容易懂的話，為什麼要說這一部經是最深奧的呢？所以讀經的時候，看起來覺得它好像很淺顯，可是經中卻又說它是最深奧的，顯然它有其中的道理，對這個道理不知道以前，就不要隨便亂評論。那麼，這樣子解說過了（這二段其實也可以合為同一段經文），顯然已經可以證實《法華經》的義理不簡單，很深而且很廣，因為得要「入如來室，著如來衣，坐如來座」才能如實演講此經。如果有的人「入如來室」，但還沒有「著如來衣」，也還沒有「坐如來座」，他就不能講得很好、很勝妙，但他還是可以為人依文解義。

假使已經「入如來室，著如來衣」，對眾生有慈悲心了，可是還沒有「坐如來座」，還不懂得為何「一切法空」，也就是說，他的實相般若智慧還沒有生起，那麼他也可以為人演說，並且可以堅持把整部經講到圓滿。如果他已

經「入如來室，著如來衣」，而且「坐如來座」，他就可以講得更好，就能利益更多的人，能幫助更多人對佛菩提生起大信心；這更是有能力紹隆佛種的人，對這樣的講經者，當然要更加讚歎。所以，能夠爲人說《法華經》的人其實不是很少，因爲在座每一位，你如果願意講也可以講，只是層次有所不同而已。所以不管誰講解《法華經》，我們都應該加以認同、加以讚歎。那麼，世尊接著又怎麼樣重新再講一遍呢？

經文：【爾時世尊欲重宣此義，而說偈言：「

欲捨諸懈怠，應當聽此經，是經難得聞，信受者亦難。
如人渴須水，穿鑿於高原，猶見乾燥土，知去水尚遠；
漸見濕土泥，決定知近水。藥王汝當知！如是諸人等，
不聞《法華經》，去佛智甚遠；若聞是深經，決了聲聞法。
是諸經之王，聞已諦思惟，當知此人等，近於佛智慧。
若人說此經，應入如來室，著於如來衣，而坐如來座，
處眾無所畏，廣爲分別說；大慈悲爲室，柔和忍辱衣，

諸法空爲座，處此爲說法。】

語譯：這首重頌，是依前面四段經文而作的，我們在這裡先頌出一半來語譯：【世尊想要重新宣示這個正義，就以偈頌重新再解說了一遍：

「修學佛菩提的人，如果想要捨棄各方面的懈怠之心，他應當要聽聞『此經』，『這一部經』很難以得聞，然而能夠眞實信受的人也是很難得的。

就好比有人渴乏了須要有水來喝，於是他在所住的高原大地往下穿鑿，剛開始穿鑿的時候還看見是乾燥的土，就知道距離地下的水源還很遠；

繼續挖鑿以後漸漸地終於看見了潮濕的土，然後又看見含水很多的軟泥，這時決定知道已經靠近水源了。

藥王啊！你應當要知道，像這樣的人如果是還不曾聽聞《法華經》，他距離佛地的智慧是仍然非常遙遠的；如果聽聞了這一部很深妙的《法華經》以後，他就會同時也有智慧能夠決定不疑地了知聲聞法。

這一部《法華經》是諸經之王，聽聞以後若能審諦思惟而不錯亂，應當知道像這一類的人，是已經靠近佛菩提的智慧了。

如果有人想要解說這一部《法華經》，他應該進入如來室，穿著如來衣，

然後坐上如來法座，處於大眾之中，而他心中都無所畏懼，廣為大眾分別演說；

他就是以大慈悲為如來室，以柔和忍辱作為穿了如來衣，並且以諸法畢竟空作為法座，不落入外道法中，住於這樣的境界中來為大眾演說《法華經》。」】

講記：世尊重新為大眾演述的正理是這麼說的：想要捨棄種種的懈怠心，就應當要聽聞此經。當然諸位現在已經知道「此經」講的就是如來藏妙心，可是為什麼想要遠離種種懈怠心，就得要聽聞善知識宣說如來藏妙法的經典呢？先不說這個道理，諸位先觀察看看：想要瞭解如來藏、想要實證如來藏，而願意聽講如來藏妙法經典的佛弟子，是不是比較精進？諸位可以觀察這一點。如果他們只願意聽聽為人悉檀或者世界悉檀、對治悉檀等不了義佛法，他們都屬於初機的學人；而且他們所謂學佛的時候，他們也不太願意受持五戒，更不要說八戒、十重戒或者菩薩戒，你可以看得見這個現象。然後他們雖然號稱是在學佛，可是很喜歡玩，更喜歡好吃的，聽到哪一家素食店據說很好吃，再怎麼遠，他們都會去；聽到說哪裡好好玩，他們也去，然

後到了週末週日，非得要摸上幾圈麻將不行。可是，如果眞正在修學如來藏妙法，很喜歡聽聞如來藏妙法的人，可就不一樣了，會把時間用來熏習如來藏妙法的知見，把時間用來作功夫，看怎麼樣可以早日實證「此經」。所以願意聽《法華經》，而且所聽聞的《法華經》是依如來藏妙法來說的，這樣的人很難得，這樣的人一定是很精進、不懈怠的，所以 佛才說「**欲捨諸懈怠，應當聽此經**」。

「**是經難得聞，信受者亦難。**」那麼這部《法華經》講的是如來藏、妙眞如心，佛說這部經難可得聞。確實是難可得聞，台灣自從有佛教也有人弘法以來，至今也有五、六十年了，可是這五、六十年來，有誰在演述如來藏妙法呢？因爲此經講的就是第八識如來藏，以前有誰曾經演述呢？沒有啊！所以「此經」還眞的難聞，不容易聽得到。在正覺同修會出來弘法之前，偶爾也有人講，就只是私下講一講，也不是正式解說；並且還只是依文解義，而且是非常非常少眾在演述如來藏妙法，所以此經眞是難可得聞。

縱使有人願意講，「**信受者亦難**」。我們弘法講如來藏二十年了（編案：這是二〇一〇年所說），信受的人也不是很多。如今從台灣北到台灣南，也不

過這麼六千位會員，再加上學員可能不超過一萬人。我們台北到底有幾位？台北有沒有二千位？不曉得行政組、教學組那邊資料怎麼樣？我們台北究竟有幾位？可能大概只有二千位，台北市、台北縣（現在叫作台北市、新北市，沒有台北縣了），大約不超過三千位。但是台灣佛教徒號稱一千二百萬，而信受如來藏的除了我們會裡的會員以外，加上外面的學佛者，就算加上一倍好了，也只不過一萬二千人。如果加上眷屬好了，最大的擴充就加上這些人的眷屬，眷屬可以加二倍嗎？可不可以？因爲眷屬裡面不一定全部都信。如果一個會員加上家裡有三位眷屬，取其中好了，算二位，總數也還是很少眾，不超過三萬六千個人。會內六千、會外六千來計算，一萬二千位加上信眾，說他們叫作信眾好了，那也不過三萬六。一千二百萬佛教徒，只有三萬六千個人願意信受如來藏，你說容易嗎？不容易欸！你在會裡覺得很容易，大家都信，那是因爲相信深妙法的人都集中到這裡來，實際上整個佛教界有多少人信？所以說「信受者亦難」，眞的不容易啦！

這是我們弘法二十年才有這樣的成績，在正覺出來弘法以前，不管誰一旦講如來藏，都會被痛罵是：外道神我、自性見、恐懼無我。都要被罵。我

們出來弘法也是這樣被罵過來的，是被罵到十五年前才不再被這樣子辱罵，是因爲我們從各個層面去證實第八識如來藏不是外道神我，不是自性見外道說的六識自性，而他們說的細意識才是外道神我，正是落入自性見中，所以他們不敢再罵了。可是雖然如此，能夠信受「此經」的人究竟有多少？仍然是極少數。所以，世尊說的都是如實語，「此經」眞的難可得聞，縱使有人能夠聽聞到了，卻是「信受者亦難」。這樣看來，諸位就是我的知音了；我弘法眞的很不容易，二十年才有這麼少的知音；然而我不孤獨，因爲古人說，眞正的知音只要有一位就夠了，何況我有六千位知音，已經很滿足了。

這意思就是說，一般人是很難信受「此經」的，而且一般學佛人也都是很懈怠的，懈怠的人想要瞭解或實證「此經」是不可能的。佛陀智慧的總相就是「三界唯心，萬法唯識」，但這個智慧是很難實證的。因爲一般學佛人，你如果跟他們說：「在人間你眞正的所依是如來藏心。」他們可都聽不進去，因爲他們完全沒聽過，完全不懂什麼叫作如來藏，眞的完全不懂啊！若是世俗法中的一般人，你若是對他說：「你這個五陰是完全依止於如來藏才能存在的。」他還會問你：「什麼叫作五陰？」根本不曉得。我們就不說一般人

吧，只說號稱佛教徒，以佛教徒自居的那一些大山頭的信徒好了，你問他們說什麼叫作五陰？他們可都還不懂呢。諸位想一想，你深入瞭解五陰，也是進入正覺同修會以後的事。以前在別的道場，他們跟你講五陰時都講不清楚，因爲他們自己都不清楚，都不很瞭解，何況你聽了能夠瞭解呢！來到同修會中，卻是不單講五陰，還講六入，還講十二處，還講十八界；可是親教師談到如來藏時，你們那時還是不瞭解，所以學佛人是有很多種差別的層次。

對一般所謂的佛教徒來講，他們還站在高原上面，還沒有開始鑿地，當然絕無可能喝到地下的水。他們只是站在佛法的高原上面，還站在高原上，佛法的法水在哪裡？都還不知道。終於有人開始去挖了，可是挖來挖去都是乾土，那是什麼人呢？例如有的人說「我在學解脫道」，有的說「我在學佛」，可是他們的解脫道，他們學的佛法，就只是去行善。如果師父吩咐說：「現在有什麼事情要作，你們要趕快回來作義工。」大家就趕快回去見師父，像這樣的佛教徒，比起單單信仰已經很好了，至少他有在修行了；可是這些人都還只有看見乾土，還沒有看見濕土。

那麼也有人說：「我努力在學禪，所以我應該是已經看見濕土了吧？」

我說：不然！因爲他那個禪是外道禪，落在意識裡面，都是離念靈知的境界，而且只是人間的離念靈知，連欲界天的離念靈知都還談不上，所以仍然是乾土。那什麼可以叫作溼土？是說他努力在學佛，也已經知道五陰十八界的具足內涵，也一一去觀察五陰十八界全部虛妄，並且知道學佛不是只有在解脫道上面修，還應該修學佛菩提。像這樣的人，我們就說他已經看見溼土了，可是還沒有看見軟泥，所見的溼土還是很硬的；雖然它已經有水分了，但你踩在溼土上面，腳依舊不會沉下去。再往下挖深了才會看見泥，泥是軟趴趴的，水分的含量很多，你踩著泥時，又會慢慢地沉下去，那個才叫泥。

但那種溼土的水分還是不夠，得要再挖下去，才會看見很溼的、會流動的泥，那究竟是什麼人等於看見泥了？就是已經熏習如來藏法，知道應該怎麼樣去實證如來藏：應該如何修集福德來配合，該如何去鍛鍊看話頭的功夫，讓心可以細膩下來，才能夠找到那個細心如來藏，因爲如來藏的覺知性是細膩到不得了的。那麼，也知道如來藏應該怎麼找，要往什麼方向去找，祂是在哪裡？知道祂不在虛空。這就表示說，他已經看見很濕的泥了。這就是諸位啊！修學幾年下來，到現在還沒有破參的人都是已經看見濕泥的人

了，因為你知道如來藏在自己身上，很確定，然而到底是哪一個？如今還弄不清楚。看話頭的功夫有了，福德夠了，知見也夠了，知道自己就差那麼一點點，就好比已經找到濕泥、挖到濕泥的人，知道說下面就會有水了；可是現在看來看去就只是泥，看不見清澈的水。同樣的道理，繼續再往下挖吧！挖到最後水終於出現了，不再是泥了，這時候就說你已經找到如來藏了。

所以，如果在高原穿鑿，看見的土都還是乾燥的，一點水分都沒有，你就知道那個人「去水尚遠」。就是說，一般的佛教徒，或者說他們參禪老是落在識陰裡面，那些人都叫作「猶見乾燥土」，還不知道有水分的土是什麼，更別說看見泥、看見水。諸位依 如來的開示這樣想一想，能夠如實信解《法華經》的人，究竟有多少人，也就很清楚了。所以，你們每一個人在我的眼裡都叫作稀有動物，都是佛法中歸屬於保護類的人，我都要加以保育，因為實在太難得了。在台灣一千二百萬佛教徒之中，只有這麼六千個人，當然難得啊！所以我們得好好教育、好好照顧，一定要好好作起保育工作，目的就是希望繁衍佛種族。若是保育得好，越繁殖起來就越多，這叫作保育佛種族，要令佛種紹隆不斷，佛教才能真的復興起來。所以，想要使佛種能夠紹隆不

斷的任務，就放在諸位身上，都要看諸位。

多一個人證悟了，就多一個人紹隆佛種，這就是我們繼續要作的事。所以 佛陀特別交代 藥王說：「藥王汝當知！如是諸人等，不聞《法華經》，去佛智甚遠。」確實如此，不能聽聞這個《法華經》所說的開、示、悟、入的如來藏妙法，這樣的人距離佛菩提的智慧仍然是非常遙遠的。諸位可以去觀察台灣七十年來的佛教（應該不到七十年，因爲日據時代那個佛教不算眞的佛教），從國民政府來到台灣，才從大陸把佛教帶進來，可是當時從大陸帶進台灣的都是什麼呢？都只是表相的佛教。然而國民政府來到台灣之前，佛教了義正法已經先到台灣了，因爲我已經先投生到台灣來了。對啊！是這樣啊！如果不是我從江蘇投生到台灣來，今天了義正法還是在大陸被喇嘛教，以及信奉喇嘛教密法的大法師們打壓到很嚴重的，完全沒辦法說法，也完全沒辦法弘法，因爲一定會被所有人說我是邪說異端，然後去檢舉，那天晚上就被抓走了！二十年前的大陸，我究竟會到哪裡去呢？也眞的不知道，也許屍骨無存。

台灣四十年前的白色恐怖就是這樣啊！台灣在四十年前以及之前就是

如此，而且那時台灣是只有基督教、天主教才不算是迷信；我如果那個時候就出來弘法，人早就不見了，應該不到四十歲就沒命了，而不是可以活到現在六十幾歲。因爲那時的環境就是這樣子，如果是單單一個人出來弘法，不攀上政治關係，又示現在家相，竟然敢出來弘揚大法師們所反對的第八識妙義；那時國民黨的中央委員中，大法師就有好幾個，隨便電話打一通，晚上警備總部就來抓走了，所以我就只好等因緣。而因緣就這樣安排，就安排等我退休了，然後去參禪才自己證悟，然後再出來弘法，避過那個會使我沒命的時段。因爲我總是實話實說，不拐彎抹角，弘法時一定會大量地得罪大師們。可是，其實在一九四三年我就投生到台灣來了，我上一輩子在江蘇、浙江那一帶，日子很快活，又不必弘法，那一輩子捨壽後就隨即投生到台灣來了，了義正法當然是我帶過來的，不是那些大法師們。因此，實際上是了義正法比表相佛法先到台灣，正是這樣嘛！只是一直等待時機，必須時機成熟了才可以開始出來講授「此經」妙義。

所以，在我們出來弘法之前，實際上台灣都只是表相佛法，現在大陸都還是如此。而那些表相佛法能夠講得通《法華經》嗎？絕對講不通！因爲以

前台灣也只有極少數幾位法師認同八識論，就是慈航法師那一派人，但是他們都無法應付六識論的印順法師，結果台灣佛教就被印順法師的六識邪論蠶食鯨吞。到最後那些大山頭全面跟進印順的六識論，台灣就全面淪陷在表相佛法中了。以六識論來修學佛法是學不成的，那些人在三乘菩提中，連聲聞菩提都無法實證，不管他們如何宣稱他們已經實證了，其實仍然沒有實證，只是拿著乾土當作是水，所以那一些人一定不會信受《法華經》的。

你們去看看印順派「人間佛教」那一些法師、居士們，誰願意講解《法華經》？都不願意講。一直到我們開講了《法華經》以後，才有人開始願意講，也只是講一些古人所作的科判而已。很多經典都是這樣，等我們開講了以後，人家才開始願意講。以前有人講《法華經》是用演講的方式，那位北台灣的大法師，只用兩個晚上就講完了，那能叫作講解《法華經》嗎？那其實只是把古人對《法華經》的科判，拿來依文解義一番而已。所以說那一些人其實都不曾聞《法華經》，因爲《法華經》就是在對佛子們開、示、悟、入諸佛之知見，而諸佛的知見就是如來藏妙法，這才是「此經」、才是《法華經》，而他們都不講、不信、不解。

因此，佛說這些人其實都還只看見乾土，不管他們如何努力修學佛法，都還是只看見乾土。佛陀就特別交代說：「不聞《法華經》，去佛智甚遠。」因為《法華經》開、示、悟、入的，就是 佛陀所知、所見的如來藏妙法。若是不能夠聽聞這個如來藏妙法的人，就是不聞《法華經》的人，他們當然更不會相信《法華經》所說的十方三世的佛教。所以，這些人距離 佛陀的智慧，距離佛菩提的智慧，還是相距很遠的。

如果有人願意聽聞《法華經》這麼深妙的經典，這種願意聽聞的人，一定可以「決了聲聞法」。這個「決了聲聞法」有二個涵意，第一個涵意就是說：能藉此深妙經典反過來瞭解到聲聞法的內涵是什麼，就是蘊處界的無常、苦、空、無我，可以出離三界生死，這是第一個層面。第二個層面，就是瞭解聲聞的解脫道，究竟的果位只是阿羅漢，與佛菩提的實證並沒有直接的關聯；因為成為三明六通大解脫阿羅漢以後，仍然沒有實證佛菩提，只是具備了將來實證佛菩提時的不退轉功能而已；所以他若證得「此經」時，智慧遠勝過阿羅漢，就可以藉「此經」來「決了聲聞法」，可以確實印證聲聞道不是佛菩提道，不能使人成佛，這是第二個層面的「決了聲聞法」。所以，

能夠聽聞如實演說的《法華經》，並且可以信受的話，這個人未來一定可以實證「此經」，便能「決了聲聞法」，再也不會把識陰全部或者識陰中的局部—例如細意識—認作常住不壞的所謂眞如佛性，也不會再去把阿羅漢的果證當作是佛地的果證，所以 佛陀才會說「若聞是深經，決了聲聞法」，我就是一個現成的例子，從來沒有跟誰學過解脫道，我是親證「此經」之後自通解脫道而寫了《阿含正義》，教導大眾怎樣實證阿羅漢果，不是嗎？

「是諸經之王，聞已諦思惟，當知此人等，近於佛智慧。」接著重新再強調一遍說，這部《法華經》是諸經之王，因爲所有的大小乘經典中，講的不外乎二乘菩提的實證，或者大乘菩提的實證，但是沒有函蓋到十方三世的佛教。例如大乘第三轉法輪的唯識方廣諸經，講的是大乘菩提的實證以及它的次第內涵，都是純粹於法而言，並沒有談到整體的十方三世的三界佛教，而這一部經全部函蓋了。並且特地指出來其實沒有二乘，也沒有三乘可說，所謂三乘不過是把唯一佛乘方便分析出來，是爲了急求解脫生死的有緣人證得解脫道，只是爲了利樂他們而作的方便施設；所以只有唯一佛乘，沒有二乘，沒有三乘可說。

那麼這樣子演說以後，把整體的十方三世佛教加以演述，讓大家心量放大，不會再侷限於這個小小的、從諸佛世界來看，幾乎看不見的一個小地球中。那麼從此以後，不管聽誰說成佛之道是三大阿僧祇劫，心中也不再罣礙了，就只是努力去修、眞實去證，再努力去行，因爲十方三世的佛教是如此深奧廣大無邊無際，怎麼可能期待一世、二世就把它完成？例如你們男眾當過兵，如果今天才剛入伍，頭髮剛剃了，軍裝剛剛穿起來，床鋪都還沒有睡得熟悉，就在想著：「我什麼時候退伍？」那麼未來這二年（以前特種兵要當三年，在更早時期普通兵也要當三年），那段日子要怎麼過呢？今天剛入伍，就在想什麼時候退伍，一定沒辦法過日子。所以今天才剛開悟了，不要想說：「我什麼時候成佛？」因爲你如果現在就這樣想，心裡面會非常鬱悶難解，你沒辦法過日子了，還行什麼菩薩道呢？所以不必去管那一些。

從《法華經》，你去瞭解整個佛菩提道的內涵以及時程，和十方三界諸佛的境界之後，你會想：「我只要按部就班去走便是。反正我明心了，那些有菩薩性的人，才剛證得聲聞果而沒有明心，佛陀都爲他們授記成佛了；何況我已經明心了，急什麼？」那就一步一步按部就班去修學，等到臨命終的

時候，跟大家快快樂樂 say goodbye，說來世再見，就又投胎去繼續下一世的道業；就這樣子去修，不再有罣礙了，再也不探討「我什麼時候成佛」的事了。因此，能夠聽聞到《法華經》的內涵之後，詳細去加以思惟，並且是正確的思惟；佛說的也是「聞已『諦』思惟」，諦就是正確的、如實地思惟，而不是胡思亂想地思惟；若是不知道的人，自己亂想一通就當作是正確的，那就不行。所以只要是能夠「諦思惟」，大家應當知道這個人已經靠近佛菩提道，不久就會開悟了。所以，你們聽《法華經》這麼久了，聽到這一句話，就知道自己已經靠近開悟的時節了；也就是說，將來不悟也難，開悟佛菩提只是遲早的事情。你對《法華經》已經聽到這裡了，聽這麼久了，而且你顯然會把它聽完，怎麼可能將來不開悟的呢？所以，開悟只是快與慢的差別，沒有不悟的人，因爲 佛陀已經跟你授記會悟了：「當知此人等，近於佛智慧。」近就是即將開悟了。

「若人說此經，應入如來室，著於如來衣，而坐如來座，處眾無所畏，廣爲分別說；大慈悲爲室，柔和忍辱衣，諸法空爲座，處此爲說法。」接著就不是講聽經的人，而是說講經的人：「如果有人演述此經，應進入如來室，

穿著如來所著之衣，坐上如來的寶座。」如果有人要演述此經，應該進入如來室，也就是說這個人已經願意生生世世都不離苦難的眾生，才能夠說他眞是「入如來室」。有一句話說「諸佛如來從大悲中生」，所以大悲心就是如來室；如來出生的那個房間就是大悲，所以能夠對眾生有大悲之心，願意一世又一世永遠不離苦難的眾生，不求自己的安樂，這叫作「入如來室」。

當然有的人會想：「我明心了以後，這一世就什麼事都不必作了，我就可以快快樂樂過日子了。」認爲可以從此過著幸福快樂的日子，這是南部那位大法師講的。可是我說，這樣的人就不是「入如來室」了；如果要過幸福快樂的日子，我還不會嗎？我比他更會啊！我可是法樂無窮呢！我自己一個人躲在山裡面過我快樂的日子，怎麼不行？誰也管不著我。但問題是，這樣還能叫作菩薩嗎？眼看著眾生都被誤導了，而竟然可以狠下心來不理會？眼看著好多人被大法師牽著去同犯大妄語業，捨報後是要下地獄的，而你竟然可以忍心不理，那你還叫作菩薩嗎？所以你若是要當菩薩，一定首先要「入如來室」。因爲，你來當菩薩的目的是要成佛啊！可是諸佛從大悲中生，而你沒有大悲心，將來怎麼可能成佛呢？所以，第一個部分是「應入如來室」。

然而「入如來室」，要爲人解說此經，不容易欸！因爲你解說此經就是要以如來藏爲依歸，然後依如來藏解釋這一部經的眞實義。可是爲人演說如來藏，若是在末法之時，是常常會被輕賤的，會被人家嘲笑辱罵說你是邪魔外道，這都是正常的。《金剛經》不也這麼講嗎：如果有人受持《金剛經》被人輕賤，這個人的先世罪業全都會因此而滅盡。顯然受持如來藏法而被輕賤是正常的，但是我們都別管會不會被人輕賤的事，因爲被人輕賤有好處——是人先世罪業全部都消滅了，所以被輕賤反而是好事。因此演述《法華經》這種難知難解難信的經典時，你固然是很誠懇地願意爲人演述，卻一定會有人罵你。

當人家辱罵你的時候，你得要心地柔和，不要跟對方計較，這就是佛說的「柔和忍辱衣」；穿起了柔和忍辱衣的時候，才叫作「著於如來衣」。好在我選這個時機講《法華經》，應該不會被罵；最多是有時候遇到一、二個人退席，只是會這樣，絕對不會被罵。因爲現在佛教界不太有人敢來招惹我們，他們都知道招惹了我們沒有好處，一定會被我們寫書評論，而他們都知道自己根本無法寫文章回應。至於密宗喇嘛教的小嘍囉們在網路上亂放話，

都匿名、化名，除非弄得太嚴重，就不管他。這就好比你正在享受美食時，那一盤菜旁邊來了一隻螞蟻停在那邊罵你，你會想要回應嗎？所以我現在講這部《法華經》，諸方大師沒有人敢罵的，我也就不需要有什麼回應。

因此說，我的「如來衣」，這時候穿與不穿已經不是很重要了，但是「坐如來座」就一定要；必須要有「一切法空」而了知空性與空相的智慧，既有空如來藏的智慧，又有不空如來藏的智慧，然後來演述一切法皆空，這樣就是「坐如來座」，就是坐在如來的法中來演述「此經」妙法蓮華。因爲眞正坐到如來的法座上時，表示你已經有實證如來法了，你當然可以爲眾生如實演述「此經」；這樣來演述《妙法蓮華經》就不會離譜，一定都在 佛預先寫好的譜裡面去演奏，就不會有問題。

那麼當你有了這三個條件，你處眾說法時就沒有可以讓你畏懼的事了，所以說你是「處眾無所畏」，當然就可以「廣爲分別說」。否則的話，單有「入如來室」與「著於如來衣」，但是沒有「坐如來座」，這時腳跟浮逼逼地，演述《法華經》的時候心虛，說起法來就有所畏懼，不太敢說法，因爲沒有把握說「我這樣講出去究竟對或者不對」？既然心中有所畏懼，就不敢「廣爲

分別說」；不敢把《法華經》中的眞實義加以廣說，就只好幾句話便帶過去。如果講《法華經》時，每一段每一句都是一、二句就帶過去，就像印順法師註解《勝鬘經》那樣，其實等於是在語譯而不是講經。語譯，只是把它口語化，那不能叫作演述。所以能夠具足這三個條件，這個人可以「處眾無所畏，廣爲分別說」，那麼這個人一定是以「大慈悲」作爲他的「如來室」，就能住於「如來室」中，穿著「柔和忍辱衣」——「著於如來衣」，然後以「諸法空爲座」，坐在如來一切法皆「空」的法座上面，來爲大眾演說此經。接著佛陀又怎麼說呢：

經文：【若說此經時，有人惡口罵，加刀杖瓦石，念佛故應忍。
我千萬億土，現淨堅固身；於無量億劫，爲眾生說法。
若我滅度後，能說此經者；我遣化四眾，比丘比丘尼，
及清信士女，供養於法師；引導諸眾生，集之令聽法。
若人欲加惡，刀杖及瓦石；則遣變化人，爲之作衛護。
若說法之人，獨在空閑處；寂寞無人聲，讀誦此經典；

我爾時爲現，清淨光明身；若忘失章句，爲說令通利。
若人具是德，或爲四眾說；空處讀誦經，皆得見我身。
若人在空閑，我遣天龍王；夜叉鬼神等，爲作聽法眾。
是人樂說法，分別無罣礙；諸佛護念故，能令大眾喜。
若親近法師，速得菩薩道；隨順是師學，得見恒沙佛。

語譯：這後半段的重頌中，佛陀這麼開示：

【如果演說這一部《妙法蓮華經》時，有人出來惡口辱罵，甚至於再加上刀杖、瓦石來傷害說法的法師，這時法師心中憶念著釋迦如來吩咐的緣故，應該要安忍。

我釋迦牟尼佛在千萬億佛土，示現清淨的堅固身；於無量億劫的度眾過程之中，爲眾生演說佛菩提妙法。

如果我釋迦牟尼滅度以後，能夠爲人演說這一部經典的人；我會派遣化現的四眾，比丘、比丘尼，以及清信士、清信女，來供養這位演說《法華經》的法師；並且引導許多的眾生，聚集過來聽聞他說法。

如果有人想要以惡心惡行，用刀杖和瓦石來傷害說法的法師；我就派遣

變化人，來爲這位法師作衛兵而守護他。

如果平常有在爲人說法的人，是獨自一個人處在空閑的地方；或者在寂寞沒有人聲的地方，來閱讀或課誦這部《法華經》；那麼，我在這時會爲他示現清淨光明的法身；如果他忘失了此經的章句，我會爲他演說讓他可以通利。

如果有人具足了這樣的德行，或者爲四眾來演說《法華經》；乃至於在空閑之處來讀誦《法華經》，我都會讓他看見我的法身。

如果有人在空閒處而演述《法華經》，我就派遣天上的龍王；以及夜叉、鬼神等等，來爲他作爲聽法之眾。

這樣的人樂於爲人說法，而且能爲人詳細分別《妙法蓮華經》而心中沒有罣礙；由於有諸佛來護念他的緣故，他就能夠令大眾歡喜信受。

如果有人親近這樣的說法之師，可以快速證得菩薩道；隨順這樣的說法之師來修學佛法，就可以看見恆河沙數諸佛。】

講義：「若說此經時，有人惡口罵，加刀杖瓦石，念佛故應忍。」這就是說，如實演述《妙法蓮華經》的人，在末法之世很容易被人家辱罵。在正

覺同修會廣弘大乘法以前，人家演講大乘經典時都會被罵。譬如以前有人宣講淨土經典《小彌陀經》、《大彌陀經》，或者講《觀經》，幾乎都會被那些六識論的應成派中觀法師們私底下辱罵，說那叫作迷信；所以淨土宗的人很氣那些推廣「人間佛教」的人，這二個宗派的學人幾乎勢不兩立。可是現在有人很奇怪，見了面就說「感恩」，但她們都不相信有極樂世界，不相信有彌陀世尊存在，可是她們偏偏都喜歡去爲人家助唸，都唸「阿彌陀佛」聖號；她們這是什麼想法、什麼心態？還眞令人弄不懂。後來，我有一天突然一念想通了：「喔！原來她就是爲了招募徒眾，要繼續擴大信徒基礎，以這種方式來拉攏喪家親近她們，成爲她們的信徒。」因爲所有人一遇到家中的尊長往生時，那叫作六神無主，因爲以前沒有經驗過死了老父、老母該怎麼辦喪事。

古時都有很多長輩會來幫忙，知道該怎麼辦；但現在工業社會，大多沒住在一起，沒有長輩可以指導；所以現代有誰在老父死去時知道該怎麼辦的？難道他以前就體驗過死去老父嗎？都沒有嘛！老父只有死一次啊！家裡的老母親也是只會死一次，所以當堂上的老人家第一位死了，沒有經驗，

不知道該怎麼辦；如果這時一大群人來助唸了，那麼喪家心中就覺得很安慰，就會心向著她們。家屬都不捨於親人的辭世，所以心中很痛苦時，一大群穿著藍制服的人就趕快來抱著家屬撫慰說：「哎呀！你別再心痛了，要節哀啊。」家屬心裡便覺得有一種慰藉。然後她們還可以幫家屬介紹作後事的業者，心中當然非常感激；而且家屬也不懂佛法，更不知道來助唸的她們一群人根本不信有 阿彌陀佛；所以她們信不信極樂世界 阿彌陀佛，其實也就無所謂了。因爲那些世俗人不會想到這一點，他們也不知道哪一些人是不信阿彌陀佛的。然而不信而要爲人家助唸「阿彌陀佛」聖號，這目的不就是想要招募更多的信眾，擴大信眾基礎嗎？說穿了就是這樣。那麼那一些人連淨土三經都不信，而淨土三經並沒有像《法華經》講這麼多，才只有講西方極樂世界的事，她們就已經不信了。如果像《法華經》一樣講述十方世界的諸佛，而且很多都還是色界境界的諸佛淨土，你說她們信不信呢？當然更無法相信了。

最近聽說後山那位聞名的比丘尼要講《法華經》，可是我預先想到一個問題：她要怎麼應付質問？人家會問：「師父啊！印順師公說沒有西方極樂

世界，佛法就只有人間才有，妳現在講《法華經》，裡面說十方虛空有那麼多的佛世界，不是只有西方極樂世界而已，那我們到底要信哪一種說法？」是要信《法華經》的說法呢？還是要信印順的說法呢？那時她究竟要怎麼回答呢？我可就不知道了。而我也不必知道，因爲這是她要面對的問題，不是我需要面對的。也許她《法華經》講到一半就把韁繩拉回來，那匹馬轉頭就回來往正法又回歸了，這也不一定啦！也許《法華經》可以救了她也不一定。

但是她願意講解此經，我都認同支持，絕對支持，縱使依文解義都勝過不信的印順法師。因爲這會讓她心裡面有一個省思：「到底我以前認同釋印順的『人間佛教』是對還是錯？」因爲她既然信了《法華經》，這一定會在她心裡面產生一個變化，除非她笨到連這樣一點點的聯想都不會出現。如果有那個變化，卻是好的，我們是應該認同、應該加以支持的。所以她如果講《法華經》的時候，有人惡口罵，她應該要憶念 釋迦牟尼佛；縱使她依舊不信 阿彌陀佛也沒關係，先信受 釋迦牟尼佛就行。然後「念佛故應忍」，只要她能忍得下來，她就會改變。如果十年不足以改變，二十年讓她改變。因爲她不是很老，她可以活很久，沒問題，終究會有改變的機會，因爲佛

陀是這麼交代的。怕的是她自認爲成佛了——自認爲是「宇宙大覺者」，也允許信眾公開用她的雕像，在每年的浴佛法會中浴佛，看來她可能連釋迦牟尼佛都已不信了。

「我千萬億土，現淨堅固身；於無量億劫，爲眾生說法。」那麼世尊在此土入滅之後，當然還會繼續化現到別的星球去度眾生，因爲往世所度得很多的弟子散居在娑婆世界各個星球之中，得要以應身一一去示現八相成道而度眾生，所以在千萬億土中要去度眾生。可是話說回來，在往昔因地三大阿僧祇劫之中，何嘗不是千萬億土去示現祂的清淨堅固身呢？都是一樣的啊！因爲菩薩道不是一世五世、一劫五劫就可以完成的。三大無量數劫之中必須要一世又一世流轉於有緣的十方三界中去接觸眾生，與眾生同事、利行，才能夠攝受眾生。所以特地要用無量世去當某一些人的子女，當某一些人的兄弟姊妹，或是去當某一些人的父母，就這樣跟眾生不斷地結緣。只要受生一次就會跟很多人結緣，至少有兩位父母，如果有祖父母就會有四個人；而娘家那一邊又會再加上兩位祖父母，然後你總是會有兄弟姊妹，又多了幾個人。

像現在台灣人不敢生孩子的現象，古來是不多的，是因為現在台灣人養孩子很困難。如果有孩子三五個人，而孩子將來總會再有孫子，然後父母那邊總還會有叔叔、伯伯、舅舅、姨媽，那就會結下很多有血緣的親人因緣；然後總會有左鄰右舍的朋友，上了學一直到進入社會所結的眾生緣是很多的。那麼一世又一世這樣累積下來就有很多眾生緣了。你無量劫以來跟眾生結了很多緣，開始學佛之後，這些人跟你有緣，你就應該度他們。既然要度這一些人，而且成佛的時程很遙遠，要三大阿僧祇劫，當然在這樣成佛之前的因地之中，一定是在「千萬億土」之中，「現淨堅固身」。總不能夠說三大阿僧祇劫行菩薩道的過程中，每一世都跟人家拆爛污、當惡人，不可能嘛！當然是「現淨堅固身」，然後就一世又一世自度度他，於無量劫為眾生說法，這本來就是菩薩道的常事，是很正常的事情。請問諸位：你們往世修行或不修行的過程中，曾不曾顯現清淨的堅固身呢？所以說：「『我』千萬億土，現淨堅固身；」因為你們每一個人在往昔每一世，都會有眞實的「我」為你們顯現出堅固的不可壞身，就是第八識眞如心；而你們每一世的清淨堅固身，都不斷地為眾生說法呢！聽懂了嗎？

世尊交代說：「若我滅度後，能說此經者；我遣化四眾，比丘比丘尼，及清信士女，供養於法師；引導諸眾生，集之令聽法。」這就是說，雖然佛陀滅度之後，並不是灰飛煙滅，只是轉到另一個星球去利樂眾生而已，並且也還有化身可以在此地球上繼續利樂眾生。所以，如果有人能夠演述這一部《法華經》，結果竟然沒有人要聽；那沒有關係，世尊就派遣化現的四眾，也就是比丘、比丘尼、清信士、清信女，來供養這位說法之師。並且引導諸眾生，把有緣而可以聽聞此經的眾生，聚集起來聽聞這個法師來說法。所以只要有人願意說《法華經》，不怕沒有人聽，一定會有人來聽，因為有很多人修學佛菩提道，其實不是只有這一世才聽聞《法華經》，一定是很多劫以來就聽過了，或者曾聽三、五佛講述過，或者聽過百佛、千佛講《法華經》，所以一定會有有緣者存在。有人要講「此經」時，雖然他沒有什麼名氣，佛陀也可以派遣化四眾，聚集這些聽法人來聽。所以這個是無庸置疑的，只要有人願意講《法華經》，一定會有人聽，只是人眾多寡的差別而已。

「若人欲加惡，刀杖及瓦石；則遣變化人，為之作衛護。」如果有人想要加惡於演說《法華經》的說法之師，譬如以刀杖、瓦石，來打法師、來砍

法師、來刺法師；可是講《法華經》的人不會遭受這種情事，因爲 佛陀會派遣變化人，好像衛兵一樣來守護他。所以講《法華經》時一定是很順利的，即使只是把《法華經》的科判拿來講一講，也不會有人來破壞他。由此可見《法華經》的重要性，因爲它是佛法的集大成，把整個佛法用《法華經》收攝成爲一個圓滿的佛教，使得佛教成爲一個整體的、圓滿的教法。這是因爲所有的經典，沒有像《法華經》這樣把整個佛教與佛法收攝圓滿於一個法中，就只有這一部經典，所以才說它是經王。

因此，如果要說三期佛法（三期佛法就是初轉法輪的阿含部解脫道、二轉法輪的實相般若佛菩提道、三轉法輪的方廣唯識佛菩提道一切種智，這就是三期佛法），這三期佛法要怎麼樣收攝圓滿呢？收攝圓滿有人簡稱爲「收圓」；這個收圓就是把一切法全部匯歸到唯一佛乘來，全部匯歸於眞如佛性中來。唯一佛乘裡面則顯示十方三界佛教的現況，也顯示十方三世的佛教相貌，這樣才能夠收攝圓滿。不可能只講一小部分，就說佛法已經收攝圓滿了；眞的不可以啊！要把三乘菩提全都收攝到這一法來，然後顯示出整體佛教，而不是殘缺的、缺漏的佛教，這樣才叫作收圓。

《法華經》既然是把整體佛教收攝圓滿的經典，顯然這是很重要的經典。由於這個緣故，它是這麼重要，因此 佛陀特別說明：「若說法之人，獨在空閑處；寂寞無人聲，讀誦此經典；我爾時爲現，清淨光明身；若忘失章句，爲說令通利。」就是說這個說法的人，如果獨自在空閑之處；寂寞而沒有人，連聽到別人作事或說話的聲音都沒有，但他依舊願意恭敬地、深刻地、誠信地讀誦這一部經典，釋迦如來一定會爲他顯現「清淨光明身」。

有很多人不相信，那一些「人間佛教」的信徒們，也許有人才只讀了這幾句經文，就請了《法華經》去山上讀誦，然後下山就說：「我去到山上閱讀時都沒有看到誰來聽聞，我再課誦起來，也沒有看見如來顯現清淨法身。」這都要怪他自己，因爲他否定了如來的清淨光明法身，還想要看得見？能看見才怪！他們是六識論者，否定了自心如來第八識清淨光明法身，還想要看見？釋迦如來又怎麼可能幫他看見？然而，你們所有已經明心的人都可以爲我證實：當你跑到山頂上去，迴無人跡，而你在那裡讀誦《法華經》，如來清淨法身絕對會顯現的，就顯現在你自己身上，讓你親自看見。這是如實語啊！只是太深了，太難理解而已。

如果有人誦念《法華經》或者爲人解說《法華經》時，忘失了「此經」的章句，也就是忘失了此經的某一部分，釋迦如來「爲說令通利」，隨即會給他一個念頭而加持他，讓他知道趕快回歸如來藏，從另一方面來說也就通了。否則他講來講去，自己都覺得不通；可是當他回歸到如來藏的現觀而講解「此經」時就通了。這時他就不再「忘失章句」了，這時回歸如來藏而演講「此經」，在理上、事上該如何演說，他自己就能通了。

所以如來作了這麼一個指示：「若人具是德，或爲四眾說；空處讀誦經，皆得見『我』身。」如果有人具足了這種德行，或者爲佛門四眾演說此經；乃至於只是一個人在空閒處讀誦此經，都可以看見如來的清淨法身。因爲他信受「此經」，也就是信受第八識如來藏；當他信受如來藏的時候，就不會「忘失句逗」，因此他遲早會看見「此經」——遲早都會看見自心如來——「我」—這個清淨法身。

「若人在空閑，我遣天龍王；夜叉鬼神等，爲作聽法眾。」如果有的人實證而瞭解此經的眞實義涵，當他在空閒處願意演述「此經」，釋迦如來會派遣天龍八部等有情來作聽法眾，一樣有人聽；只是那些有情不叫作人類，

天龍八部都不是人類。所以他在空閒處，對著虛空演述《法華經》的時候，不要怪說怎麼沒有人來聽？因爲他看不見。既是天龍八部，他沒天眼又怎麼看得見？可是天龍八部正在聽著，他還得要恭敬地繼續演說下去。

那麼，接著就是在人間最重要的了，所以　佛說：「是人樂說法，分別無罣礙；諸佛護念故，能令大眾喜。若親近法師，速得菩薩道；隨順是師學，得見恒沙佛。」這是說，如果有一個人是樂於當說法之師，願意爲人家詳細演述《妙法蓮華經》而心中並無罣礙，是因爲他通達於此經的祕密意，所以心中沒有罣礙；那麼諸佛將會護念他，就因爲他被諸佛所護念了，所以聽聞「此經」的大眾都會心生歡喜。那麼心生歡喜對自己是好的，因爲接著就會繼續親近這位說法之師了。這一品講的是〈法師品〉，講的就是身爲演說「此經」的人，就是爲人家演述《法華經》的說法之師，應該有些什麼條件，才能爲人好好演說《法華經》——第八識妙眞如心。當大眾在心中聽到很歡喜了，願意親近這位說法之師，當然就會不斷修學可以實證的佛菩提道了，不久之後也會跟著「法師」有所實證，不再只是懂得表相的佛菩提了，所以這樣的人一定會很快證得菩薩道。

證得菩薩道是要怎麼證？要先從布施度開始實證，然後是持戒度，然後是忍辱、精進，接著是靜慮，懂得靜慮之後，一念相應時般若就通了，就是實證了。實證般若時就圓滿六住位的功德，若是不退失的話，就是進入第七住位常住不退，就是「速得菩薩道」。好多人進了正覺同修會中，就這麼一世從初住位進入第七住位；也有人進入十住，也有很多人到了初行、三行、四行位不等，就一步一步這樣子前進，所以 佛說「若親近法師，速得菩薩道」，這是無庸置疑的，眞是如實說。

如果你能夠隨順這樣的說法之師，親近這樣的師父來修學，一定可以看見恆河沙數諸佛。也許這時有人在想：「老師啊！我明心了，可是我還沒有看見恆沙數諸佛。」那是因爲你不願意看或是不懂得看而已，單說你坐在正覺講堂裡面，你周遭不都是佛嗎？什麼佛？法身佛啊！好多好多的法身佛啊！現前看見的就有這麼多。要不然你如果發雄猛心，我還教你一個方法，你就把這個手指尖剁下來，顯微鏡拿來一看，有沒有十方諸佛？好多好多佛。不然，不用這麼殘忍，你就吐一口痰放在玻璃片上，拿到顯微鏡下，你再去看，也有很多佛啊！怎麼沒有？只是那些佛叫作細菌佛，全都是未來佛。

佛有好多，怎麼會沒有？一出門就是佛，到處是佛。單單是人類，你如果願意看，你把地球跑遍，現在聽說快七十億人了，叫作人口爆炸。你如果地上抓起一把半潮的泥土來，裡面也有很多佛，怎麼會沒有？在你自己身中就有很多佛跟你共住，怎麼說看不見恆沙佛呢？單單地球上，就有數不完的佛了，因爲諸佛以什麼爲體？以如來藏爲體，而每一個有情都有第八識如來藏。你可以從一切有情身上看見如來藏，螞蟻小蟲無量無數，那你不就是「得見恒沙佛」了嗎？對啊！所以如果隨順於這樣的說法之師，跟著這樣的法師修學，一定「速得菩薩道」；一旦跟隨這樣的法師修學，獲得菩薩道了，實證菩薩道了，你就看見恆沙諸佛了。

這部經典從來沒有騙過人，從來都不是神話，只是讀的人讀不懂，而他們讀不懂的原因是由於沒有實證般若，或者實證後還沒有通達；或者因爲他們否定了法身佛第八識「如來」，他們認定的佛只是在人間示現有五蘊的應身佛。當應身佛入滅後，他們就說佛已經過去了，不存在了。那些主張「人間佛教」的六識論者，正是如此的看法，所以他們對這一部經典自然讀不懂，就自以爲是而說：「那都是神話，只是安慰大眾的方便說，只是方便善巧鼓

舞大家發起菩薩性。」他們就這樣解釋。其實不然，因爲眞正的見佛是見法身佛，不是見應身佛。應身佛在人間示現跟人類一樣是無常之身，但是應身佛在人間示現的目的，是要讓大家證得法身佛。證得法身佛的時候，看見一切有情都有如來藏法身，那就是「得見恒沙佛」。

不但這部《法華經》如是說，其他的經典裡面也有這麼說；例如般舟三昧的實修，無量劫前的大精進菩薩終於出家以後，帶著一幅佛的畫像出家，一個人在樹林中觀行時，他怎麼念佛呢？他面對著佛像端詳著，就說：那佛像無覺無知，如來亦復如是無覺無知；那張佛像離見聞覺知，一切諸法亦復如是離見聞覺知；那張佛的畫像非出息、非入息，如來與一切諸法亦復如是非出息、非入息。然後他就證悟了，就從這個觀像的方法中悟入法身佛了。

（編案：《大寶積經》卷八十九：「時大精進作如是念：『我今云何觀此畫像與如來等？』復作是念：『如來像者非覺非知，一切諸法亦復如是非覺非知。……如此畫像，非見非聞非嗅非嚐非觸非知，非出息非入息，一切諸法亦復如是無有知者。』」）

可是一行三昧就不一樣，靠什麼方法來修呢？是以持唸佛名，單單用佛號去唸佛而修行。只要面對所唸的那一尊佛的方向，如果你唸 阿彌陀佛，

就面向西方；唸 藥師佛，就面向東方；如果你唸 釋迦牟尼佛也行，應該面向靈鷲山。你就持唸佛號，那時得要端身正意坐下來持唸佛號；持唸到後來，於一念之中可以看見過去、現在、未來一切諸佛。就是證得一行三昧。請問：看見三世一切諸佛，是見法身還是見應身？當然是見法身，因爲三世諸佛就包括過去世、現在世、未來世諸佛；未來世諸佛還沒有成佛，那麼經中說的看見諸佛是看見什麼佛？當然是見法身佛。但人家只是唸佛號，坐下來「阿彌陀佛、阿彌陀佛、阿彌陀佛」一直唸，也唸到見佛了，大眾既然都修學「此經」，爲什麼不能見佛？當然可以見！所見的佛當然是法身佛，不是應身佛。

可是話說回來，好多人號稱在修學般舟三昧、一行三昧，問題來了，有的人面向東方，有的人面向靈鷲山，有的人面向西方，不斷地唸佛，好努力在唸佛，有的人甚至乾脆跑到山上搭個茅棚，每天就這樣開口唸佛，結果唸了十幾年還是見不到佛，然後就怪起來：「**哎呀！佛經這個說法不如實，這可能是後人編造的。**」其實是他自己有問題。問題出在哪裡？出在他沒有把一行三昧全部修學，他是把前半段砍掉，只要後半段就想修學成功。就好像有人想要證得菩薩道，得要從初住位開始修；當他十信位圓滿時，不能一開

始就想要修初地的法，得要從初住位開始廣修布施行。他連初住、二住、三住、四住、五住、六住位的法都不修，就想要直接修學無生法忍進入初地去；好像蓋樓房不打地基，也不蓋一樓就想要蓋三樓。

現在的人學般舟三昧、一行三昧時就是這樣，總是砍掉前半部的修學內容，直接修後半部的內容。他們想：「那些太麻煩了，我不要，我只要後半部。」前半部是什麼？世尊特別交代要先修集福德等，把福德修集好了以後，最重要的一點是「當先聞般若波羅蜜多，如說修學」。也就是說，他想要修練一行三昧之前，除了修集福德、發起菩薩性等等以外，眞正付諸於實行時要口唸佛號，然而實修一行三昧之前應當要先修學智慧到彼岸的深妙法，還得「如說修學」，不能跟錯大師、學錯了六識論邪法。那麼智慧到彼岸就是般若波羅蜜多，講的是什麼呢？是如來藏妙法，就是自心如來眞我。關於如來藏妙法的部分，他都要修學，他如果不修學，一行三昧沒辦法修成，因爲他沒有般若波羅蜜多的基礎。

就算他每天唸佛十八個小時，只睡六個小時，都不吃飯也不喝水，一直努力唸也沒有用，唸到口乾、舌頭生繭也沒有用；因爲他應該先學的沒學，

應該先修的還沒有修。而且他心裡面一心想的是要見應身佛或者要見化身佛，可是 世尊要他見的是法身佛；法身佛無形無相，他想要見的卻是應身佛、化身佛，是有形有相的，根本不一樣。他不想見法身佛：「**法身佛據說是第八識如來藏，我不相信有那個東西。**」然後他又想要見佛。佛陀應許實修一行三昧的人，是讓他見法身佛，不是應許讓他看見化身佛，但他偏要見化身佛，不肯依止聖教。人家沒有承諾他的，他硬是想要，那你說他如何能見佛呢？

所以修學佛法的人，最怕的就是半調子，或者只是掐頭去尾盲修瞎練，那他所得到的當然就不是眞實佛法。然而眞正能夠演述《法華經》的「**法師**」，一定是實證法身佛的人；實證了法身佛以後，他就會漸漸通達《法華經》的整體內涵，然後才可以幫助人家實證「此經」。隨順於這樣的法師修學的人，一定可以實證自己的法身佛；同樣的道理，他就可以看見一切有情的法身佛，當然是「**得見恆沙佛**」。這個道理不是只有經中說，也是我們正覺同修會裡面許多人已經實證的境界。由此證明，《法華經》是 佛陀所說，絕對沒有絲毫可以懷疑之處。

《妙法蓮華經》

〈見寶塔品〉第十一

經文：【爾時佛前有七寶塔，高五百由旬，縱廣二百五十由旬，從地踊出住在空中，種種寶物而莊校之；五千欄楯，龕室千萬；無數幢幡以為嚴飾，垂寶瓔珞、寶鈴萬億而懸其上。四面皆出多摩羅跋栴檀之香，充遍世界。其諸幡蓋，以金、銀、琉璃、車磲、馬瑙、眞珠、玫瑰七寶合成，高至四天王宮。三十三天雨天曼陀羅華，供養寶塔。餘諸天、龍、夜叉、乾闥婆、阿修羅、迦樓羅、緊那羅、摩睺羅伽、人非人等，千萬億衆，以一切華、香、瓔珞、幡蓋、伎樂，供養寶塔，恭敬、尊重、讚歎。爾時寶塔中出大音聲歎言：「善哉！善哉！釋迦牟尼世尊！能以平等大慧，教菩薩法、佛所護念《妙法華經》，為大衆說。如是！如是！釋迦牟尼世尊！如所說者，皆是眞實。」】

講義：接著是《法華經》的〈見寶塔品〉。先來解釋品名〈見寶塔品〉，然後再語譯及講義。〈見寶塔品〉顧名思義就是說，這一品經文所說的內容是看見了寶塔的出現，而這個七寶塔裡面有　多寶如來。在佛教中，塔是很常讀到的一個名詞，在佛教道場中也常常看見有建造寶塔。那麼建塔是為什麼緣故？這寶塔有時候翻譯作「偷婆」，剛學佛不懂的人說婆子為什麼要偷？為什麼叫偷婆？其實它只是音譯。那麼建塔在　世尊出現於人間之後，總括而言就是有四個因緣，第一個就是在　世尊的出生處應該要建寶塔，也就是紀念　世尊出生在人間的處所，那個處所是　世尊在人間初次示現，這是最重要的地方，表示佛教的三乘菩提正法正式降臨在人間了，所以在　世尊出生的處所應該要建立寶塔，這是建塔的第一個地方。

紀念　世尊的降生而建造寶塔的地方，在印度現在叫作藍毘尼園，目前應該還留有一個四方形的大水池。但是塔已經傾頹了，只剩下一點點的遺跡，人們想要進去時還得低下身來爬進去瞻仰，不太方便。建塔的地方一定要有水池，而且那個水池其實比寶塔更早存在，這是因為　世尊出生的地方，必須有天龍來注水，一冷一熱，二水交流而下成為溫水，來提供　希達多太

子沐浴之用，所以這個地方一定會有水池來盛水。這地方本來是被泥土掩沒了，後來日本人去考證出來。那個地方，我的印象中好像還有一個阿育王建立的石柱，不曉得現在還在不在。這是 悉達多太子的出生處，是應該要建立寶塔作為紀念。

第二個緣由要建立寶塔來紀念，就是 世尊得道的地方。也就是說，世尊降生在人間特地示現如同凡夫一般，來鼓舞大眾說：人類修行是可以成佛的。使大家見聖思齊願意修行，所以 世尊得道的地方必須要建立寶塔來紀念。這個寶塔在印度，如今還在，叫作 Buddha-gaya，翻譯作菩提伽耶。那裡有一個寶塔現在還在，還很莊嚴。那個寶塔為什麼古時沒有被回教軍隊毀壞？當然有一個故事。是因為菩提伽耶那個正覺寶塔，是在一個類似山坳的低窪地方，那裡本來有一棵菩提樹。但是建塔之後，到了後來好像是十三世紀吧？回教軍隊入侵的時候，他們一定會把它拆掉，就把寺廟建材拆了回去，蓋他們回教的寺廟；後來印度教打贏了回教軍隊，又把回教的寺廟拆回去蓋他印度教的寺廟。所以，你們如果去印度朝禮聖地時，常常會看到回教的寺院中有一些佛教寺院或印度教寺廟的標記，譬如說蓮華等等。後來印度

教寺院也會有回教寺院的一些標記，譬如說三叉戟的符號，或是其他回教的標記。就這樣子，我贏了，就拆了你的廟來蓋我的廟，你廟裡圖騰就來到我的廟中；我輸了，你就拆我的廟去蓋你的廟，我廟裡面的圖騰也就跑到你廟裡的建築物裡面去，就這樣混來混去。

但那個正覺大塔爲什麼始終沒有被拆掉呢？就是因爲那時候佛教徒趕快去挑很多很多的沙來，把那個山谷塡平，把正覺大塔埋在沙子裡面，回教軍隊來了，看這裡沒有東西，他就不破壞了，其實是埋在沙子下面，就這樣保存下來。然後回教軍隊離開了以後，大家再把沙子移走而顯現出來，那已經是印度教興盛時期的事了。印度教爲什麼要把它挖出來？爲什麼要把沙子排除，讓它顯現出來呢？因爲他們認爲原有的佛教埋沒了很可惜，不如把佛教徒們收編來壯大印度教，於是就把「釋迦牟尼佛」收編，說是他們的四大護法神之一了，就這樣子荒唐。凡夫把三界至尊的 佛陀收編爲護法，就是這樣子可笑。但這是題外話，說來讓大家消消食。所以正覺大塔現在還在，如果你們去朝禮聖地時還是看得見，那個正覺大塔就是顯示 佛陀得道、證道的地方。

我在公元一九八九年去朝禮聖地時，那時還沒有破參，還是住在見山不是山的狀態中，不知道在過什麼日子，那時曾經跟隨聖嚴法師去朝禮聖地。他們前一天晚上就先去正覺大塔繞塔，我就是不想去，寧可在飯店中打坐參我的禪。第二天早上他們去了，大家都在那邊閒逛，我就自己在寶塔四周繞了三、五圈，然後在寶塔後面的金剛寶座前，自己坐了下來，又開始坐在那邊端詳：**「到底禪應該是什麼東西？爲何見山不是山這麼久了，老是看話頭也看不出個所以然？」**但是當時依舊用聖嚴法師教的錯誤知見、錯誤方法在參禪，其實也就只是坐在那兒看話頭，看著、看著就入定去了，對外境完全沒有覺知。當時我也不知道過了多久，然後出定，身邊與身後並沒有誰在打坐，因此完全不知道我在那裡入定時，身邊曾經發生過什麼事情，也沒有人肯告知我。

直到回國以後一段很久的時間，他們印製書籤出來，當我看到書籤上的圖片時才知道：我在那邊入定以後，聖嚴法師去坐在我的後面；我是坐在第一個位置，他是坐在我後面大約二公尺遠的地方，然後就有一群徒眾跟著坐在他的後面去。我從現場的走道位置，判斷他是坐在我身後約二公尺遠的地

方。他們有人拍了當時照片，還印成一張書籤，當然不會拍攝我的影像，而是從我身旁往我的後面拍攝聖嚴法師。這只是一個花絮，順便講給諸位瞭解。這似乎是冥冥中已經看得出來，在正覺大塔那裡應該怎麼坐，座位也都在冥冥中預分好了。這就是我這一世跟正覺寶塔、正覺大塔結緣的一個趣事，順便講給諸位聽。這第二個建塔的處所，就是正覺大塔，是 世尊得道之處。

第三個就是第一次轉法輪的地方，在初轉法輪的地方，那就是鹿野苑。所以鹿野苑也是有寶塔的，但是後來已經傾頹了，現在只有舍利弗跟另一位阿羅漢的舍利塔還在。爲什麼要在第一次轉法輪的地方建塔紀念呢？因爲這表示佛陀第一次正式轉法輪，這是最重要的事情。佛陀來人間的目的就是要轉法輪，所以初轉法輪的鹿野苑，是應該要建立寶塔來作爲紀念，這就是建塔的第三個緣。然而大眾現在看見的已經都不是當年的景象，我們以前去的時候，距離現在已經是幾年了？差不多二十一年了，那時是有用水泥蓋起了一個雞園，指出當時養雞的地方，是讓雞群晚上可以歇息而不會淋雨的地方；其實就只是一個涼亭一般，但裡面也沒有什麼桌椅；中國涼亭都是有石

桌石椅的，但那裡面沒有，就只是鋪一些稻草。在那裡面也雕了五尊比丘像在那邊，總共有六尊，連同五比丘就有六尊；世尊的像是正在說法的模樣，但是紀念塔已經沒看見了。

倒是旁邊遠處有一個佛教文物的博物館，可以去瞧一瞧；距離鹿野苑大概一、二公里的地方，並不遠。那時我去到那個博物館裡，看到了一尊石雕的佛像以後，別的我就不看了，只看著那一尊雕像一直端詳；所以裡面還有一些什麼法物，我已經沒有印象，我只記得所看到的那一尊雕像。後來我們買了這間九樓講堂，找佛像的時候找來找去，找了很久沒找到我要的；後來找到這一尊時，我才一看就確定是這一尊，因為雕得跟鹿野苑佛教文物博物館那一尊完全一樣。但是，那一尊看起來就是寂滅相，也就是聲聞相，我們這一尊玉佛在還沒有點眼、還沒有畫眉毛點脣之前，法相是完全一樣的。但因為我們是大乘法，不該有那種聲聞寂滅相，所以我就要求那個繪畫師，依照現在模樣畫起來。你們走遍全世界看不見佛像是這個樣子的，自從畫起來變成大乘的佛像以後，看見時的覺受就跟原來完全不一樣了。這也是因為這尊佛像跟那個博物館有一點關聯，所以順便講給諸位知道；因為這一尊的法

相是依照那一尊的面貌去雕出來的，但是畫上眉毛、點上朱脣以後，你們看起來會覺得完全不像，已經是大乘佛陀的法相了。這是初轉法輪，跟鹿野苑轉法輪的處所有關聯，順便說給諸位。

那麼最後一個應該建塔的地方，就是 佛陀入涅槃的地方；建在示現入滅的地方，表示一切諸法無常，不可依恃；也表示 佛陀在人間化度的因緣，在這個地方已經圓滿了。如果化緣還沒有圓滿是不應該入涅槃的，那麼 世尊既然示現滅度了，表示示現在人間化度的因緣已經圓滿了，這個地方是應該要建塔紀念的，所以雙樹之處有一個建築物，雕刻了最後一夜的入涅槃像來紀念。在印度那邊還有一個地方是當年 世尊入涅槃後荼毘的地方，現在還有一個類似土堆一樣，但也不像土堆，因爲它還是有寶塔的基礎；那個泥建的基礎還是在的，但比較像是泥土堆成的平台。以上說的是建塔的因緣，總共有四個，就是出生、得道、轉法輪和入涅槃。那麼這個〈見寶塔品〉，當然也會說到 多寶如來的寶塔是什麼時候會看見。現在接著說這一品〈見寶塔品〉，當然不是說看見 釋迦如來的寶塔，因爲當時 釋迦如來仍然在世。這一品要說的是：多寶如來的寶塔在此時突然顯現出來了；所以〈見寶塔品〉

這個見字，古時候也通顯現的現，所以也可以稱爲〈現寶塔品〉。我們先來語譯經文：

語譯：【此時，在佛陀面前突然有一個七寶所成的寶塔，高達五百由旬；這個四方形的寶塔，縱面、廣面各有二百五十由旬，從大地往上踊出來而住於虛空之中，有種種的寶物來莊嚴而對稱地裝飾著；並且有五千個欄楯，而這個寶塔上的龕室有千萬之多；寶塔上面還有無數的幢幡作爲莊嚴裝飾之用，寶塔上還垂下了寶貴的瓔珞，還有寶鈴同時懸掛著，總數有萬億之多。寶塔的四面每一面都流出了多摩羅跋栴檀之香，這種香味充遍了整個世界之中，娑婆世界無不嗅聞。而寶塔上面所懸掛的幡或蓋，是以金、銀、琉璃、車𤦲、馬瑙、眞珠、玫瑰等七種寶來共同造成，這個寶塔的最高處到達四天王宮，並且三十三天的天主就降下了忉利天上各種紅色的寶華，來供養這一座寶塔。其餘諸天、諸龍、夜叉、乾闥婆……等天龍八部，以及人非人等，總數有千萬億眾，各個都以一切華、香、瓔珞、幡蓋、伎樂等，同時來供養寶塔，並且加以恭敬、尊重、讚歎。這時寶塔中就發出了大音聲來讚歎說：「善哉！善哉！釋迦牟尼世尊！能夠以平等的大智慧，教導菩薩妙法、是諸

佛所護念的《妙法蓮華經》，以這部經的內涵來為大眾宣說。就像是這樣啊！就像是這樣啊！釋迦牟尼世尊！依於真如所說的種種法，全部都是真實。」】

講義：這就是說，講完〈法師品〉以後，突然有一座七寶塔既高又廣，從地面踊出來，住在虛空中；有種種寶物來裝飾這個寶塔，而它散放出「多摩羅跋栴檀之香」。「多摩羅跋栴檀之香」就是藿香，一般人對藿香不太瞭解，中醫師就會知道，那是一種寶香。這個多摩羅跋栴檀香，也有人是把它譯作檀香，也就是一種白檀香，跟一般的檀香不一樣。檀香木有很多種，像我們這個講桌是黑檀木製成的。我們以前不懂，訂做這個黑檀木講桌時就交代老闆說：「你得要把那些木屑幫我留下來，我們將來可以點了供佛。」他們聽了覺得很可笑，是因為這種檀香木點起來有燒焦味，一點都不香，但它仍然叫作檀香木。所以檀香有很多種，不是所有檀香都有好的香味。一般的檀香木，例如九樓地板這種金檀木，你如果拿它點了火，它也沒有香，還有些臭臭的。所以檀香木的種類很多，能夠點出來覺得很香而可以供佛的，都是特殊的香木，不是這一種做家具用的檀木。那麼這個多摩羅跋栴檀香有時候又翻譯作牛頭香，牛頭栴檀之香，指的就是可以點了很香的那一種檀香。

這一段經文到底是講什麼意思？爲什麼要說明這麼詳細？寶塔就是寶塔，爲什麼要把它一一詳細描述出來？當然有它的用意。這就是說，這個七寶塔大有來由，不是無緣無故出現的；並且它的出現，有許多的意涵在裡面。例如說它高五百由旬，一由旬的距離，有人說是二十華里，有人說是二十公里（相當於四十華里），到底是多少？咱們且不管它，反正一由旬就是你要跑很久才能到就對了，有那麼遠。請問，它高達五百由旬，就算一由旬是二十華里好了，不要說公里；那一由旬若是二十華里，五百由旬到底是多遠？我不會算，我的算術一向很差；一般是對錢很有概念的人，算術才會好。我這個人對錢沒什麼概念，我從小學一直到去當兵爲止，算術這一科，從來都是數學老師放水給我通過，否則我是連補考也考不過的。

五百由旬眞是很高，如果一由旬是四十華里，可就更高了。但這個寶塔爲什麼需要那麼高？這在崇顯什麼？一定有一個所崇顯的道理。就是說，它代表了佛法中有無量無數的寶物，而都聚集在這一個七寶塔中，所以它既妙又高。在禪宗裡面，有人來問禪師：「如何是妙高山？」禪師一棒就打過去。因爲呢：「你既然要問妙高山，不是請我開示佛法，當然我一棒就打過去，

就把妙高山送給你了。」這一棒打過去，也許頭上就長一個包，禪師已經把妙高山送給他了，當然這個弦外之音，咱們就不談它。

現在說這段經文裡面講這個寶塔「高五百由旬」，高五百由旬是表示它非常崇高，人類是無法想像的。這就表示說，這個塔的尊貴是既妙又高而值得大家尊崇，所以當這個塔出現的時候，沒有人敢去物議它、評論它，只有恭敬與讚歎。菩薩們有智慧，看見寶塔在這《法華》勝會之中出現，而且這個寶塔是那麼的高，以人身而言，看不到頂。真的啊！台北一〇一大樓有雲的時候，你還看不到它的頂，那也才不過一百零一層，幾公尺高？五百多公尺，還不到六百。不到六百公尺，意思是說，還不到一公里。一公里是幾華里？聽說是二華里。但這七寶塔不是以里計算，而是由旬，你說：你還能看得見頂嗎？以人類的眼光是看不見頂的。這表示說，佛法殿堂之中既深奧微妙，而且又崇高無比，讓人類無法臆測或者想像，這就是「高五百由旬」所要表顯的道理。

又說它「縱廣二百五十由旬」，縱廣就是四個方面，它是四角形的塔，所以縱深以及它的寬度各有二百五十由旬。這顯然不可能安放在地面上，所

以「從地踊出」「住在空中」。二百五十由旬是非常寬的，縱深跟寬度一樣，表示你如果從這一個角落跑到那個角落，一定要跑上老半天；因爲二百五十由旬很大，一由旬若是四十華里的話，那到底你要跑多久？二百五十由旬相當於一萬華里，這表示它非常地廣大；意思是說裡面含藏的佛法，有無邊廣大崇高的神用，這就是縱廣二百五十由旬代表的涵意。

而這個既高又廣的七寶塔，當然不可能放在地面上，所以「從地踊出」「住在空中」，得要「住在空中」才行，否則《法華經》要怎麼繼續講下去？但它爲什麼是「從地踊出」？爲什麼不是從虛空飛過來的？因爲這個七寶塔得要依地而建。一定要依地而建，「地」代表什麼？就是境界；這個七寶塔要依於各種境界相來建立，不可能猶如虛空；所以「地」就是境界，就是說，要依於各種境界相才能夠建立五蘊，也才能夠建立佛法；否則的話，你入了無餘涅槃中，還會有佛法嗎？全都沒了！連五蘊十八界都不在了，就沒有涅槃可說，也就沒有如來藏可說，因爲這時沒有誰可以了知一切法，而如來藏自己又是不了知的，當然就沒有任何一法可說了；所以一定要依於三界的境界相，才能夠建立五蘊身心和三乘菩提佛法。那麼「從地踊出」，表示這個

代表既深又高廣的佛法，仍然要依於三界的境界相，才能夠建立所有佛法。如果離開三界的境界相，就沒有五蘊身心——沒有七寶塔，那是入了無餘涅槃；那時你聽不到佛法，也沒有佛法可學，因爲無餘涅槃中，連有情都不存在了。

所以五蘊身心與佛法不論如何的高廣深妙，一定要依於三界的境界相才能建立，也就是說，你得要在三界中才能有佛法可以修學，不能像某一些大師講的：「佛法是三界外法，所以得要出三界才能學到。」那是不對的，表示這位大師是假名大師，根本就不懂佛法，連二乘菩提都不懂。所以六祖講得很清楚明白：「離世覓菩提，恰如求兔角。」因爲佛法「不離世間覺」，得要在世間才有五蘊身心七寶塔，才會有佛法可學，也才能有深妙的佛法可以覺悟、可以實證，當然這個七寶塔要從境界法中踊出——「從地踊出」。

而寶塔「住在空中」，意思是說，這是人類所及不上的，人間的眾生是無法觸及的。這表示說，七寶塔裡的全部勝妙寶物，並非凡夫眾生之所能知，人們只能看見表面上的一部分，所以寶塔高廣而又「住在空中」。只有什麼人能證呢？只有大乘法中的賢聖才能實證，因爲這大部分不是人間的境界。

那麼「住在空中」，也表示另一個意思，是說七寶塔的許多勝妙內涵都不是人間的境界。因爲這是超越人間境界的，這才是大乘菩提。依於有形的七寶塔—人間有情的五蘊身心—「住在空中」，顯示出來的意思是說，菩薩們的境界是無所住的境界，因爲三乘菩提之任何一乘都是無所住的；二乘菩提是死後要滅盡五蘊的，死後是無住的，歸於空中；實證大乘菩提的賢聖，五蘊雖然還在，但現前就已經無所住了，當然也是歸於空中。

接著說「種種寶物而莊校之」，莊就是莊嚴，校就是互校而匹對，也就是一比一——這一個對等那一個，以相等的比例、相對的方位、相同的高低處所而互相安排著，這樣叫作「莊校」。莊嚴，就是放上去使七寶塔更加華麗，令人尊敬。校，就是這一邊放什麼寶物，對等的那一邊就同樣放什麼寶物。它們是以相同的比例而去放置在對等的位置來莊嚴，這叫作「莊校」。「種種寶物而莊校之」，也就是說，有無量的功德法來莊嚴這一個佛菩提七寶塔。我們前面也講過，諸位個個都是一個七寶塔，那得用什麼來莊嚴？不是像世俗人燙了頭髮、塗脂抹粉，然後戴上幾千萬元的鑽石項鍊，再加上各種佩帶首飾來莊嚴。不是這樣的，這不是菩薩之所莊嚴。菩薩之所應該莊嚴是什麼

呢？是無量的功德。

菩薩既然學的是佛法，當然佛法的成就應該用無量的功德來莊嚴它；所以「種種寶物而莊校之」，是顯示菩薩要有無量的功德來莊嚴。可是每一個功德都不是憑空而有，都不是觀想出來以後就說已經有了莊嚴，一定有一個相對的法使他成就這個功德，這才能叫作「莊校」。不可能來到人間示現以後，他可以無緣無故忽然就有什麼勝妙的功德，當你問他說：「您這些勝妙功德是哪裡來的？」他說：「我不知道啊！突然就有的。」那叫作無因生，這表示那個人是騙人的。要怎麼樣開悟？開悟有開悟的方法與過程，都得要告訴人家，總不能夠說自己都沒有個方法與過程，然後突然間就有開悟的果實。有人說他有八地菩薩的功德，而他這一世出生時明明是有胎昧的，那他成就今天八地的功德時，一定會有一個相對的內涵與過程，不可能無因而有。所以每一個功德都有一個相對的東西，就是怎麼樣去完成它的過程，所以叫作「莊校」，都不可能憑空而有、無因而生。

接著說「五千欄楯」，五千欄楯是說，分成五個大類，不是六千、七千，也不是四千、三千，而是分成五千，就是五個大類。那麼這五個大類，每一

類有一千。這就是說，菩薩們成就佛道，是要分成五個大階段，這五個大階段完成了，你才能夠進入等覺位裡面去。五個大階段，諸位都知道，但以前都沒有人談，自從我們正覺開始弘法以後才開始談，就是菩薩的五十個重要階位：十信、十住、十行、十迴向、十地，這是把菩薩的五十二個階位，分成五個大階段。這五個大階段完成了，才能使這個寶塔最頂尖的那個部分完成，那就是等覺與妙覺位。所以「五千欄楯」就是分成五個大階段，每一個大階段各有一千個部分去顯示出來。換句話說，從十信位到十地，每一個階段各有十位，每一位各有一百個微細的內涵，等著你要去修習完成，然後你所應有的每個階位的功德才能成就。這就是五千欄楯，也就是五十個位階各有一百個功德法，你要一一去實證，這就是顯示五千個欄楯。

然後「龕室千萬」，這不是五千，而是千萬，「千萬」就表示非常、非常之多。談到這個「龕室千萬」的時候，諸位有沒有聯想到什麼？佛寺大殿裡面兩邊都有什麼呢？光明燈啊！就是仿造七寶塔來做成的。可是那些光明燈都沒有到達千萬之多，因為如果眞的做了千萬個龕室，會有那麼多人來點燈嗎？不會！找不到那麼多人來點燈的。可是這個多寶如來塔，龕室有千萬之

多；這表示說，到了如來地的時候，所成就的果德是無法計算的，因為每一個龕室都是一個果位的證量功德。說有千萬，就是非常多而難以計算。也就是說，那個龕室是非常多的，告訴我們說，如來所證的果德是無量無數的，你沒有辦法計算，只能大略說有千萬之多。

「無數幢幡以為嚴飾」，幢幡是表顯在外的，若是龕室呢，你得要一個一個仔細去看，才能看得見裡面是什麼，而幢幡是懸掛在七寶塔外面，從塔外就可以看得見。這幢幡既然是在外面的，這外面的是表示什麼呢？是福德；福德是可以顯示在外而被看見的，所以 佛陀成佛的時候，弟子是很多的，不會只有一個人，這是最大的福德。將來諸位成佛的時候，亦復如是；一定有許多聲聞弟子證阿羅漢果，或者慧解脫、或者俱解脫、或者三明六通大解脫，而他們的弟子也會有許多人是阿羅漢；不但如此，你們還會有許許多多的菩薩弟子，從妙覺、等覺位下至初信位都有，一定像這樣有很多的菩薩弟子。所以如果你將來成佛時，既沒有妙覺、等覺菩薩當弟子，也沒有十地菩薩，以及九地、八地下至十迴向、十行、十住等菩薩，那麼人家有智慧的人就會說：「這個騙子！竟敢說他已經成佛。」一定這樣啊！這就是顯現

於外的。所以這些無數的幢幡以為嚴飾，就在顯示 佛陀的福德圓滿。佛陀的福德圓滿，一般眾生是看不出來的，但是一定會有這些偉大的弟子們來顯示 佛陀的福德是如何圓滿。

例如說釋迦牟尼佛有一次去到一個地方，就是頭陀第一的大迦葉安住的地方；大迦葉已經一百二十歲了，佛陀是第一次去到那裡，是遊行人間以後第一次去到那裡，眾生不認得 世尊，大家都以為那位一百二十歲的大迦葉才是 佛陀；所以當 佛陀走過來的時候，沒有多少人注意祂，眞的叫作有眼無珠啦！接著 佛陀坐上了法座，大迦葉站在那邊，依舊是眾所矚目，可是大家覺得奇怪說：「這個年輕人怎麼上了法座去坐？」然後大迦葉知道大家的想法，便趕快禮拜 佛陀，是當眾禮拜。當大迦葉頂禮 世尊三拜之後，大家還是疑惑不解：「這位佛陀為什麼禮拜座上那個年輕人？」於是 佛陀就故意說：「大迦葉啊！你是我的第一弟子，來！我分你半座。」大迦葉當然知道眾生那時候想什麼，就故意說：「世尊！您是我的師父，我是您的弟子，我不應該分坐半座。」佛陀好像是喚了三遍，大迦葉也辭了三遍，最終還是坐在地上聽 佛陀說法，然後大眾才信服說：這是 佛陀。這也是 佛陀的莊

嚴之一。最有德行、最聞名、最清淨的老迦葉，竟是這麼年輕的 佛陀的弟子，這也是顯示 世尊的福德之一。至於其他的弟子，說法第一、解經第一、神通第一……等，有很多很多弟子各有第一，全都是 佛陀的弟子。然後，這些很多很多第一的大阿羅漢們，都要聽從大菩薩們，文殊、維摩詰、觀世音菩薩們說什麼，大家都聽從，沒有第二句話；彌勒菩薩說什麼，大家就聽；可是這些大菩薩們全都聽命於 佛陀，這也是 世尊福德的表顯之一。

至於用三十二大人相，來顯示 世尊本來是可以當轉輪聖王而統領四天下，不是只有統領一個天下的鐵輪王；佛陀是可以當轉輪聖王的，而且是金輪王，可以統領四天下，竟然把轉輪聖王的可愛境界棄如敝屣，這也顯示 世尊福德的莊嚴。一般人以為說：「當金輪王可以統領四大天下，為什麼要放棄呢？好可惜！」可是很多人都沒有想到，佛陀過去在因地還沒有證悟而成為摩訶薩之前，無量世都當轉輪聖王，轉輪聖王的福報領受完了又上生天上去享福；享福完了下來人間，又繼續當轉輪聖王；可是後來祂都不要，全都丟棄而追求證悟實相般若。這表示說，那世間法不值得珍惜。

老實說，不但 佛陀，就我來看，金輪聖王我也認為那是敝屣。也許有

人心裡面馬上罵起來：「你蕭老師未免太誇口了吧？人家當國王就不得了了，若是轉輪聖王統領四大天下，你還公開說當作敝屣。」我說：「我當然當作敝屣，因爲我可以生到色界天去，又不是只有這一世才有這個能力。」金輪王能生到色界天去嗎？他最多只能生到忉利天，連夜摩天都到不了。如果我想要當國王，當然有那個福德來當，只是我不想當而已。我是連色界天都可以去的，爲什麼要貪欲界而且只是人間的金輪王？金輪王怎麼想都比不上色界天的。所以，我說的都是實話，也許今天哪一位第一次來聽經，聽我的說法覺得聽不下去，這沒關係！我會裝作沒看見，你可以偷偷走人，眞的沒關係。而我說的是實話，因爲我很多世以來都可以到初禪天、二禪天去，所以我不一定要生在人間來；我對人間的五欲既然沒有貪求才能往生初禪天、二禪天，已經離欲的人爲什麼還要去取那個金輪王，被人間的五欲繫縛是想要幹什麼？所以，我說的還是實話。

這意思就是說，其實佛地的境界是要有很多福德來莊嚴的，如果沒有很多福德來莊嚴，不可能成就佛地果德，而這些都是可以表顯於外的。三十二大人相、八十種隨形好，以及每一種好都有無量好，這都是由很多的福德累

積起來的，而這些絕大多數都是在表相上可以看得見的，當然包括「於佛陀應身」之外表，也就是在七寶塔的外相上面表現出來的莊嚴；所以是懸在七寶塔之外，才說是「垂寶瓔珞」，才說是「無數幢幡以爲嚴飾」，這個都是表顯於外的。

那麼「垂寶瓔珞、寶鈴萬億而懸其上」，又有另外一個意思，也就是說，要有這一些能夠攝受眾生的福德示現在外，卻不是沒有來由的。每一個法的出現都有它的原因，不可能沒有原因的；但如世間法，所有人生在人間都是各有福德；他這一世擁有很多的財富，一定有過去世的原因；因爲財富的獲得不是無因無緣可以得的，一定有過去世的原因。有的人可能過去世帶著很多的福德到這一世來，但他不想要實現，想要留到未來世去，繼續不斷累積福德，也有這種人，這大多是菩薩。所以有時一個人看來不是很有錢，其實他卻是很有福德的，只是他沒有去實現。這個未實現的福德，你想要去感應是很不容易的，我有時候去感應時都還會有感應錯的時候。有的人是這樣喔！他眞的很有福德，只是他沒有去實現，所以他這一世只是過著普普通通的小康之家的生活，但他的福德其實很大，而他沒有加以實現，將會一直累

積到未來世去。

他沒有去追求世間財的心態，其實他是很有福德的人，我也遇到過不少這樣的人。這些福德的產生，一定有過去世的因，沒有那個因就不可能存在。世間福德的實現，都一定是過去世有布施：或者財施、或者無畏施、或者法布施。一定都有布施，才能夠有這一世的福德。不然的話，就是他經由清淨心，也就是經由修定去降伏五蓋，於是他獲得了某一些福德；或者經由斷除我見，然後去降伏五蓋，因此而獲得福德。有各種不同的原因，才能夠有各個相對的福德產生；所以每一個人的福德不是無因無緣的，因爲天下沒有無因而生的法。話說回來，三界有情，下從地獄、上至無色界天，有難以計數的無量法，從極端痛苦到極端莊嚴，全都是依於三界中的五蘊身心來表顯；七寶塔表現於外的各種莊嚴，正是隱喻這個意思；所以塔基有最粗糙的物質，塔樓有較佳的物質，然後有各種寶物而作莊嚴，乃至「五千欄楯」有「龕室千萬」。

種種莊嚴都依於三界有情的五蘊身心才能顯現出來，而五蘊身心是表顯於外的，因此最後所說顯示於七寶塔外的莊嚴，是「無數幢幡以爲嚴飾」，

就是有各種福德而在食衣住行上面分明表顯在外。表顯在外時，一定有它的原因，但還得有「垂寶瓔珞、寶鈴萬億而懸其上」來增強它。從佛法中來說，瓔珞是指什麼？瓔珞就是菩薩的莊嚴；妙覺、等覺菩薩們胸前都掛了瓔珞，瓔珞表顯在菩薩道行道過程中的種種善淨行。有一部經在律部，諸位還記得嗎？《菩薩瓔珞本業經》，瓔珞之所以會時常戴在菩薩身上而不遺失，別人都偷不走；別人若是眞的偷了去，也就消失了，結果始終都是在菩薩身上。那些瓔珞是怎麼來的？每一顆瓔珞都有過去無量劫以來的本業；也就是修學菩薩道所應該造作的那一些善業淨業諸行，這叫作菩薩的本業。菩薩的瓔珞本業就是修六行，從十信行到等覺行，全都是瓔珞莊嚴，而這些菩薩們便叫作六行之士。你們來同修會修菩薩道，你們就是六行之士中的一種。

菩薩們都要有無量的菩薩行，才能夠成就那一些瓔珞。有了瓔珞，寶鈴自然就出現了，於是就開始風聞出去，就隨著風而飄散出去，大家聽得好清脆，就想：「這聲音是哪裡來的？」於是就追尋而來。諸位不就是這樣追尋而來的嗎？雖然我這個寶鈴的聲音不太響亮，諸位終究還是聽到了，於是追尋到正覺講堂來。同理，十方菩薩就這樣追尋諸佛的音聲而來，這個七寶塔

顯示的就是這個意思：「垂寶瓔珞、寶鈴萬億而懸其上。」這表示說，這個七寶塔的成就，上面會垂下「寶瓔珞」，而寶鈴有萬億之多，就是沒有辦法計算的極大數，表示在因地必須要行無量的普賢行。

菩薩行道成佛的過程中都要行無量行，與眾生怎樣去結善緣、結法緣。甚至於在不得已的情況下故意去跟對方結惡緣，因爲結了惡緣，未來世就會相遇，屆時你的證德很高，自然就有辦法去轉變他。你如果跟他完全沒有結緣，你將來度不了他，最不得已的情況下就只好結惡緣。善緣結不了就結惡緣，菩薩就這樣子，然後未來世再去償還，所以要償還很多、很多倍，而實義菩薩也願意就這樣作，大家眞的想像不到吧？怎麼樣結惡緣？例如十一面觀音的最後那一面是什麼？是憤怒金剛之相，就是要跟眾生結惡緣。結了惡緣以後，那個眾生將來就逃不出千手觀音的手掌；將來他有各種困苦，千手觀音聞聲救苦便救了他，然後他就得乖乖聽話。

如果他沒有跟 觀世音菩薩在過去世結惡緣，被他的憤怒金剛所降伏，未來世他若有困苦的時候，還不會想到求救於 觀世音菩薩。就是這樣啊！這就是說，要有無量的普賢行，然後在各種快樂、困苦、平淡之中與眾生結

下各種緣，以無量的普賢行成就你的「寶瓔珞」。瓔珞成就了，寶鈴無數，自然這些妙法的音聲就會散發出去，然後十方菩薩也就聞聲而來。所以諸佛說法的時候，不是只有人類聽聞，十方有緣的菩薩到某一個階段，是該他們來聽聞時，就會相應而前來聞法。這意思就是要有無量的賢聖行，才能夠成就這個七寶塔的表相莊嚴。

「四面皆出多摩羅跋栴檀之香，充遍世界。」這個妙高塔，是四方形的寶塔，逐級往上縮小而持續上去，每一個方面都流放出無量的功德香。記得有一部《戒德香經》說到世間香都是隨風而散，但是有一種香可以逆風而飄、無遠弗屆，就是戒香這個功德香。這是因爲功德讓三界的有情領受到、享受到庇蔭，所以就口耳相傳。這功德香可以逆風而飄，不會被風向所限制；特別是在天界飄得最快，比人間打電話還快，而且不會被限制。人間打電話，有時候還會忙線打不通，但在天界都不用，所以這功德香不但隨風也飄，逆風也飄，無遠弗屆。這一句話說，四面皆飄出寶貴檀香香味的意思，就是在表顯這個。並且說「充遍世界」，每一尊佛成佛的時候，所弘化的那個三千大千世界中的諸天無有不知，這一句話講的就是這個道理：「充遍世界。」

接著說：「其諸幡蓋，以金、銀、琉璃、車磲、馬瑙、眞珠、玫瑰七寶合成。」這玫瑰不是講玫瑰花，而是一種寶石，叫作玫瑰石，就好比馬瑙，也是寶石的一種。「琉璃、車磲」，車磲好像是一種特殊的貝殼才能製成，所以也是寶物，其他就是寶石。金、銀是屬於金屬類，是貴金屬。爲什麼說這個七寶塔，外面懸掛的幡與蓋（幡是長條形的刺繡，並且寫著某一些讚頌的文字），這個幡是用七寶鑲上去的，當然是很名貴。蓋，就是懸掛在寶塔的最頂端，有時候叫作寶傘，因爲是用來覆蓋寶塔避免被太陽或雨水接觸到。譬如大白傘蓋，有一個咒語叫作〈大白傘蓋咒〉。大白傘蓋，也是有一部經典而有一些內涵的，現在且不說它。傘蓋就稱之爲寶幢，這個寶幢也是用七寶來做成的。

可是，這樣外表裝飾到這麼莊嚴、這麼華麗的這個七寶塔，高到了四王天宮；換句話說，它跟四王天宮是相齊等的。爲什麼是高到四王天宮呢？這表示說，佛地的高廣莊嚴，從人間來看，它就應該是高到四王天宮的宮殿，是人間凡夫眾生之所無法猜測與了知的。就由四王天宮的四大天王和諸天人來爲人間證明，佛陀的寶塔是如此的高廣莊嚴。這就是說，佛陀雖然示現是

在人間，可是其尊貴是遠遠蓋過四王天的。那麼人類連四王天宮都看不見，又有什麼樣的依憑來輕視於降生在人間的 佛陀呢？這個高廣是在顯示這個道理。也譬喻說，人們各自都有七寶塔，其中的自心如來本來就具有各種廣大功德，只是還沒有表顯出來罷了。

接著說「三十三天雨天曼陀羅華，供養寶塔。」這三十三天有沒有代表什麼意思？有，給你料對了。也就是說，供養這個寶塔的人是三十三天，全都叫作天。只不過這個三十三天從表相上來看，是忉利天的三十三天來供養這個七寶塔；實際上，你若是從理上來說，就不是這麼說了。三十三，最須要供養這個寶塔的是三賢位的菩薩們，因爲十信位的菩薩不太能夠理解這個七寶塔；眞正的這個七寶塔，十信位的菩薩是連聽也沒聽過，連想都沒想過的，全都供養不上。三賢位的菩薩就是諸位啦！是你們啦！在三賢位中的你們才能夠理解，才懂得要供養。三十三天，就是把三賢位的三十心，再加上聖位又分成三類：初地到十地是一類，等覺地是一類，妙覺地是最後一類。初地到十地只能算是一類，因爲初地到十地所有功德加起來，沒有辦法想像等覺地的境界；可是等覺地又無法想像妙覺地的境界，而妙覺地就是一生補

處菩薩，例如當來下生 彌勒尊佛就是妙覺菩薩。妙覺位菩薩來到人間就是要示現成佛了，他是最後身菩薩，這又是一類。

十地菩薩總合爲一位，因爲都無法想像等覺位是什麼，這是一類；等覺位又是一類，妙覺位又是一類，總共三類，加上三賢位三十心的菩薩，就是這裡要說的理上的「三十三天」。你們也許想說：「我又沒有生在天上，爲什麼叫我是天？」天不一定生在天上，天也可以生在人間。天，有生天，有世間天，有解脫天和第一義天。生天，就是因爲他在人間行善，所以生到天上去，生而爲天，所以名爲生天。如果是在人間當國王、當總統，叫作世間天，所以馬英九現在也是世間天，不過他很快就會下墮爲人，因爲任期屆滿就不再是天了，既不是天就算是下墮爲人，這叫世間天。接下來，只有佛教中才有的解脫天，就是聲聞法中的初果人到四果人，稱爲解脫天，辟支佛也是解脫天。那麼諸位來到正覺講堂中證悟了，就是第一義天，所以你們也是天；若是從般若智慧來說，連解脫天都及不上你們。

四王天、忉利天乃至他化自在天等天人，若是下來人間看見你證悟了，還得要禮拜你、供養你，所以你看見了他們，就不必說：「喔！你是天啊！」

他一定告訴你說：「你才是眞正的天！」因爲你是第一義天，同時也是解脫天，因爲至少有斷我見，也是解脫天，所以這眞的叫作天，而且是比生到天界的天主天人更有資格稱爲天，因爲你證果了，而他們還是凡夫；所以你世世都有資格生去天上，而他們的福報享盡了就得下來當人或畜生類的有情，當然你更有資格稱爲天。那麼這樣子，得要三賢位才懂得什麼叫作天。十信位中的凡夫是不相信的：怎麼人類可以叫作天？他們不會相信的。三賢位菩薩就有三十心，其中的前六心，死後也都有資格生在欲界天中；十地總括爲一心，等覺以及妙覺共有二心，這樣把十地、等覺、妙覺加起來就是三天；加上三十位三十心的三十天，總共就是三十三天。如果你們遇到了七寶塔，這麼妙高的七寶塔出現時，你們自己應該知道自己是三十三天之一，就應該要供養這個七寶塔。

由這三十三種的第一義天與凡夫天，降下天曼陀羅華，供養寶塔。然而你要怎麼樣降下天上的、紅色的、很漂亮的紅花來供養這七寶塔呢？爲什麼是紅色的？爲什麼不是白色的？爲什麼說是紅花？天界的事相跟人間是有一些類似的，人間不也常說赤誠之心嗎？既是赤誠之心，赤是什麼顏色？是

紅色啊！有時候又說：「我的心是紅的，不是黑的。」表示什麼？表示我是非常誠懇。赤誠之心是一點點虛僞都沒有：「我就是一心一意要跟你交朋友，我的心不是黑的，是紅色的赤心。」這表示說，你應該以赤誠之心來恭敬禮拜你所看見的這個多寶塔。這就是「三十三天雨天曼陀羅華」的意思，因爲你是第一義天，你以赤誠之心來供養自己這個多寶塔，這個赤誠之心就是「天曼陀羅華」。在某一些宗教裡面，把心畫成紅色的花；又如中文古字那個心字，你們看看像不像花？解剖了以後看那個心臟，像不像花？也就是紅花。所以「雨天曼陀羅華」，就是說，你要以赤誠之心恭敬、禮拜、讚歎多寶塔，這就是「三十三天雨天曼陀羅華，供養寶塔」。

可是七寶塔出現的時候，不會只有第一義天在，一定還有護法的天龍八部，以及普通的人、非人等。當他們看見「三十三天」供養七寶塔的時候，自然就會跟著來，「以一切華、香、瓔珞、幡蓋、伎樂」等等，一起來「供養寶塔」，當然，供養之後緊跟著就是「恭敬、尊重、讚歎」。這是隱喻說：當各階位的菩薩們都來供養七寶塔時，其他的凡夫世人也就跟著前來供養、尊重、讚歎。這同時也表示什麼呢？是說在《法華》法會現場的人，沒有誰

是增上慢者；如果是增上慢的人看見了寶塔，也許又會罵起來：「世尊正在演說《法華經》，你示現這個七寶之塔跑出來幹什麼？攪局啊？」他就罵起來了。或許沒有罵出來，只在心中罵，然而業還是成就了，因爲種子已經存在了。增上慢人就是這樣，會輕易責備別人；可是他們不知道那是不應該責備的，因爲他們完全不曉得來由。所以那五千個聲聞凡夫等增上慢者都已經離去了，在場的人當然沒有誰是增上慢的，所以大家都懂得要恭敬供養；因爲連各位階的六行菩薩們都已經恭敬供養七寶塔了，他們爲什麼不跟著恭敬供養呢？

恭敬供養完了，尊重讚歎過了，寶塔中就發出了大音聲讚歎說：「善哉！善哉！釋迦牟尼世尊！」也就是讚歎說：「太好了！太好了！釋迦牟尼世尊啊！」你看祂不是只說「釋迦牟尼佛」，而是刻意講出「世尊」二字。可是這個讚歎的人，證量不下於 釋迦牟尼佛，卻特地要這樣讚歎。十方諸佛都沒有在比高下的，只有凡夫們才會比高下。所以你們看各大山頭：我是環保第一好，我是全球建寺第一多，我是寺院高度世界第一，我是搞佛學學術台灣第一，大家都要爭取第一。其中也有說我是徒眾第一等等，甚至於努力國

際化，還想要搞一個諾貝爾獎；已經成爲宇宙大覺者了，還會想要凡夫俗子頒獎給她，這講得過去嗎？老實說，不管誰頒獎，我都不會去接受；不過，他們如果要把獎金送來正覺同修會，我會接受，但不會由我親自接受。

我接受他們的捐贈，就請我們的理事長代表去領獎，因爲我可以拿那些錢來爲眾生、爲佛教作很多事。如果因爲我不去，錢就不給我，那就算了！因爲眞的沒道理，一個能出三界的人讓還在三界中流轉的凡夫頒獎，那不是說他們的證量比菩薩更高了嗎？這個道理講不通。就好像在大陸，我們證悟實相的人所寫的書，想要在那邊出版時，竟然得要他們審核，而那些審核的人都是凡夫，他們要如何審核？他們都還讀不懂呢！就像是叫一個三歲的小孩子來審核大學教授寫的微積分書籍，不是很荒唐嗎？可是荒唐事，現在就在大陸實現。那要等什麼時候改變呢？要等他們宗教改革開放，或是什麼特殊因緣出現以後。所以大陸學佛的同胞們想要全面得到我們的正法書籍，可能還得再等幾年，也許漸漸會改變，就表示他們的福德開始具足了。

這意思就是說，諸佛之間沒有所謂的互比高下，諸佛都是互相讚歎的。同樣的道理，所有的大地菩薩也都沒有互相批評的，都只有互相讚歎。一切

入地的菩薩們都沒有互相批評的，才會被稱爲大地菩薩。即使是十地菩薩也不會來批評初地菩薩，何況十方諸佛之間。因此，寶塔裡面的佛世尊讚歎說：「太好了！太好了！釋迦牟尼世尊！」特地用「世尊」二個字來稱呼，接著讚歎說：「能夠以平等的大智慧教導菩薩法，是諸佛所護念的《妙法蓮華經》。」這表示說，這部《妙法蓮華經》是菩薩法，不是聲聞法。顯然，沒有跟隨五千聲聞凡夫退席而留在現場聽聞《法華經》的人，一定都是菩薩。這部《法華經》就是菩薩法，不是聲聞法。

如果是崇尚聲聞法的人，以聲聞解脫道來取代佛菩提道，說聲聞解脫道就是成佛之道的人，由他們來講解《法華經》，你們要不要聽呢？還有人沒搖頭呢！好像還值得一聽的樣子，是不是？啊？絕對不要聽！因爲他們一定會一面講，一面隨便批評說：「這個不可能啦！這可能是神話，就不管它啦，我們就跳過去不講這一段。」他們可能就這樣隨便講一講，然後跳過去不講。因爲他們是聲聞人，不知道《法華經》隱藏著的深妙義理。他們都不懂的，因爲他們一向所學的都是聲聞法，而《法華經》是菩薩法。只有菩薩才會相信《法華經》之所說，聲聞人是不可能信受的，一定都會懷疑，因爲他們無

法思議、無法想像。就好像凡夫看見七寶塔的時候，往上一看說：「這到底有多高？」人家菩薩們說高到四王天宮，他們會說：「哪有可能？」一定不信。所以《法華經》是菩薩法，不是聲聞法，不應該用聲聞法的所知所見來闡釋《法華經》。

因爲聲聞法不是「平等大慧」，不是菩薩道，不能使人成佛；菩薩之道才能夠使人成佛，而菩薩之道最圓滿的眞實義，就是《法華經》所說的內涵。這《法華經》所說的菩薩法是基於什麼前提來說的呢？是基於「平等大慧」。在二乘法中沒有平等可說，也許有人不相信：「大家都是阿羅漢，阿羅漢都入涅槃，入涅槃以後大家都平等啊！」問題就在這裡，入了涅槃以後，既沒有五陰十八界了，你還能談什麼平等？對啊！都沒有平等可說了！一定是有一個法實際存在被你所知，而能知的你也同時存在，然後你能夠了知那一個法是在一切有情身上，一切有情的這個法確實是完全平等的；你也了知藉由這個法，將來你成佛了，別人也成佛時，大家都一樣平等，這樣才能夠說是有平等法。二乘菩提呢？決定性的不迴心二乘聖人，入涅槃以後都是空無所有，而他們入涅槃以後的如來藏空無形色，消失於三界間，也都不自了知，

怎麼還會有平等法出現呢？所以那不是眞正的平等。眞正的平等是菩薩法，以這個菩薩法所證的眞正究竟的平等，才能夠產生大慧。

以前剛出世弘法的時候，我們說：「阿羅漢來到禪師面前，沒有講話的餘地。」那些六識論者——聲聞法中的法師、居士們，心中非常非常不服氣。可是不服氣歸不服氣，他們那一些自稱已經成佛的人，看到咱們《公案拈提》寫了出來，一則又一則讀過了，連一則也不懂，他們當然要想：「連這個蕭平實寫的，我都讀不懂了，那個阿羅漢怎麼可能懂？因爲我已成佛，連我都讀不懂了。」所以漸漸地，那種他們自以爲是的不平之鳴，才漸漸消失。所以說，「大慧」不是二乘菩提之所有，只有菩薩親證了以後才有「大慧」；而這個「大慧」之所從來，這個「大慧」之所依的理體，就是本來「平等」之法。可是三界一切「平等」法就只有一種，叫作眞如；爲什麼叫作眞如？因爲這一個「平等」法是眞實而如如的，永遠都是眞如，所以在般若諸經裡面說祂叫作眞如。

那麼，這寶塔裡面的 如來放出聲音而說話了，這個聲音很大，讓大眾都聽得見：「善哉！善哉！釋迦牟尼世尊！能以平等大慧，教菩薩法、佛所

護念《妙法華經》。」這就是說，只有以佛地的智慧具足平等、具足大慧，才能夠爲眾生教導這個菩薩法，這個菩薩法叫作《妙法蓮華經》，才能夠爲大眾具足宣說。這樣讚歎完了，接著又說：「就像是這樣啊！就像是這樣啊！釋迦牟尼世尊！依於如而演說的，全部都是眞實法。」「如所說」，眞的不容易，要能夠依於如如之法而演說佛法，是很困難的，因爲在二乘法中沒有辦法如如而說。所以阿羅漢爲人說法的時候，遇到菩薩們，他們就不敢開口了，因爲菩薩隨處都可以挑他們的毛病，所以不迴心的阿羅漢們說法時，只能依於二乘菩提而說。

諸位也讀過《維摩詰經》，維摩詰菩薩不論遇到哪一個大阿羅漢爲人說法時，他也都前來說法，結果每一個大阿羅漢見了維摩詰時全都閉嘴，嘴巴都不再是他的了，因爲那時的大阿羅漢們都沒有「如」。維摩詰有如，依於如，因此他所說的諸法沒有人能挑剔，所有大阿羅漢們只能聽從。可是你們看，維摩詰來到面前時，卻總是先對阿羅漢們禮拜；想那阿羅漢迴小向大縱使眞的明心了，也不過才第七住位而已；維摩詰卻是 金粟如來倒駕慈航，至少也示現爲等覺菩薩，卻是先向阿羅漢禮拜。他禮拜作什麼呢？因爲閒著

無聊嗎？當然不是嘛！他先向阿羅漢禮拜，就已經說法完了；可是阿羅漢們沒有一個人懂，都當作說：「因爲我是人天應供，所以菩薩恭敬我。」這樣也好啦！誤會了也好，然後就願意聽大士講下去；可是等到維摩詰一開口，才知道說：「壞了！壞了！我根本一點回應的能力都沒有。」這就是維摩詰菩薩的手段，因爲他有如，阿羅漢們那時還沒有如。一直到後來，佛陀開始了第二轉法輪時期演說般若，然後因材施教、觀機逗教，在遊行人間的時候，佛陀有時會給一些機鋒，那些大阿羅漢們才能悟得眞如，否則哪能悟入？

那麼釋迦牟尼世尊就是依於眞實的平等法，那個法叫作「如」，因爲有這個「如」的緣故，所以依於「如」而爲大眾所演說的，沒有一法是虛妄語，沒有一法是虛妄法，全部都是眞實法；因爲那都是可以親證的，而親證之後都是可以現觀的，這才能夠說是：「如所說者，皆是眞實。」那麼能夠依於「如所說」，不論怎麼說，都沒有人能挑剔，所以才說諸佛是無上法王。一切諸法之王就是諸佛，所以法王這個名號不可以僭稱，那些無知的密宗人士動不動說：「我是什麼法王，他是什麼法王。」他們戴著那個五方佛的帽子自稱法王，等到捨報的時候才會知道，那個帽子是比金箍咒還要厲害的壞東

西；到那個時候，想丟都來不及，也都丟不掉了；因爲他們都沒有眞實法，也不懂什麼是如，就敢一向大膽妄稱說已經成佛，甚至於妄稱說他比 釋迦牟尼世尊更高。

眞的是這樣啊！就像沿路行乞，一天難得乞求到一餐的乞丐，終於有一天乞得一缽滿滿的食物，就說：「哇！我今天好富有，我比國王更富有。」就是這樣子啊！然後他就敢自稱國王，國王若是有大肚量，看著就說：「哎呀！不過是個窮乞丐，不跟他計較。」所以現在人間那麼多的法王，佛陀都不跟他們計較；因爲他們不過是些求法的窮乞丐，不値得一提。如果佛陀親自來管這一些假法王們，咱們還有護法功德可以修集嗎？可就沒了！這個大功德留給我們來作，佛陀不會親自來作。如果佛陀連這個事情也要親自來作，我們要等到什麼時候才能成佛？這就是我們的機會，所以我們得要努力來作。

這是在講什麼呢？這個七寶塔的出現，目的在哪裡？一定有原因。如果沒有原因，這個七寶塔就突然出現了，那你不如一見之時，一掌就把它推倒。它顯然是有原因的，這寶塔出現的目的就叫作證前啓後。也就是說，這個七

寶塔的出現，目的是要來證實釋迦牟尼佛前面所說的法，都是眞實的，絕不虛假；然後要請釋迦牟尼佛再演述後面的部分，因爲這後面的部分，就要由這個七寶塔裡的如來出來引發，作爲一個因緣，然後大眾才有機會來請求佛陀世尊再把它講出來，這就是七寶大塔出現的第一個原因。

第二個原因是隱喻說，每一個有情的七寶塔都有多寶如來，七寶塔本身一向就住在境界相中，就是各人的五蘊身心，然而大家都忽略了，直到學佛而知道要親證第八識如來藏時，善知識指導了以後才懂得應該不離七寶塔而求證，因爲每一個人的七寶塔中都有多寶如來。等善知識教導應該留意自己的七寶塔時，才懂得原來自己的多寶如來就住在自己七寶塔中；於是留意著五蘊身心中的一切法，就這樣繼續參禪，然後就會在恰當的時機親見「多寶如來」，也就是證悟明心了；自從這時候開始，自己的多寶如來就從自己的七寶塔中發出聲音說：「善哉！善哉！釋迦牟尼世尊！能夠以平等的大智慧，教導菩薩妙法、是諸佛所護念的《妙法蓮華經》，以這部經的內涵來爲大眾宣說。就像是這樣啊！就像是這樣啊！釋迦牟尼世尊！依於眞如所說的種種法，全部都是眞實。」因爲自己身中的「多寶如來」眞的是「釋迦牟尼

世尊」啊！因爲眞的是能仁而又寂靜的啊！這時便懂得禪師爲何說：法身時時刻刻熾然說法、不曾停歇。這便是七寶塔中的 多寶如來讚歎能仁與寂靜，而且自己的法身佛多寶如來所演說出來的妙法，都是眞實而不虛謬。接著又怎麼發展呢？且看下文：

經文：【爾時四衆，見大寶塔住在空中，又聞塔中所出音聲，皆得法喜，怪未曾有；從座而起，恭敬合掌，卻住一面。爾時有菩薩摩訶薩，名大樂說，知一切世間天、人、阿修羅等心之所疑，而白佛言：「世尊！以何因緣，有此寶塔從地踊出，又於其中發是音聲？」】

語譯：【這時四眾弟子們，看見大寶塔住在虛空中，又聽聞到七寶大塔中所發出來的音聲，大眾都同樣得到很大的法喜，也奇怪這種不曾出現過的奇特事情；於是大眾從座位站了起來，同樣恭敬合掌，靜靜地安住在一邊。這時有一位大菩薩，名爲大樂說，他知道一切世間、天、人、阿修羅等大眾，心中都有同樣疑惑，於是向佛陀稟白說：「**世尊！是因爲什麼樣的因緣，有這個七寶大塔從地下踊了出來，如今又在寶塔之中發出了這樣美妙的音聲讚**

歎世尊呢？」】

講義：這一段經文是說，在場的佛子四眾們看見了大寶塔住在虛空中，又聽聞到寶塔裡面所發出來的大音聲，大家法喜充滿；然後七寶大塔中又發出來大音聲讚歎釋迦牟尼世尊，實在太驚喜了，這就是諸佛如來同樣都有的大威德力。可是塔中的如來說的「平等大慧」的「菩薩法」，到底是什麼法？大眾依舊莫名其妙，但就是歡喜。如果你有機會感應到世尊，不論是定中或者夢中，就只要那麼一次，你就歡喜到不得了。但是你究竟為什麼歡喜？自己也不知道，就只是滿心歡喜。諸佛都有這種大功德力，然後你就會心心念念記上一輩子，永遠都不會忘記。世尊那一次召見的時候是怎麼樣的情景，你的覺受如何，你會永遠記得；這就是說諸佛的智慧以及福德產生那樣的威德力，會使你感念不已。所以，任何人這時聽聞到塔中所出的音聲，又看見是大寶塔「住在空中」，自然是「皆得法喜，怪未曾有」；於是大眾「從座而起，恭敬合掌」，接著就是住於一面。

然而《法華》勝會中的聲聞聖者與菩薩們，不都是往昔修學佛法以來很久了嗎？否則又如何可能信受《法華經》這樣極深妙的法義呢？似乎有些不

合邏輯吧？其實沒有合不合理的問題存在，因爲大多數人這時都還有胎昧，早就忘了往昔多世曾經聽聞諸佛演說《法華經》了，於是依於此世的所見所知，才會對七寶塔的各種事情覺得奇特。這時有一位菩薩摩訶薩，名爲大樂說，他知道一切世間天、人、阿修羅心中已經在疑著，所以就向釋迦牟尼世尊稟白說：「**世尊！是由於什麼樣的因緣，而有這一個寶塔從大地中踊了出來，然後又在寶塔之中發出了這樣的音聲？**」

在場的人當然是有四眾，這四眾佛子們看見大寶塔「住在空中」。這寶塔「**住在空中**」是有原因的，可是「**住在空中**」之前，它是「**從地踊出**」。爲什麼是「**從地踊出**」？地，剛才我們不是說它叫作境界嗎？「**從地踊出**」就是從你的人間境界中踊了出來。你自己所住的境界中，每天有七寶大塔踊了出來，你看見了沒有？爲什麼要跟我搖頭？你不點頭，至少別搖頭（大眾笑…），不搖頭，就更有機會看見。地，就是一切的境界，譬如說，你在人間，你人間所有的境界都依地而有；你到了四王天也是一樣，要依四王天的大地而有。乃至到了初禪天，也是依初禪天的大地而有，地就是所依止的境界相。這個七寶塔「**從地踊出**」，就是從你所住的境界之中踊了出來；所以

你要找這個七寶塔，不能離開三界的境界，特別是欲界與色界的境界；你如果到了無色界去，無色界沒有境界，就只是一個定境中的法塵，那是意識自心裡的境界，所以無地啊！到了無色界天就沒有大地，沒有境界時，如何讓五千欄楯的七寶塔「從地踊出」？

無色界天沒有境界相，只有定境中的法塵。所以如果要開悟，你最高只能夠到色界天，因爲色界天還有地，有地就是有境界，就可以讓七寶塔「從地踊出」。你看見祂「從地踊出」之後，你心裡面要有一個想法：既然是「從地踊出」，表示祂一直都在「地」中，不是本無後有；所以祂出生了你現在的七寶塔，正是從你的如來藏中踊了出來。那請問，祂是不是本來就在？是不是本來就在？是嘛！祂不是從天外飛來，而是從你所住的「大地」中踊了出來，顯示祂跟你本來就在的，不曾離開你，只是你以前都沒有看見而已。當你無明滅掉的時候，祂等於就「從地踊出」了。什麼無明？無始無明。當你把無始無明打破了，這個地就打破了，就直接看見七寶塔了。也就是說，你看見一切的境界相都是虛妄的，這一切虛妄的境界相被你打破了，才會看見七寶塔原來也是多寶如來，藉如來藏所生的山河世界境界而生起。你爲什

麼能打破？一定有原因，因爲你看見這一切境界相都虛妄，一定是依祂而有，願意去尋找祂，找到的時候，這個無始無明就打破了。無明打破的時候，這個七寶塔和其中的多寶如來，是不是分明顯現在你面前？是啊！所以說「住在空中」，就是沒有遮隱的意思。

喔！終於恍然大悟了。就是這樣啊！所以「從地踊出」之後，表示你的無明打破了，然後祂就「住在空中」那樣分明，「住在空中」就是說祂時時都在你眼前，從來不曾遮隱，以後再也不會看不見祂了。你一旦見了這個寶塔就永遠看得見，以後都會永遠看見祂。那麼在空中當然很分明，不是埋於地下了，所以這個時候就很清楚看見；也就是說，你一旦悟了以後，這部《妙法蓮華經》就很清楚呈現在你的眼前，浮在空中而不是在地下隱藏著了。既然浮在空中，這時你每天都很清楚地看見祂，這麼分明而不再是埋藏著。這時，請問：你如果再從這個寶塔裡面聽聞到聲音說：「對啊！對啊！你學的法是對的，你從經上讀來釋迦牟尼佛所說的法都是對的，都是如。」你有沒有法喜？有！終於跟我答有了。確實啊！看到七寶塔後看見如來藏了，對你而言七寶塔就是如來藏；你找到了這個七寶塔，這個七寶塔每天在你眼前，

然後你看祂的一切，不就是在告訴你說：釋迦牟尼佛所有經典裡面跟你說的都是眞、都是如嗎？當然你會有大大的法喜。

可是問題來了，你剛剛悟入的時候，往往會覺得好奇怪說：「爲什麼是祂？」對啊！以前有一位師姊悟了以後，那時是在永平寺打禪三，是我們正覺辦的第二次禪三；中午過堂完了，她在中庭，我問她說：「妳在幹嘛？」她說：「我要把祂甩掉，可就是甩不掉。」她想要把祂甩掉，所以甩手不夠還踢腳，好像人家踢正步那樣一直踢，我說：「妳踢不掉祂啦！妳如果眞的能踢掉，那妳就死了。」就是這樣啊！然後有的人悟了以後也很奇怪，她早上刷牙時，看著鏡子裡的自己，開始覺得奇怪！然後越看越怕，渾身起了雞皮疙瘩，心想：「怎麼會有這傢伙？而我一直都不知道祂的存在。」對啊！有不少人這樣啊！這不是現在我們的同修才這樣，古時候就有祖師是這樣。有一個祖師有一天跟師父報告，說他心裡怕怕的：「爲什麼我身上有這麼個東西？」他覺得很陌生，因爲以前從來不知道祂存在，覺得對祂很陌生。師父就罵他說：「傻孩子！這是你自家屋裡底，怕怖什麼！」他後來想一想：「對啊！這是我紹卿自己家裡底，不是別人家的，我爲什麼要怕？」從那時起，

這個紹卿禪師終於不怕了，不怕之後當然就法喜充滿。

可是不管怎麼樣，大家都是「怪未曾有」，大家都奇怪說：「這個東西到底是什麼時候才有的？爲什麼會有這個東西？祂是什麼時候存在的？我什麼時候有了祂？」都這樣想，覺得好奇怪，眞的叫作「怪未曾有」。確實啊！所以剛開悟的時候，我們這些同修們也是一樣，一個一個腦袋瓜裡面，千奇百怪的問題，眞是不一而足；進了小參室，有的問我這個，有的問我那個，都覺得好奇怪，正是這一句經文講的「怪未曾有」。所以不知道無始本有的人往往會說：「對啊！那個七寶塔突然間從地面跑到空中來，當然怪未曾有，不曉得那七寶塔就在自己的大地中。所以『怪未曾有』之後，當然『從座而起，恭敬合掌』，然後一面看著七寶塔，一面看著釋迦牟尼世尊，大家不知道那究竟是怎麼回事。」

我們的同修們也有很多人是這樣，破參以後繼續拜佛，拜了老半天，竟然不知道該怎麼辦？也不曉得說：「等一下我去小參的時候，該講什麼，該如何報告。」都不知道，然後中午破參了，拜了一個下午也不敢去登記，到晚上普說完了，覺得好像都聽懂了；可是普說完了，也不敢去登記小參，明

天早上還繼續拜著，直到糾察老師覺得奇怪說：「他應該是觸證了，可是爲什麼都不登記小參？」你看，就是有這樣的人，「怪未曾有」就不知道該怎麼辦了。這些菩薩們「從座而起，恭敬合掌，卻住一面」，也是不曉得該怎麼辦。我們禪三時，有這些老哥、老姊們也是不曉得該怎麼辦，就一直拜，拜到明天去，才由糾察老師幫他們登記小參。這個是事實啊！所以你說《法華經》講的道理是眞的假的？當然是眞的。

我們上一週《法華經》講到一〇八頁第二段，只講了前面二行，那麼前面這二行：「爾時四眾，見大寶塔住在空中，又聞塔中所出音聲，皆得法喜，怪未曾有；從座而起，恭敬合掌，卻住一面。」一般人讀過總是想：「這就是多寶如來的大威神力示現。」總是不曾想過這裡面大有涵意。這個大寶塔中的「多寶如來」，我們前二次也講過，其實就是菩薩身中住持的眞實如來，就是各人身中本有的眞實如來，是大家各自都有的「如來」。我們前二回也講過，說 多寶如來七寶大塔是「從地踊出」，不是從空中而來。那麼，踊出之後是「住在空中」，而且那麼高大分明，當然大家都很清楚可以看見。那麼請問諸位：你找到第八識如來藏的時候，你自己的七寶塔與裡面自己的「多

寶如來」，是從虛空中突然出現的嗎？當然不是，而是「從地踊出」，就是從你的境界相—地—中踊現出來。如果你離開了三界的境界相，便再也看不到如來藏了，因爲那是無餘涅槃的境界，無一法可見，也沒有能知者能見者，也就是既沒有七寶塔五陰身心，也沒有裡面的多寶如來第八識如來藏。

所以，這個七寶塔五陰身心裡面有著自己的「多寶如來」，這其實就是說：你自己的如來藏在你自己這個五陰身心大寶塔之中，有著七轉識等七寶來莊嚴著。當你證悟的時候，發覺原來「多寶如來」是從境界相裡面顯現了這個大寶塔而有七寶來莊嚴，所以你才能夠找到你自己的「多寶如來」。當你找到以後，祂還會不會繼續藏在地中？（有人回答：不會。）因爲清楚分明顯現在你眼前了，這不就是「住在空中」而很明顯嗎？所以，你找到以後再也不會說：「我的如來藏怎麼不見了呢？」永遠不可能啊！那又如何可能悟後就退失而找不到眞心呢？所以，你找到了自己的「多寶如來」時，祂就永遠在，永遠「住在空中」。

只有藏在地下時，你才會說我找不到祂；也就是說，隱藏在境界相裡面的時候，你找不到「多寶如來」。然而，當你聽聞善知識的教誨以後，依教

奉行而努力修集福德，好好作功夫及熏習正知正見以後，便找到了自己的七寶塔；再過一段時間，參出名堂時就會找到你的「多寶如來」，祂就在你這個七寶塔之中，再也無所遮隱，你永遠都會很清楚地看見祂。所以請問：這樣悟了以後，會不會說「退失了就再也看不見祂」呢？不會。如果有人說：「悟了以後還會看不見悟境（編案：聖嚴法師語）。」請問：他有沒有開悟？（有人回答：沒有。）喔！知道他悟錯了嘛！《法華經》其實就是告訴我們這個道理。當祂「從地踴出」以後，表示你已經知道參禪求開悟時應該認定自己的色陰就是這個大寶塔的塔身，而以七轉識等七寶來莊嚴，名爲七寶塔；由七轉識再衍生出無量無邊法，就是表現於外的幢幡等各種莊嚴；你也知道自己的多寶如來眞如妙心就住在這個七寶塔中，於是不再想要入涅槃，就努力參禪而從境界相裡面找到祂。以前從來沒注意到祂的存在，如今突然看見祂這麼分明，再也不是隱藏於境界相中，而是很清楚分明地示現著，那就是自己的「多寶如來」與「七寶塔」都「住在空中」。

　　這個「七寶塔」「住在空中」，就是說你開悟明心的時候，有沒有聽到你的多寶如來—你的如來藏—在告訴你說：「就是我啊！就是我啊！」有沒有？

因爲當你證悟的因緣成熟時，縱使沒有想要去注意祂，你都會突然就去注意到祂；那時無論如何，祂就是那麼引你注意。祂確實會引得你不斷去注意祂，眞的無法不注意祂，那是不是等於祂在告訴你說：「就是我啊！就是我啊！」正是如此啊！雖然祂從來不言不語，可是從你找到祂以後，祂就在你面前晃來晃去、晃來晃去沒有停過，你不就是聽到塔中的聲音在告訴你說：「我就是你的多寶如來啊！」這時候是不是五陰等七識心大眾「皆得法喜」？因爲終日抱佛而眠，卻不知道祂存在，找來找去找不到，如喪考妣好辛苦！然後幾乎要絕望說：「算了啦！反正參不出來，找不到我的自心如來，我乾脆就放棄了，從今天起，開始當個粥飯僧算了，不當參禪僧了。」想著想著，經本一放下，不參禪了，也不讀經了。

可沒想到，這一放下，會了：「哎呀！原來就這麼清楚。」接著第二個念頭：「好奇怪！爲什麼祂就這麼存在？」眞的好奇怪：爲什麼會有這個東西？這個不是東西的東西，眞的好奇怪！以前都沒有注意到說「怎麼我身上有這個」？覺得好奇怪，可是又覺得好妙，眞的叫作「怪未曾有」，於是有人緊接著就要去探究：我這個「多寶如來」究竟是從哪裡來的？不論怎麼樣

推究、怎麼樣去往前推溯，推不出一個源頭；原來祂是本來就在的，無量世以來祂就是這樣子；無量世以來的五陰有生有死，死了又生、生了又死，都是從祂那裡死了然後又生一個，祂那裡生了一個以後不久死了，祂又會再生一個；就這樣子，眾生不會斷滅。

可是，永遠都無法推究出祂是什麼時候出生的，只能夠說無始以來法爾而有，於是初次證悟的人眞的只能夠說「怪未曾有」。不信，那麼就只好去請問　世尊，世尊也說這是無始以來法爾而有，說是無始本有、非從他生。自己也推究不出來，世尊聖教也這麼說，這時終於才離開了「怪未曾有」這四個字，安心地住下來。剛悟的時候都是「怪未曾有」，到這個時候也只能信受；不信也得信，因爲祂確實是存在的，而祂確實有這樣的功德，過去已經出生一世又一世的眾生，未來還會繼續出生一世又一世的眾生；而每一個人都有這麼一位自己專屬的「多寶如來」，每一世都會出生這麼一個「七寶塔」五陰身心。這個「七寶塔」出生了以後，將來不會壞滅，爲什麼？因爲還會轉到下一世，還是有一個新的「七寶塔」，不斷地這樣出現而行菩薩道。

這時終於瞭解到十方三世宇宙萬有背後的眞實相，這時相信了，只好「從

座而起，恭敬合掌」，因爲絕對不敢小看祂。以前聽人家講：「如來藏不是眞實有，那只是世尊方便施設，爲了讓害怕斷滅的衆生免除恐懼，所以施設說緣起性空就叫作如來藏心，所以一切法空就是如來藏心，其實沒有如來藏可證。」六識論的應成派中觀師釋印順便是這麼說的。現在你自己親證了，發覺原來佛法不是他們講的那回事，原來祂眞的存在，於是只能對祂「恭敬合掌」，因爲這個自心如來—自己這個七寶塔中的多寶如來—是無始本有，並且是自己五陰身心「七寶塔」的根源，所以這時當然要恭敬，然後就尊重此法，此法就是這部《妙法蓮華經》，就是這部經所講的眞如佛性。

這時候由不得你不「合掌恭敬」，可是你合掌恭敬以後能作什麼？你能毀壞祂嗎？不行！你能增益祂嗎？也不行！祂仍然住在原來的境界之中，那就是祂本有的無餘涅槃的境界，在大乘法中稱爲本來自性清淨涅槃；這是說，你的「多寶如來」仍然住在原來祂所住的無餘涅槃境界之中，卻又無妨不斷地出生你的七寶塔——祂一世又一世不斷地爲你出生七寶塔，不是你自己所能辦到的；所以你既無法增益祂，也無法損壞祂，七識心所作的一切增損都到不了祂的境界中。這時你知道自己對祂不能作什麼，回過頭來看一看

說：「哎呀！原來修行是修我們五陰自己，是要把我們五陰這個七寶塔好好加以莊嚴清淨；莊嚴清淨了以後，裡面的種子就清淨，自己的多寶如來所含藏的一切種子就清淨，然後七寶塔表面上就越來越莊嚴。」結果被莊嚴的還是自己五陰身心這個「七寶塔」，但是卻要經由裡面的「多寶如來」，來使自己的「七寶塔」越來越莊嚴，才能夠成就這個「七寶塔」的無量無數莊嚴。那麼這個時候，你發覺你無法直接對你的「多寶如來」作什麼，當然你只能「卻住一面」，不然你還能作什麼呢？

「卻住一面」之後，當然要去探究祂。心中懷著疑惑而想要探究祂，所以「爾時有菩薩摩訶薩，名大樂說，知一切世間天、人、阿修羅等心之所疑，而白佛言：『世尊！以何因緣，有此寶塔從地踊出，又於其中發是音聲？』」當然你剛悟的時候，體驗過三天三夜以後，還是無法很具足了知祂，這時你會跟同時在場的「一切世間天、人、阿修羅」等一樣，因爲在場的人都經由釋迦如來的加持，而看見這個七寶塔「從地踊出」，可是裡面的內涵到底是什麼，也就是如來藏中的內涵到底是什麼，畢竟無所了知，只能看見祂的總相，知道祂有這些功德，對於其中的種子卻是無所了知的。這時候該怎麼樣？

得要請問 世尊。這時你知道「一切世間天、人、阿修羅」等心中都有所疑，他們跟你一樣在 世尊加持下開悟了，可是對於這個法，心中有所疑，無法如實理解爲什麼是這樣？只是看見祂有許多莊嚴的東西，可是爲什麼會有這些東西？它的緣由是什麼？終究有所疑。

當你看見如來藏本身有這樣的功德時，當然要提出來請問，所以向 世尊稟白說：「世尊！祂是因爲什麼樣的因緣？」要先探討因緣，第一個是因緣；「祂是以什麼樣的因緣，然後才有多寶如來和七寶塔從地踊出？」也就是，爲什麼會有我這個如來藏帶著七轉識從境界相中突然間出現了？這可得要問清楚。然後問第三個題目：「爲什麼七寶塔與多寶如來要發出這樣的音聲？」因爲從事相上來說，這七寶塔之中發出了音聲讚歎說：「善哉！善哉！釋迦牟尼世尊！」乃至最後說：「如所說者，皆是眞實。」你剛找到如來藏的時候，你所觀察到自己的這個多寶如來如來藏、這個眞如心，是不是以「平等大慧」在「教菩薩法」？祂示現給你看的都是菩薩法，祂示現給你看的是大平等、大智慧，不是二乘菩提不究竟的平等，也不是二乘菩提小小的智慧。那麼，這就是「諸佛所護念的《妙法蓮華經》」，祂不就是正在爲你演說著嗎？

然後，你觀察到自己所證悟的這個如來藏心，祂不就是「釋迦牟尼」嗎？「釋迦牟尼」是什麼意思？就是能仁、寂靜。你看看自心如來——你的眞如心，是不是絕對的寂靜而不了知六塵？是不是永遠都能對有情行於慈仁？對啊！有情再怎麼造惡而捨報時，祂下一世一樣會給他一個五陰，不會因爲說：「這一世我所生的有情五陰太惡劣了，專幹惡業、十惡不赦，所以我讓他變成斷滅空。」絕對不會，這「多寶如來」第八識法身就會給這個有情一個地獄身，讓他在下一世好好承受這一世的惡業；絕對不會讓他斷滅，只會讓他在地獄裡面長劫受苦，讓他得到教訓以後使他未來會悔改，悔改以後就讓他回到餓鬼道來，苦受輕一點。

每一個有情的多寶如來都不會說：「這個五陰十惡不赦，讓他永遠在地獄之中受苦受難永不超生。」絕對不會嘛！你的自心如來是能仁者，永遠能夠行於慈仁之心；永遠都有慈悲仁愛之心，所以就換了一個比較好的餓鬼身給他。餓鬼報受完了，再給他更好一點的畜生身；畜生身受報完了，再給他一個比畜生更好的人身。如果回到人間懂得行十善、持五戒，就會給他更好的欲界天身；如果他還懂得修禪定，再給他一個色界天身。你看！祂多好！

不論有情多麼惡劣，祂終究不會讓他成爲斷滅空，也不會像一神教所謂的唯一眞神，把他判入地獄永不超生。都不會啊！當他果報受完了，就給他一個好的境界。所以，祂是不是能仁？眞的能夠給予眾生慈悲仁慈，能仁，所以叫作「釋迦」。

但是，當祂在進行這一些事情的時候，自身卻從來都離六塵，永遠不領受六塵、不了別六塵境界，所以祂永遠都是寂靜的，就稱爲「牟尼」。寂靜、能仁，是否就是梵音的釋迦牟尼？是啊！所以「釋迦牟尼世尊」——你自己的釋迦牟尼世尊，依「如」而爲你所說的全都是「眞實」之法。所悟的都是眞實法，那麼當你悟了以後，當然對於自己的「釋迦牟尼」是如此，卻還是心中有所疑，於是對於應身佛的本師 釋迦牟尼佛，你當然就要向前請問：第一是什麼因緣？第二爲什麼「從地踊出」？第三爲什麼又發出這個聲音來？

《法華經》的〈見寶塔品〉中這樣告訴我們，古今有多少人讀懂了？沒有！所以 佛陀演說的《法華經》，甚深廣大難知難解。確實如此啊！那些依文解義的人，只能從文字表面讀，就說這部經典內容看來都很淺，卻不知道

其中寓意深遠。你們已經找到如來藏的人，一面聽我這樣演說時，我相信你們剛才就已經同時也在現前觀察著：我找到的如來藏，是不是蕭老師說的那樣？你就能親自證實：果然如是，《法華經》的所說，沒有一絲一毫欺誑於人。

經文：【爾時佛告大樂說菩薩：「此寶塔中有如來全身，乃往過去東方無量千萬億阿僧祇世界，國名寶淨；彼中有佛，號曰多寶。其佛行菩薩道時，作大誓願：『若我成佛、滅度之後，於十方國土有說《法華經》處，我之塔廟為聽是經故，踊現其前為作證明，讚言：善哉。』彼佛成道已，臨滅度時，於天人大眾中告諸比丘：『我滅度後，欲供養我全身者，應起一大塔。』其佛以神通願力，十方世界在在處處，若有說《法華經》者，彼之寶塔皆踊出其前，全身在於塔中，讚言：『善哉！善哉！』大樂說！今多寶如來塔，聞說《法華經》故從地踊出，讚言：『善哉！善哉！』」是時大樂說菩薩，以如來神力故，白佛言：「世尊！我等願欲見此佛身。」】

語譯：【這時佛陀告訴大樂說菩薩：「這個七寶大塔之中有如來的全身，

乃是往東方無量千萬億阿僧祇世界，在過去劫，有一個佛國，國名寶淨；那佛國裡面有一尊佛，名號叫作多寶。那一尊佛在因地廣行菩薩道時，曾經作了大誓願說：『如果我將來成佛八相成道，最後示現進入滅度以後，凡是在十方虛空無數國土中，若是有佛演說《法華經》的地方，我的塔廟爲了聽聞這一部勝妙經典的緣故，將會踊現在那尊佛和大眾面前，爲那一尊佛而作證明，讚歎說：善哉。』那一尊佛成道以後，即將進入滅度的時候，就於天人大眾之中告訴諸比丘們：『我示現滅度以後，凡是想要供養我的全身舍利的人，應該共同建造起一個大寶塔。』那尊佛就以祂的神通和願力，在十方世界的每一個地方，假使有佛演說《法華經》的時候，那個寶塔都會踊出在他們的面前，而如來全身也都會住在那個七寶塔中，發聲讚歎說：『善哉！善哉！』大樂說！而今多寶如來的七寶塔，聽聞這裡在演說《法華經》的緣故而從地中踊現出來，讚歎說：『善哉！善哉！』」是時大樂說菩薩，因爲如來神力加持的緣故，就當場稟白佛陀說：「世尊！我們大眾都起願而很想覲見這尊佛的佛身。」】

講記：那麼這位大樂說菩薩，當然也有他自己的典故，他最喜歡爲人家

講解這個「七寶塔」以及其中的「多寶如來」，最喜歡為人家演講這個妙法。但是，這時是該法主開示的時候，他應該出來起個頭，讓法主可以繼續宣講這個《妙法蓮華經》，所以他故意提出這樣的請求，這是為大眾提出這個請法的問疑。所以，這時 佛陀就告訴大樂說菩薩：「這個寶塔中有如來的全身，這個如來的全身是往昔過去東方無量千萬億阿僧祇世界，那裡有一個國度名稱為寶淨；那裡面有一尊佛，名號就是多寶……」等等，答覆大樂說菩薩所問的第一個問題；也就是說，大樂說菩薩請問「以何因緣」？為了答覆這句「以何因緣」，所以 世尊告訴大家：往東方經過無量千萬億阿僧祇世界，很久以前有一個國土名為「寶淨佛國」，那時有一尊佛，佛號稱為「多寶」。那位 多寶佛行菩薩道的時候，當然是過去無量劫以前行菩薩道時，曾經發下一個大誓願；這個誓願之所以稱之為大，是因為這個誓願是要無窮無盡、盡未來際永無止盡實行的，所以這個願稱之為大。那麼，這個大誓願說的是：「如果我成佛以後，將來滅度了，將來在十方佛國，不論在哪一尊佛的國土中，只要有佛演說《法華經》的地方，我這個塔廟」也就是七寶塔，「為了聽受這一部《法華經》的緣故，」也就是為了聽聞諸佛所說眞如佛性的最後

說法時，「就會踊現於說法的世尊和大眾的面前，來為演述《法華經》的佛陀作證明，親口來讚歎說：『講得眞是太好了。』」這是說，先有事相上的多寶如來在往昔成佛了，這是答覆了第一個「以何因緣」的請問。

接著 世尊又說：「那一尊佛成道以後，在面臨滅度的時候，」就是即將示現入滅的時候，「在天人和大眾之中告訴諸位比丘們說：『我多寶如來滅度以後，若是想要供養我全身舍利的人，應該為我起造一個高廣的七寶大塔。』」這就是七寶大塔的由來，有了 多寶如來的七寶大塔以後，未來將會在諸佛演述《法華經》時，才會有這個七寶大塔突然「從地踊出」的緣由，這是答覆了大樂說菩薩請問的第二個問題。

這意思在告訴我們什麼？在說明諸佛收圓三乘菩提而演述眞如佛性最勝妙法時，十方三世的多寶如來都會來聽聞。也是宣示：不會沒有菩薩們前來聽聞的，如果不來聽聞，就表示他們對於佛菩提的實證因緣或者聞熏的因緣都還不夠，也就是不信受而退席的聲聞五千人，然後一切菩薩都會來聽聞。這樣看來，末法時世的今天，會有釋印順等一派人不信受八識論妙法，也就是自然而合理的了。然而一切菩薩都會有具備無量莊嚴的七寶大塔，而

與某一尊如來共同示現於某一個世界中，然後由如來演述三乘菩提，在第二轉法輪時開始演說眞如佛性妙法，最後收圓在《法華經》中。

這就是說，一切人正式修習菩薩道以後，一世又一世不斷地努力修行，莊嚴自己的七寶塔——以各種福德智慧來莊嚴自己的七識心，然後臨滅度的時候，同樣都要再另行建造一座全新的七寶塔；該怎麼樣建造呢？再去投胎啊！再去受生啊！於是一世比一世莊嚴。當然所謂的莊嚴，不是在手上戴一個三問錶（聽說現在最貴的錶叫作三問錶，一隻錶要價一千多萬台幣，聽說還在漲價中），但那絕對不是眞正的莊嚴。菩薩身上掛的瓔珞，瓔珞其實也不是眞的莊嚴，只是一個表相示現；經中說菩薩胸前戴著的瓔珞，是努力修習六行之士的種種法而成就的，不是由人們製造然後由菩薩去買來佩戴的。

也就是說，菩薩示現在人間是有種種的莊嚴，這些莊嚴會讓人家感覺到，可是眾生卻說不出來。「哎呀！這個人太好了。」好在哪裡？眾生卻往往講不出來，就只是去享受菩薩他的好。連漠不相識從無往來的眾生都會感覺到，這就是菩薩的莊嚴，但不是在肉體上、飾物上顯現出什麼莊嚴；而是他有伴隨的許多功德，在無形之中讓人感覺到他的身心是很莊嚴的。可是這

樣莊嚴的七寶塔要依什麼而建？要依地而建；所以還是要在人間的境界相、欲界天的境界相、色界天的境界相中，乃至於發大願可以永離三惡道，卻願意去三惡道度化有情，像 地藏王菩薩就是這樣，像提婆達多示現爲破佛的逆行菩薩，然後下了無間地獄，卻是猶如三禪之樂，這個也是菩薩的莊嚴，但是這一些莊嚴全都是依地而建。

所以，你們一世又一世努力修行下來，捨報之後還是要再依地而建下一世另一個全新的七寶塔，「地」就是三界中的境界相。可是，你如果想要具足境界相，你得要在人間重新受生，也就是重新再去投胎，然後你就擁有了下一世的各種境界相，一定可以具足十八界法，地就具足了，這也就是下一世的地。死後繼續依地而建你的七寶塔，於是你的多寶如來下一世又會在你的七寶塔中安住，繼續流注無量無數的種子出來，讓你繼續完成你的佛道。這就是第二個告訴大家的道理，是說滅度之後想要供養這個全身的話，得要去重新再取得一個七寶大塔；怎麼取呢？再去入胎就重新取得一個七寶大塔了。

那麼，接著就答覆第三個問疑：爲什麼這七寶塔中會發出這樣的音聲來

讚歎釋迦牟尼世尊？意思是問：爲什麼發出這樣的聲音來讚歎寂靜能仁世尊？於是世尊就解釋說：「其佛以神通願力，十方世界在在處處，若有說《法華經》者，彼之寶塔皆踊出其前，全身在於塔中，讚言：『善哉，善哉！』」這就是說，多寶如來是發了這樣的願：十方世界不論什麼地方，只要有某一尊佛陀在演說《法華經》的地方，多寶如來這個七寶塔都會踊出於那一位世尊之前，讓所有大眾可以看見；然後這一尊七寶大塔就以全身—整個七寶大塔—全都「住在空中」，而且「七寶大塔」中的「多寶如來」就住於塔中，而且是「全身」。

請問諸位：你們自己的七寶大塔之中的如來藏，有沒有人是一半的？或是四分之一、八分之一的？有沒有？沒有啊！都是全身嘛！全部都是全身啦！所以，你自己的多寶如來一樣是全身住於你的七寶塔之中，而祂是「住在空中」這樣分明顯現，是不是等於告訴你說「善哉！善哉！」對啊！因爲你找到了祂以後，絕對無法否定祂的存在。當祂不斷在運作的過程中，都在告訴你妙法，讓你去以三乘菩提、一切經教驗證，也能讓你去跟十方三世一切法界的現象作印證；你只能證實祂的眞實、證實祂永遠是如，而你無法去

推翻祂。所以祂一直不斷地在運作著，就是在告訴你：「你對祂所作的一切體驗、一切現觀、一切檢驗，全都是：『善哉！善哉！』」那麼你們說說看：《法華經》的意涵講得親切不親切？親切啊！只是還沒有找到自己的多寶如來的人會說：「奇怪？你蕭老師說好親切，我怎麼看不出來？」因爲你雖然已經聽我所說而看見了自己的七寶塔，但還沒有看到你自己的多寶如來，當然你就不會覺得親切；可是你一旦找到了多寶如來，你的大寶塔住於「空」中確實都有七寶爲你莊嚴著，你當然很清楚知道這個七寶大塔裡面，多寶如來是那麼清楚分明；那時當然就很親切啊！哪裡會有不親切的？

那麼這樣，把大樂說請問的三個問疑都答覆完了，世尊接著說：「大樂說啊！如今這個多寶如來的七寶大塔，聽聞說《法華經》的緣故，所以從境界相裡面踊了出來，讚歎說：『說得太好了！說得太好了！』」這時大樂說菩薩，由於 釋迦如來威神之力所引導的緣故，就大膽向 釋迦如來稟白說：「世尊！我們大眾都發願想要看見這位多寶如來的眞身。」一般人是不敢這樣開口請求的，菩薩們也都不敢擅自開口請求，因爲太造次了。可是 多寶如來既然來到了，就是爲了證前啓後：來證實 釋迦如來前面所說眞實，也要啓

發後學眾生，再引起後面還沒有說完的《法華》內涵，請世尊繼續為大眾宣說，當然不可能這樣就結束了《妙法蓮華經》的宣講。

因此，釋迦如來就給大樂說菩薩一個念頭，於是大樂說菩薩就這樣提出來請問說：「大眾都很想要看見多寶如來。」那麼，是不是想要看見就可以看見？想要看見 多寶如來時，是不是會有先決條件？法界中都是如此，不可能無條件便得到了。若是無條件得到，那都是人家完全的施捨。可是眾生有一個習慣，如果是完全施捨、無條件送給他，他就覺得很不屑，他往往會輕賤。就像《金剛經》講的，當你持誦《金剛經》──就是持誦如來藏時，往往都會被人家輕賤；這都是很正常的，因為眾生的習性就是這樣，容易得到的就想：「哎呀！這不希罕。」他三十歲開始參禪，你如果把他磨上三十年、五十年才讓他開悟，就是等到他八十歲時才讓他開悟，那你告訴他說：「我幫你開悟的事，其實只是作弄你，你悟的這個其實是假的。」他也不會放棄，他想：「就算是假的，老子五十年才得到的，怎麼可能放棄？」對不對？對囉！所以，咱們早期輕易送給人家，眞的不好，怪不得十之九點九後來都退失了。就是要不斷地磨練啊！讓他們很辛苦才得到，當然就不願放棄

了。所以，大眾想要見 多寶如來，並沒有那麼容易。那麼到底需要什麼條件才能使大眾都看見 多寶如來的全身示現？我們就看 世尊怎麼開示了。

經文：【佛告大樂說菩薩摩訶薩：「是多寶佛，有深重願：『若我寶塔，爲聽《法華經》故，出於諸佛前時，其有欲以我身示四眾者，彼佛分身諸佛在於十方世界說法，盡還集一處，然後我身乃出現耳。』大樂說！我分身諸佛在於十方世界說法者，今應當集。」大樂說白佛言：「世尊！我等亦願欲見世尊分身諸佛，禮拜供養。」

爾時佛放白毫一光，即見東方五百萬億那由他恒河沙等國土諸佛，彼諸國土，皆以頗梨爲地，寶樹、寶衣以爲莊嚴，無數千萬億菩薩充滿其中，遍張寶幔，寶網羅上。彼國諸佛，以大妙音而說諸法，及見無量千萬億菩薩，遍滿諸國，爲眾說法。南西北方、四維上下，白毫相光所照之處，亦復如是。爾時十方諸佛，各告眾菩薩言：「善男子！我今應往娑婆世界釋迦牟尼佛所，并供養多寶如來寶塔。」】

語譯：【佛陀告訴大樂說菩薩摩訶薩：「這位多寶如來，祂有很深重的大

願：『如果我的這個七寶大塔，為了聽聞《法華經》的緣故，出現於諸佛面前的時候，假使那時有佛想要以我的全身來示現給四眾親見，那麼那一位佛陀化現在十方世界說法的分身諸佛，全部都必須要回來集合在一處，然後我多寶如來的眞身才會出現。』大樂說啊！我釋迦牟尼佛分身在於十方世界說法的諸佛，現在都應當要集合了。」大樂說菩薩聽了，就向佛陀稟白說：「世尊！我們大眾也都發願想要親見世尊分身於十方世界的諸佛，親自一一禮拜供養。」

這時釋迦如來從眉間白毫相中放出了一道光明，這個光明往東方照射出去時，大眾就看見了東方五百萬億無量無數恆河沙等國土中的諸佛；而那一些國土之中，全部都以頗梨作為大地，以寶樹和寶衣來莊嚴，無量無數千萬億的菩薩們充滿於那些國度中，而且到處普遍地張掛起寶幔，寶幔之上還有寶網敷設在上面。在那一些難以計數的國度中的釋迦如來化身諸佛，同樣都以大妙音在演述諸法，並且同時也看見了無量千萬億的菩薩們，各自遍滿於諸佛國土之中，也都在為大眾說法。東方五百萬億那由他恆河沙等國土如是，佛陀所放射出來的白毫光也同樣往南方、西方、北方、四維上下全部照

射過去，白毫光所照耀之處，也都同樣是這樣的情形。這時釋迦如來化現的百千萬億十方諸佛，各個都告訴菩薩眾們說：「善男子們啊！我如今應該要前往娑婆世界釋迦牟尼佛的所在，並且得要供養多寶如來的寶塔了。」】

講義：這樣依文解義過了以後，少聞寡慧的眾生聽了又要說：「這《妙法蓮華經》又在講神話了。」確實，對於少聞寡慧的人而言，那些對於大乘三寶信不具足的人而言，這眞的只能說是神話；可是對於實證的人而言，這既是十方虛空無數世界佛教的事實，而且還有眞實理存乎其中。那麼，接著我們就來談一談看看吧！

釋迦如來告訴大樂說菩薩摩訶薩：「這位多寶佛，有深重願：『將來假使我的七寶大塔，爲了聽《法華經》的緣故，出現於演說《法華經》的佛陀面前時，假使那些佛陀想要以我多寶如來全身示現給四眾弟子們親見的話，那一尊如來分身在十方世界說法的所有化身佛，都必須全部回來集合在一處，然後我多寶如來全身才會出現。』」爲什麼 多寶如來要發這樣的深重願？這就是說，多寶如來非常尊貴，不輕易示現的。也就是說，有幾個原因 多寶如來必須要這樣施設，目的是讓眾生知道：在三界流轉的無量無數生死過程

之中，要值遇如來其實是很不容易的事。

即使值遇入地的大菩薩們都很不容易，何況是如來？而每一尊如來座下都有無量無數的大菩薩們。諸位看看，當今這個地球上能夠值遇多少大菩薩？十根手指頭你都用不完，眞的很難值遇，何況是值遇諸佛？確實更難。値遇諸佛都很困難了，値遇如來演說《法華經》就更困難，因爲諸佛都是在即將入滅前才會說《法華經》，不會從一出現於人間就開始講，講個不停講到入滅；而且，我們也講過，只有應身佛才會演講《法華經》，化身佛不會開講《法華經》的。所以說，諸佛的出現已經很難值遇了，可是值遇之後就只有應身佛才會宣講此經，而且應身佛也只在那麼一個很短時間演講《法華經》，所以要聽聞《法華經》眞的很困難，這就是第二個難了。

第三個難處呢，縱使有如來演述《法華經》，可是想要聽聞也不容易。釋迦如來在世時，還是有許多弟子們沒聽聞到；因爲有些弟子都已經遊行十方度化眾生，趕不回來聽，所以不是每一個弟子都可以聽聞到，這就是第三個難處，眞的叫作得聞亦難。可是有機會可以聽聞了，是不是他就能聽聞？不一定，你看 釋迦如來演述《法華經》時，那五千個未證言證的聲聞凡夫

還當場公然退席呢，所以想要當《法華經》的聞法眾，也還是不容易的；得要本身的信根、慧根具足而發起對大乘三寶的信力、慧力了，否則還無法聽聞。接著呢，縱使能眞的聽聞《法華經》了，有幾個人有能力讚歎《法華經》的玄妙之處？所以能夠讚歎《法華經》的人還眞的不多；如果只是寫一些偈從皮毛上面來讚歎，那當然會多一點。可是眞正如實讚歎《法華經》的人是誰？就是如實加以演述出來的人；可是有誰能夠如實演述具足圓滿？就是只有諸佛，然後是諸佛滅後接著有菩薩摩訶薩如實加以演述。

所以你看：想要如實聽聞《法華經》的勝妙內容時，眞的有這五難。既然有這五難，顯然演述《法華經》而能夠有聞法眾，並且還有菩薩能夠如實讚歎，諸佛能夠如實演述，這眞的是不容易。「因爲這麼不容易，當然要施設一些條件，要我多寶如來全身和七寶大塔一起『從地踊出』，『住在空中』來讚歎，並且由應身佛的化身諸佛會集，再來打開七寶大塔示現我多寶如來的全身。」當然要有很難達成的條件，這樣來示現說：「我多寶如來是多麼看重此經，此經就是《妙法蓮華經》，《妙法蓮華經》就是眞如與佛性。」得要如此看重「此經」才行。所以這個條件施設了，如來也要作出如此的教示，

因此要以加持力讓大樂說菩薩提出來說：「想要親見多寶如來全身。」於是 釋迦如來就告訴大眾，以前 多寶如來發下這樣的大誓願：「想要親見多寶如來全身的人，那一尊演說《法華經》的應身佛一定要把分身於十方世界一切化身佛都召集回來，然後才可以開我這個七寶塔，我多寶如來才會把全身示現給大眾看。」所以，顯然《法華經》的演述和聽聞讚歎，都不是小事。

那麼，釋迦如來這樣子開示完了，就向大樂說菩薩開示：「我釋迦牟尼佛分身於十方世界無量無數諸佛現在都在說法，如今都應該要集合在這裡。」既然 釋迦如來的分身一切諸佛—百千萬億釋迦如來的化身—都要開始集合回來了，大樂說菩薩可以靜默而不作任何表示嗎？當然要說：「我等亦願欲見世尊分身諸佛，禮拜供養。」這在表示什麼呢？表示說：即使親承於諸佛的化身都很不容易。這是因爲諸佛的化身佛，仍然是世尊，不因爲祂們是化身就不是世尊；既然 釋迦如來說十方世界百千萬億化身 釋迦牟尼佛都要集合過來了，當然菩薩要趕快表示說：我們很樂意、很想要一齊拜見供養。眞的不能無所表示。

在世間法中，有朋自遠方來不亦樂乎，當然要請他留下來午齋供養，再

怎麼窮也得要開口說：「請你留下來受我一餐之供。」不能無所表示。當然菩薩們知道釋迦如來的百千萬億化身諸佛要集合回來，當然應該要禮拜和供養。這時既然大樂說菩薩為大眾這麼說了，釋迦如來當然要召回一切化身諸佛，所以放出白毫光；就只有一種光，不是三十二相全都放光，就是白毫相中放出光明。為什麼用白毫相放光？因為這是諸佛的智慧所得，當然要用白毫相來放光，這個白毫相的光明照耀出去之後，東方有五百萬億不可計數的恆河沙數國土中的釋迦如來化身佛——總而言之就是無量無數，這些國土都是清淨的境界，「皆以頗梨為地，寶樹、寶衣以為莊嚴，無數千萬億菩薩充滿其中，遍張寶幔，寶網羅上」，請問，這樣的佛土是我們這種汙垢的穢土嗎？

那麼回到理上來說，你自己的「多寶如來」有無量無數的種子流注，無法計算，這些種子所住的境界是人間的汙垢土嗎？當然不是，當然所住的境界都像頗梨一樣清淨。因為你無法拿粉塵去汙祂，無法拿泥水去汙祂；祂能夠成就種種事業，所以都是有無量無邊的莊嚴。假使因緣足夠，這裡面無量無數種子的流注就會使你開悟，這一些無量無數的種子，每一個種子不就是

一位菩薩嗎？真的叫作「無數千萬億菩薩充滿其中」，這些菩薩都在為你說法，也就是某一個層面的如來藏中的種子是如此，別的層面亦復如是，所以說：「彼國諸佛，以大妙音而說諸法。」東方如此，諸方亦復如此。

每一個如來藏中所蘊藏的種子，也就是每一個功能差別，都從哪裡來？不可能是從色身所生的，因爲色身是段肉無情，無情如果能生諸法，那麼有情的心就是由色生，那就應該這個講桌無情也會生諸法，應該地上石頭、泥鋪的地板也會生諸法，結果你應該會瞧見說：現前會有無量無數諸法從無情中出生。可是事實上不可能，因爲無情不能生諸法。那麼是不是從各種助緣而生？行不行？也不行！如果各種助緣能生，那麼就成爲共生了；可是共生的道理在現象法界中不成立，在邏輯上也不能成立，所以說諸法不共生，當然根與塵不能自行和合共生識。那諸法會不會是自生？本來沒有這些法，諸法突然自己出現了？也就是說你身中的無量化佛，無緣無故突然自己出生？若可以這樣自生的話，應該虛空無法也會生諸法。所以根塵二法共生意識等六識是不可能的，一定要有個根本因：要由如來藏爲因，藉根塵二法爲緣才能出生識陰等六識。所以諸法也不可能無因生。

諸法也不可能是自生，因爲本來不存在時就是無法，無法不能生法，怎麼可能這個本來不存在的法，竟然可以自己出生了自己？所以你身中的一切化佛，都不可能自己出生自己，更不可能由別人的心來出生你，否則你就應該要與那個出生了你的心時時相應——例如時時都與上帝相應，猶如證悟後發覺自己時時與能生的眞如心相應。結果你身中的這些化佛以大妙音而爲你說法，你聽了就應該知道這些法全都不共生、不自生、不無因生、不他生，你就會知道一定還有一個自己的「釋迦牟尼如來」在，那自己身中的「釋迦牟尼如來」是誰？就是自己的這位「多寶如來」。這時你看見無量無數諸多化佛，遍滿諸國都在爲大眾說法，確實如此啊！所以某一個法聚（國）之中是如此，你來看自己五蘊之中其餘的各種法聚——各方向的諸國，四維上下你都把它找遍了，莫非如是，都在如來藏白毫相光—般若智慧—所照明的時候顯現出來。

那麼回到事相上來，這時因爲 釋迦如來的白毫相光所照耀的緣故，釋迦如來分身於十方無量無邊世界的百千萬億化身佛，各個都告訴身邊的菩薩眾們說：「善男子啊！我如今應該往娑婆世界釋迦牟尼佛的所在，供養多寶

如來的寶塔。」這在理上應該是怎麼說的？也就是說，當你起心動念要去實證你身中的「釋迦牟尼如來」，是不是要把你所有的一切心、一切心所法、一切種子都收攝回來？這時你還能再向外攀緣嗎？不行了，你如果再向外攀緣，就永遠找不到自己的「多寶如來」了！你必須要攝回自己的化身釋迦牟尼如來，然後努力的去尋找，就是把一切都收攝回來了，心都不向外放了，才會參到見山不是山、看水不是水的層次，把什麼都給忘了；因爲一切心所法全都集中回來了，把十方世界的境界全都放下了，這時是全都收攝回來了。

然而全部收攝回來之目的是要幹什麼？要面見自己的應身佛「釋迦如來」，然後就可以供養自己的「多寶如來」，應身佛「釋迦如來」顯現於外，「多寶如來」不顯現於外。得要先面見了自己的應身佛「釋迦如來」——在這個五蘊身中不斷示現的自性佛，你才會看見自己的「多寶如來」——第八識自心眞如。這第八識爲什麼稱之爲「多寶如來」？當你要去尋找你的多寶如來時，得要先看見自己的七寶塔，然後看見說：原來我的七寶塔有五重欄楯等等，有這麼多的莊嚴。還想起這一品第一段講的七寶大塔嗎？有那麼多的功德。可是這些功德是從哪裡來的？你當然要去把根源找出來。當你眞的

找到自己的「釋迦如來」與「多寶如來」時，就會發覺「釋迦如來」其實就是「多寶如來」，二者不一不異。

所以參禪時的首要之務，就是把你的一切化身佛全都集合起來，不要再放出去了；而參究出來時，也得要好好瞻仰自己的「多寶如來」，不能三心二意。意思就是說要專心參禪，把一切都放下；要把十方世界的境界都放下，專心去參禪，去尋找你的本尊「釋迦牟尼如來」；要把一切心所法全都收攝回來，跟你的應身佛意根意識—自己的應身佛釋迦如來—同在一處，都不往外放，你就會匯歸於自己的七寶塔；然後看見七寶塔有這麼多的寶貝，卻都還不是自己眞正的「多寶如來」；繼續參究下去，當然你漸漸地就會聽到自己的「多寶如來」「以大妙音」出大音聲，最後就會看見自己的「多寶如來」，也就是終於明心破參了。

那麼這意思是說什麼？這還有別的意思在告訴我們，意思就是說，十方諸佛示現在人間成佛時，應身佛只有一尊，而化身有無量無數。那麼讚佛偈中說的「百千萬億釋迦牟尼佛」，顯然就不是祖師們憑空揑造。而且在前面，我也跟諸位講過說，應身如來爲聲聞菩薩們授記，化身如來不作授記；還記

得嗎？我想一定有很多人懷疑過我這個講法到底對不對，但你們聽聞到這裡，可以來作個印證，看我前面所說的對不對。記得前面我也講過，說應身如來演述《法華經》，化身如來不說《法華經》，有沒有？有啊！當時講的時候，有人一聽，眉頭就皺了起來。現在諸位來印證看看，當應身如來演述《法華經》，演述到一半，多寶如來的七寶大塔出現時，所有化身佛都需要回來。請問：化身佛如果那時候正在講《法華經》，該怎麼辦？是不是要罷講，全部都收攝回來？所以，化身佛是不講《法華經》的，應身如來才會講《法華經》。

化身佛如果也講《法華經》（我是說如果，當然不是眞的），多寶如來不會去聽聞的。而且，這話其實是白講的，因爲化身佛根本不講《法華》。凡是講《法華》時，化身諸佛都要集合回來，那怎麼可能化身佛也講《法華經》呢？這樣說明，諸位就瞭解了。因此，既然每一尊佛演講《法華經》時，十方一切化身如來都要集合回來，在應身佛主導之下一起會見 多寶如來。這就表示說，演講《法華經》的佛，一定是應身佛而不是化身佛。那麼這樣子，諸位對 釋迦如來的認知，應該跟以前不同了。

以前常常有人講：「釋迦如來只是化身佛。」那意思就是說：那只是化現的，沒什麼了不起。他們是這個想法，然而我們不是這個想法，我們一開始就知道 釋迦如來是應身佛，不只是化身佛，如今《法華經》也這樣爲我們證實；而事實上也是這樣，因爲只有應身佛能作授記，化身佛是不作授記的，也不講《法華》的。不曉得諸位有沒有讀過《大品般若經》？《大品般若經》有說千佛共說般若，好像哪裡也有講過千佛共說《楞嚴》、共說《華嚴》。這表示什麼？表示那一些都是化身佛在爲大眾說法。同一尊佛說法的時候，有化身的千佛同時在講般若、同時在講《華嚴》、同時在講《楞嚴》。這意思代表什麼？代表說那些都是化身佛。但是，從《法華經》的所見，娑婆世界在二千五百多年前示現的 釋迦如來，不是化身佛而是應身佛；因爲這裡有許多弟子可以進入菩薩道第二大阿僧祇劫的緣成熟了，於是 世尊感應這個因緣來這裡示現，這就是應身佛。

因此，釋迦如來是應身佛，不是化身佛。所以，祖師們寫的讚佛偈「遍十方千百億化身佛」，這是眞的，千百億的化身 釋迦牟尼佛是眞實的，而這裡示現的 釋迦牟尼佛是應身佛。這樣，這二段《法華經》的意思，隱藏了

這些道理在其中。諸位以前自己讀過了，如果沒有聽聞今天這樣的演述和說明，往往讀過了以後，就覺得這好像沒什麼；往往認爲就只是說明化身諸佛來這裡示現，集合回來見 釋迦牟尼佛而已；可是它背後隱藏的涵義，往往就被忽略了，但其實這是眞實的。那麼，東方百千萬億化身 釋迦牟尼佛集合回來以後，會變成怎樣的狀況呢？

經文：【時，娑婆世界即變清淨，琉璃爲地，寶樹莊嚴，黃金爲繩以界八道，無諸聚落、村營、城邑、大海、江河、山川、林藪。燒大寶香，曼陀羅華遍布其地，以寶網幔羅覆其上，懸諸寶鈴；唯留此會衆，移諸天、人置於他土。

是時，諸佛各將一大菩薩以爲侍者，至娑婆世界，各到寶樹下。一一寶樹高五百由旬，枝、葉、華、果次第莊嚴，諸寶樹下皆有師子之座，高五由旬，亦以大寶而校飾之。爾時諸佛，各於此座結跏趺坐。如是展轉遍滿三千大千世界，而於釋迦牟尼佛一方所分之身猶故未盡。】

語譯：【這時娑婆世界就突然轉變爲清淨的世界了，是以琉璃作爲大地，

有寶樹來莊嚴這個娑婆世界，並且以黃金編織為繩索來標誌出八條大道，這時的娑婆清淨世界沒有聚落，也沒有鄉村以及營商的人們；沒有大城市，也沒有大海、江河、山川，更沒有森林和池沼等。這時的娑婆清淨世界燒起了大寶香，紅色的美麗花朵遍布於大地，以寶貴的網和幔普遍蓋覆在娑婆清淨世界上面，而且懸掛了各種寶鈴；這時只留下了在法華會上的這一些大眾們，把諸天和其餘的人都暫時移置到別的國土去了。

當時，釋迦如來的化身諸佛，各自都攜帶了一位大菩薩作為侍者，回來到這個娑婆世界，都來到了這些寶樹下面。而這些寶樹，每一棵寶樹高度有五百由旬，具足了枝、葉、華、果等等，都有次第性的莊嚴；而這些寶樹下都各有師子之座，高度都是五由旬，也都以各種很大的寶物而互相對比的裝飾起來。這時從十方無量世界回來的釋迦牟尼化身諸佛，各自都在這個寶座上面結跏趺坐。就像是這樣子，一樹又一樹下的一佛又一佛，展轉而遍滿了這個娑婆世界三千大千世界，但是釋迦牟尼佛所化現出去的東方回來的化身佛還沒有全部坐上去。】

講義：這個道理是在講什麼呢？先從事相上來說。這時娑婆世界就變為

清淨世界，以琉璃爲地。琉璃不是很貴嗎？小小的一顆琉璃，人家就裝在戒指而戴在手指上，可是這時的娑婆世界是整個遍大地都是琉璃，夠清淨了吧？是清淨啊！這個琉璃世界都有寶樹莊嚴，而這些寶樹非常非常之多。寶樹是指什麼？寶樹就是你如來藏中的每一團、每一聚的法；如來藏中有無量團、無量聚的法，每一小聚就是一棵寶樹。有無量無邊寶樹來莊嚴你這個娑婆世界——已經變成清淨的娑婆世界，然後「黃金爲繩以界八道」。這個寶樹的莊嚴，並且以琉璃爲地，不是無緣無故得來的；還要以黃金做成的繩子分界出八正道，爲什麼這個世界只有八條道路？因爲你要完成佛地的功德就是只有這八條；二乘菩提也是這八條正道，大乘菩提也是這八條正道，不多不少、不增不減。

而這八條正道要以黃金爲繩來界定出來，不能夠用那個爛泥巴去捏成，也不能夠用麻、草去編成的繩子。這時的娑婆世界沒有聚落、沒有村營、沒有城邑、沒有大海、江河、山川、林藪。你的自心如來之中是沒有這些東西的，當你所見自己的娑婆世界，突然間變成這種清淨世界的時候，都沒有這些東西，所有的只是一切莊嚴這個世界的諸團諸聚等一切法。

曼陀羅華也就是紅花，紅色的花是一般大眾最喜歡見的，這樣的花「遍布其地」。當你去看你的如來藏，而這時如來藏如果是已經到達佛地的時候，可就全部是曼陀羅華，沒有一樣是染汙的。那時你看見自己是怎麼樣成佛的，就是從因地無量劫來，以黃金爲繩來界定出這八條正道；就這樣走過來，成就今天這一個無比清淨的，原本叫作娑婆的世界；而這其中沒有聚落、村營、城邑、大海、江河、山川、林藪。也就是說，這裡面既沒有所謂的世界，也沒有所謂的有情，這樣講就直截了當；你的常寂光淨土之中，沒有任何的世界，沒有任何的有情，無人亦無我，無垢亦無淨，所有的就是這樣的莊嚴。

可是，這是大眾所追尋的究竟的境界，無量的功德香也就飄散不絕，這就是「燒大寶香」。然後，你可以從其中看見無量無數的善淨妙法，就是「曼陀羅華遍布其地」。而這一些曼陀羅華發起作用的時候，你就發覺「寶網、寶幔羅覆其上，懸諸寶鈴」，眾生可以從這裡面聽聞親見。這就是說，當你進入佛地境界時，是你剛開始進入就看見這個境界了，這就是你的化身佛剛剛回來時就看見這個境界了。這時回到事相上來說，像這樣的境界，當然還沒有證悟的諸天就得要離開，要把他們移置於他土，只留下對《法華經》已

經親聞、親見，已經親證《法華經》的會眾們留下來。這時你的意識覺知心在這裡觀察著，自己就是留下來的會眾。所以你就是那些留下來的會眾，你的意識覺知心有種種的法，每一個法就是一個會眾。

然後諸佛各將一大菩薩作爲侍者，來到這個娑婆世界；你把本來在十方世界作用的這些諸法都收回來了，回到這個娑婆世界，回到這個清淨世界中來，然後各自到達寶樹下，也就回歸於各自的法聚之中；每一個法聚其實都很明顯地存在，只要你能夠觀察。最粗略的觀察，例如以初地菩薩的百法明門來看，每一法就是一團一聚，這些法都很明顯地示現著；只要你會觀察，你就看得見，每一個法都跟你的如來藏一樣高大，所以「一一寶樹高五百由旬」，這每一棵寶樹竟然跟　多寶如來的七寶大塔一樣高。這意思是說，你們不要妄自菲薄，別總是長了別人的威風，還滅了自己的志氣，其實一切眾生界全都平等平等，而自己的七轉識等九十九法也與眞如心平等平等。

那麼「一一寶樹高五百由旬，枝、葉、華、果次第莊嚴」，這當然是要有次第的。有樹之後，接著從樹幹生了枝，生了枝之後就生了葉，生了葉之後再出生了華，有了華之後就會有果，這一定是「次第莊嚴」的，是有順序

性的。換句話說，你的每一個法聚，它們的存在與出生，最後會產生什麼樣的結果，全都有次第性，所以都是因緣生、因緣滅。那麼這時，這一些寶樹下都有「師子之座，高五由旬」。也就是說，每一團法、每一聚法之中，都有其中主要的法和它直接的根源存在，這個根源放在那邊就是那個寶座；要等誰來使用它？要等化身佛來使用它，就是要由每一個心所法來使用它；所以「高五由旬，亦以大寶而校飾之」。

你如果證悟之後有深入去觀察，你將會發覺，你的每一團法—你的如來藏所生每一聚法—都不可能單獨運作，都要有一個所依；那個所依就是寶樹下的那個寶座，以這個所依讓你安坐之後，然後你這個心所法才能夠運作，所以說爾時諸佛各於此座結跏趺坐。一定都是正心誠意結跏趺坐，不會說既想坐這個法座又要想那一個法座；都是各安其位，所以說「法住法位」，不會互相混亂、互相踰越。那麼，像這樣的現象展轉遍滿三千大千世界，當一切諸法都回到你身上來，這樣聚集起來去把它作現觀的時候，遍滿於你自己這個三千大千世界中。可是，畢竟只是某一個部分的法，所以說：「於釋迦牟尼佛一方所分之身猶故未盡」，還是沒有辦法使東方召回來的分身諸佛完

全都有座位可坐，這是說，你的心所法會無量無邊地去流注、運作。

這樣，這部《法華經》到底淺不淺？深哪！你要能夠讀懂它，眞的很難哪！爲什麼這部《法華經》不是一成佛時就講？爲什麼不是成佛後的第二轉法輪的時期來講？爲何一定要等到三轉法輪的諸經都已講過了，再把無量法匯歸一法眞如心以後，才可以開講此經？是因爲眾生都還沒有到那個地步——隨著釋迦如來所修學的法還沒有到那個地步，必然聽不懂這其中的暗喻，所以這部經得要留到最後來講。假使我出來弘法時，且不說一開始就來演講《法華》，只說我出來弘法十年後就開始演講《法華》，諸位能聽懂嗎？聽不懂，除非我像那些大師們一樣依文解義，大家就會懂得表相上的道理。可是如果要依文解義來講解，又何必我來講？別人已經依文解義過了，我再重講一遍可就沒有意義了。所以這部經確實很深，不容易理解。

這二段經文這樣講完了，諸位應該有一個認知：其實每一個人七寶大塔中的法身如來所蘊含的法種，都是無量無邊不可計數的。即使你證悟了，你的所知還是非常之少，所以不應該說悟了就是佛。以前還有人批評說：「某某大法師說開悟了還要修行，可見那大法師還沒有開悟。」可是，我卻說：

講那個話的人自己才沒有開悟，因爲他錯把禪宗六祖的方便說當作究竟說了。惠能大師是從理上來說：「你悟了就是佛地的境界。」眞的沒有錯啊！因爲佛地也是第八識如來藏的境界，現在七住菩薩在因地悟了也是第八識如來藏的境界，那畢竟只是理上的說法。可是，世尊明明說：「理則頓悟，乘悟併銷；事非頓除，因次第盡。」在理上看是一樣的境界，但是要修到佛地那個境界，還是要悟後藉著次第漸修才能滅盡無明。所以，悟後對於如來藏的所知還是很少很少的，得要繼續努力去進修，一一把裡面的一切法種全部親證了，才能夠說已經成就佛道了。那麼，這樣子示現完之後，接著還有九方的　釋迦牟尼佛化身要來，那怎麼辦呢？

經文：【時釋迦牟尼佛，欲容受所分身諸佛故，八方各更變二百萬億那由他國，皆令清淨，無有地獄、餓鬼、畜生及阿修羅，又移諸天、人置於他土。所化之國，亦以琉璃爲地，寶樹莊嚴，樹高五百由旬，枝、葉、華、果次第嚴飾，樹下皆有寶師子座，高五由旬，種種諸寶以爲莊校。亦無大海、江河，及目眞鄰陀山、摩訶目眞鄰陀山、鐵圍山、大鐵圍山、須彌山等諸山

王，通為一佛國土。寶地平正，寶交露幔遍覆其上；懸諸幡蓋，燒大寶香，諸天寶華遍布其地。】

語譯：【這時釋迦牟尼佛，想要容受所分身諸佛的緣故，所以又於其餘八方各再變化出二百萬億那由他國，都使這個變化出來的國度是成為清淨的世界，同樣沒有地獄、餓鬼、畜生道以及阿修羅眾生，也同樣把其餘凡夫位的諸天、諸人都安置於其他的國土中。所化現的國土，也是以琉璃作為大地，以寶樹來莊嚴，這些寶樹同樣都高達五百由旬，一樣都有枝、葉、華、果的次第莊嚴來作為裝飾，一一樹下也都有寶物所鑲嵌而成的師子座，同樣高五由旬，以種種諸寶作為莊校。而這些二百萬億那由他國之中，也同樣沒有大海、江河，也沒有目眞鄰陀山、大目眞鄰陀山等，乃至鐵圍、大鐵圍山、須彌山都不存在，全部互相合併相通而成為一個佛國土。這個寶地是平整而正方的，而且有寶交露幔遍覆於這個國土之上；同樣懸諸幡蓋，燒大寶香，諸天所供養的寶華也遍布於地上。】

講義：這意思是說，每一個人的法聚都是無量無邊的，所以你如果想要一一親證而具足圓滿一切種智，都得要經過三大阿僧祇劫，否則不可能圓滿

成就佛道的。我們弘法早期，有位師姊說：「老師啊！您幫我們明心、幫我們見性就夠了，爲什麼還要講那麼多法？」諸位聽了會覺得好笑，可是，由於當時我所說出來的法還很少，我希望把更多的法送給他們；可是他們的知見都還不夠，因爲最早期，我弘法時並沒有施設很多的課程，不是先讓他們把正知正見圓滿以後再幫他們開悟；有時候來共修五個月、有時候一年，我就幫他開悟了；可是他們的基本知見其實都還不夠，所以悟後才會講出那種話來。我當時回答說：「成佛之道不是那麼簡單的事，單單想要入地就得要百法明門具足親證，二地也還有千法明門要學，接著下去還有萬法明門，千萬億法明門都得要具足實證；所以成佛之道並不是只有明心開悟、不是只有眼見佛性就行了。」可是他們之中有不少人聽不進去。

今天諸位都聽得進去，也願意悟後繼續努力，要把一切種子都如實親證，不怕三大阿僧祇劫那麼辛苦、那麼長遠。所以那些人跟我 say goodbye 以後，到現在都還沒有回來跟我相見。這樣看來，到底是先親近我的人比較幸福？還是諸位現在才來親近比較幸福？（有人回答：現在。）確實是現在的人比較幸福。說得也是啦！因爲，你們現在一定會一步又一步決不放棄，

在悟後繼續深入去驗證及提升。可是，他們最早期的人就只知道如來藏的總相，連妄心與如來藏的分際都還含糊著呢。他們只知道總相，假使現在去打禪三，連第一題都考不過去啦！所以，那最早期少數能夠留下來的人，繼續進修提升，現在都已經不得了了；因爲不斷地使如來藏中的各類種子去流注，然後一一去親證、去檢驗，加以如實理解，所以智慧就變得很高妙，但這卻是跟著我二十年修學才得到的成績。

所以，剛剛講的這一段經文告訴我們，如來藏中沒有世間的一切諸法，可是卻又能夠變生世間的一切諸法，三界無量萬億一切諸法，莫不由你自己的如來藏中去變生出來。因此，如何在證悟之後繼續進修，並且如何去區分出來其中的各類法聚，這就很重要了。這就是說，你開悟了以後，要怎麼樣去快速完成三大阿僧祇劫的實修過程，這就是很重要的事了。

「**時釋迦牟尼佛，欲容受所分身諸佛故，八方各更變二百萬億那由他國，皆令清淨。**」換句話說，你在未來三大阿僧祇劫那麼長遠的過程之中，你也得要不斷地建造你自己的七寶大塔、不斷去莊嚴它。你也得要變化出無量的清淨國土，也就是讓你身中無量無數各類法聚全都轉爲清淨，要把地獄種

子、餓鬼種子、畜生種子、阿修羅種子全部除掉，滅除所有異生性與三界煩惱的現行，繼續廣行菩薩道，其他的一切種子可以留下來，以取得未來世一世又一世的無量世道器，因此，這個廣大的自心世界中就沒有地獄、餓鬼、畜生、阿修羅。

你心中都不可以有這些種子，還要把凡夫性的諸天、諸人置於他土。這樣聽懂了呵！凡夫性的諸天、諸人，都要放置到別的國度去，不要留下來，當然你所化之國，就以「琉璃爲地，寶樹莊嚴」等等，乃至「懸諸幡蓋，燒大寶香」，「諸天寶華」可就「遍布其地」，你的常寂光淨土便成就了。這就在示現這個道理給我們看，我們要懂得這樣讀。可是，如果沒有法眼，都只看到表相，就會說：「哎呀！釋迦牟尼佛變化的化土這麼好呵！」就只知道這樣而已，但是實際上不懂。諸位從這裡要有智慧去看出端倪來，可是慧眼往往是看不見這個，得要藉由有法眼者來說明，然後你的慧眼就可以去理解法眼的所見。理解之後，即使自己以後無法再親近，總知道有一個方向、有一個目標，然後就可以一步一步往前邁進，這就是悟後進修之道。所以，授記完了之後要給大家看這個，否則接下來二大阿僧祇劫要怎麼修？又要如何

成就佛道呢？佛陀就在示現這個道理給大家看。今天講到這裡。

上一週《法華經》講完了一百一十頁倒數第三行，今天要從最後一段開始：

經文：【釋迦牟尼佛爲諸佛當來坐故，復於八方各更變二百萬億那由他國，皆令清淨，無有地獄、餓鬼、畜生及阿修羅，又移諸天、人置於他土。所化之國，亦以琉璃爲地，寶樹莊嚴，樹高五百由旬，枝、葉、華、果次第莊嚴，樹下皆有寶師子座，高五由旬，亦以大寶而校飾之。亦無大海、江河，及目眞鄰陀山、摩訶目眞鄰陀山、鐵圍山、大鐵圍山、須彌山等諸山王，通爲一佛國土。寶地平正，寶交露幔、遍覆其上；懸諸幡蓋，燒大寶香，諸天寶華遍布其地。

爾時東方釋迦牟尼佛所分之身，百千萬億那由他恒河沙等國土中諸佛，各各說法，來集於此；如是次第十方諸佛皆悉來集，坐於八方。爾時一一方，四百萬億那由他國土諸佛如來遍滿其中。是時，諸佛各在寶樹下坐師子座，皆遣侍者問訊釋迦牟尼佛，各齎寶華滿掬而告之言：「善男子！汝往詣耆闍

崛山釋迦牟尼佛所，如我辭曰：『少病、少惱，氣力安樂，及菩薩、聲聞眾悉安隱不？』以此寶華散佛供養，而作是言：『彼某甲佛，與欲開此寶塔。』」諸佛遣使，亦復如是。

語譯：【釋迦牟尼佛為了十方分身諸佛即將會來到這個娑婆世界，應當各有座位的緣故，就在其餘八方又各變化出二百萬億無量無數的佛國，也都使那些佛國非常清淨，並且也沒有三惡道及瞋心很重的阿修羅道眾生，而且又把諸天和人們移到其他的國土之中。這時所變化出來的釋迦牟尼佛的變化國土，同樣是以琉璃為地，也同樣跟前面所變化的一樣，有很多的寶樹來莊嚴這個國土，那些寶樹同樣高達五百由旬，樹上的枝、葉、華、果同樣是次第井然而莊嚴每一棵寶樹，而每一棵寶樹之下也都有寶物所製成的師子之座，都是高五由旬，同樣也以各種珍貴而且很大的寶物互相對比而裝飾起來。像這樣變化出來的各二百萬億那由他的佛國之中，同樣也沒有大海、江河，也沒有七金山、鐵圍山等等山王，全部都合為一個很大而無量無邊的一個佛世界。這樣合起來的佛世界，是寶物所成的大地，也是非常平整而正方的，同樣都有寶貝互相交織而製作出來的寶幔，遍覆在這個無量無邊國土之

上方；並且也在國土各處懸掛了種種的幡與蓋，同樣也都燒了大寶香，諸天也一樣以各種寶華供養而遍布於其地。

這時東方釋迦牟尼佛的無數分身，有百千萬億那由他恆河沙數的國土，其中的所有釋迦牟尼佛的化身佛，各各都在說法，這時都來到這個娑婆世界釋迦牟尼佛變化所成的清淨國土中；就像是這樣子，每一方的一一次第，也都有十方的化身諸佛全部來集合在這個娑婆世界，在釋迦牟尼佛變化所成的八方合成的一個大佛土中，各自安坐。這時四面八方各有四百萬億那由他國土的釋迦牟尼佛的化身如來遍滿於其中，諸化身佛都來在這個世界的每一個寶樹下，都坐上了師子座；坐上之後同樣都派遣侍者，也就是所攜帶過來的一位大菩薩，要去問訊應身佛釋迦牟尼佛；於是化身諸佛都同樣把自己帶的寶華，捧在雙手之中滿滿一掬，告訴各自的侍者菩薩說：「善男子啊！你就前往靈鷲山釋迦牟尼佛的所在，就像我這樣的話去問訊說：『世尊少病、少惱，氣力安樂，以及菩薩眾、聲聞眾都安隱嗎？』問訊完了就以這些寶華散於佛前而作供養，然後這樣子說：『從某一個世界來的某某佛，想要與釋迦牟尼佛您共同來開啓這個寶塔。』」無量諸化身佛所派遣的使者菩薩們，全

部都是這樣子問訊、散華供養以及請求。】

講義：這就是說，釋迦牟尼佛既然要集合十方無量無數諸化身佛，來到這個娑婆世界中；來了總不能夠讓諸化身佛沒有位子可坐，所以要化現更寬廣的佛國世界，因此又在八個方面繼續變化出各二百萬億那由他國土出來，也同樣都是清淨無染的世界，這樣變化出來的世界中沒有三惡道有情，也沒有瞋心重的阿修羅有情；而這樣的世界中並不是那一些凡夫眾生——不信《法華》而且學佛的緣還沒有成熟的諸天諸人——所應當看見的，就把那一些人移置到其他的國土之中。而釋迦牟尼佛所變化的這些國土，當然同樣如同第一次變化一般，以琉璃爲大地，以寶樹爲莊嚴，而這些寶樹，每一棵都跟「多寶如來」的七寶大塔一樣，高達五百由旬；當然同樣依著那一些順序，各有枝、葉、華、果次第來莊嚴；然後每一棵樹下都安置了寶物所裝飾而成的師子座，高達五由旬，同樣都以很大的寶物互相對比而一一工整地裝飾起來。在這樣的佛國之中，沒有大海、江河，也沒有目眞鄰陀山、摩訶目眞鄰陀山乃至大鐵圍山、須彌山等等山王，就這樣子合爲一個廣大國土。

諸位想一想，這個國土之中如果有高山大河以及大海，那麼這個法會要

怎麼進行？這是勢所必然，所以一定不會有山河、大海等等來作阻隔，一定是通為一個佛土。當然是「寶地平正，寶交露幔、遍覆其上；懸諸幡蓋，燒大寶香，諸天寶華遍布其地」，這也是勢所必然。這時就是敘述到，先從東方來的 釋迦牟尼佛的分身佛，數量高達百千萬億那由他恆河沙；當祂們即將來到這個娑婆世界之時，法華會上的所有人，在 釋迦牟尼佛的加持下，所看見的就是這些無量數的東方化身佛，各各都在說法，然後一時之間集合來到了這個娑婆世界。

諸位有沒有想到？禪宗有一個洞山禪師的法嗣，曹山本寂禪師引述南泉普願的開示，說：臣下來朝，君王不見。有沒有讀過這樣的記載？好像讀過的人不多。禪師都會開示說：「臣下來朝時，君王不出來相見。」有人問南泉：「八方來朝時如何？」南泉禪師說：「他不受禮。」意思是「君王不接見臣下」。有的禪師解釋說，因為這個君王「太尊貴生」，翻譯成現在普通話叫作「尊貴到這個地步」，所以君王法身佛是不接見臣下的。臣下每天要來朝禮君王，但是臣下無法來到君王的境界中；可是臣下在幹什麼呢？君王全都知道。你如果找到如來藏了，應該就聽懂，沒有找到的時候說：「你到底在

跟我打什麼啞謎呢？」

也就是說，諸佛是以無垢識爲無上之尊，菩薩還沒有到諸佛的境界，當然就不是無垢識，只叫作阿賴耶識或異熟識。可是依你自己而言，你的阿賴耶識就是君王。當你要整體顯示這位君王的時候，那麼你這一類、這一聚等諸法，都要回歸到君王來，都要先朝禮君王。還記得你們在參禪的時候嗎？那時有沒有把全部心所法都收集回來呢？你有沒有把全部的七個識都收回來朝禮君王——來尋找君王呢？你說沒有，是因爲你只是在意識層面用功而已。當你在找如來藏的時候，就是用意識在尋找，其他的心所法也全都繼續在運作，卻不是很專心把全部心所法都用來尋找君王，那是不是八方之中只有一方來朝禮？對呵！會笑了，終於笑起來了。

是啊！當時就只有一方來朝禮君王。你算一算，把眼、耳、鼻、舌、身識加上意識，再把意根加上去，也不過只有七方，哪來的八方？請問：你參禪的時候用不著你的色身嗎？要不要色陰？要！一定要具足色陰，不是只有色身，你這個色陰是包括什麼？包括六塵，這樣才具足色陰。你七個識再加上你的色陰是不是八方？喔！終於瞭解了，是八方。然而你還得要有正知正

見，也還要有看話頭的功夫，一個是上方，一個是下方，這樣是不是具足十方了？是啊！但現在才只有東方的化身諸佛前來，每天早上都是東方最先亮，東方來的釋迦牟尼佛無量分身回來了，可是祂們回來的時候 釋迦牟尼佛有沒有接見這些分身諸佛？剛剛張老師唸過了，我也大略解釋過了，有沒有接見？沒有呵！對呵！還沒有，要記住這一點。

也就是說，其實這在隱喻什麼？是說你的意識是最先知、最能夠了知，其餘六個識都是最後才了知的，意識是最先能夠分別出君王在哪裡的，單憑色陰也不行，全都要在一起共同運作才行。這時你正當參禪的時候，不是先由意識以及意識的各種心所法都召回來，一起來尋找你的君王阿賴耶識眞如心嗎？對不對？對！好啊！當你找到了，那時你很好奇說：「我為什麼有這個自心釋迦牟尼佛？我這個法身佛老早就在，為什麼以前我都不知道祂？」如今終於找到了，當你第一次找到了祂，要不要禮拜？應該前來相見禮拜啦！可是當你禮拜祂的時候，祂回不回禮？你禮拜祂的時候，祂見不見你？祂根本不接見你，要記住這一點。

接著往下說，東方來的一切分身諸佛都回來了，其實這一些分身諸佛平

常都在為你說法；你意識這一個法聚有無量無邊的心所法，其實就已經在為你自己說法了，可是你聽不見。聽不見的原因是什麼？是因為被人家教錯了，所以你不知道要反觀自己的七寶塔及各種寶物等。後來終於聽到正確的法了，你把意識這個法聚全部收攝回來，往自己內心去尋找，然後你找到君王了，而你所找到自己的能仁寂靜的佛，便叫作自心釋迦牟尼。東方這一聚，也就是日出東方最早現出光明的這一方是如此，其他的七方也是如此。其他的七方是什麼？眼、耳、鼻、舌、身識，加上意根，再加上色陰，所以其他七方也是如此。那麼還有上方、下方，下方是你所住的境界相，就是參禪的功夫，而你所住的這些境界相是怎麼生起來的？你也應該知道。可是事實上都還不知道，只有會了看話頭功夫的人才會知道。那麼上方呢？就是正知見，你具足參禪的智慧時，這智慧一直在告訴你這一些法；可是你以前沒有去了知到這個部分，得要來到正覺以後，才終於從一個小部分去瞭解，然後悟後要一步一步去進修，才可以漸漸通達。

就像是這樣子，終於如是次第十方諸佛皆悉來集，可是來集的時候能坐在十方嗎？不能坐在下方，也不能坐在上方，所以只能坐於八方；這十方諸

佛來集，坐於什麼地方讓你看得見？你七個識加上你的色陰，坐於這八方。你看，要見 多寶如來時，得要全部化身佛來集。這全部來集，告訴你什麼意思？就是你如來藏蘊含的一切功能差別——分身十方諸佛全部都具足圓滿來集了，這時你才可以自認爲已經成佛了。接著說，這時已經都聚集了，十方各四百萬億那由他國土諸佛如來遍滿其中了，這就是所變化出來的無量無邊國土，釋迦如來的無量無數化身佛已經遍滿其中。換句話說，你所有的功能差別，你如來藏蘊含的一切功能差別全都現行了，這時諸佛各在寶樹下坐師子座，先從事相上來看：所有無量無數 釋迦如來的化身諸佛，各各坐在寶樹下的師子座上面，一一佛都派遣侍者——就是從各方所帶來的各有一位大菩薩當侍者，就派遣這侍者前來靈鷲山問訊 釋迦牟尼佛。

諸化身佛都不直接前來問訊。爲什麼不直接來問訊？因爲即使是化身佛都是無比尊貴。如來感應而示現受生於人間時，如來的任何事物都是無比尊貴，不能小看，因爲那都是從究竟佛地的境界中流注而出的。一般人不瞭解，看到經中記載 如來看見某一件事情時微笑，菩薩們馬上就開始問，阿羅漢馬上就問：「如來爲什麼笑？」一般人不瞭解，就說：「如來不過是微笑，你

就這麼大作文章幹什麼？」其實不然！那都是因爲背後有很深的涵意在裡頭的。每一件事都是如此，因爲如來一切所知障斷盡，過恆河沙數上煩惱斷盡，煩惱障一切習氣種子也斷盡了，所以如來不會無緣無故動轉其身，也不會無緣無故而微笑。

若是一般說法人，在座位上早就晃來晃去、動來動去；而且說法時還可能很誇張地搖頭晃腦，甚至於一面說法一面晃悠、晃悠，那都顯示出他的調戲蓋、掉悔蓋非常嚴重，那根本是沒有必要的。他爲什麼要晃悠呢？（平實導師同時模仿出晃悠的動作說：）「我們說這個事情如何、如何啦！」這像什麼？諸位看我剛才這二、三秒鐘的晃悠著說話，就覺得好好笑，對不對？但如來完全沒有這一些習氣種子，因爲這一類的習氣種子在成佛前的一大阿僧祇劫就已經斷盡了，何況是所知障的上煩惱一切異熟種，繼續歷經一大阿僧祇劫而斷盡呢！可是有誰去注意到這個部分？有誰去瞭解到這個部分呢？其實沒有人知道，然後就以自己的凡夫境界看待 如來，就說：「如來就是我這樣的境界，我全都知道了。」其實他完全都不知道，連百萬分之一都不知道。

所以說，即使是化身佛也是無比尊貴，因此化身佛也不應該直接就來見本尊佛，所以各自派遣使者來問訊 釋迦牟尼佛，而不是直接來見，這樣就顯示化身佛的尊貴性。而這樣的作為，當然都是在本尊佛的授意下，如此而作。那麼，每一尊化身佛都派遣侍者來問訊 釋迦牟尼佛，這是必然的，因為這些化身佛之所以存在，正是由於 釋迦牟尼佛的緣故，否則根本不可能存在，如今既然全部集合回來了，當然要來問訊 釋迦牟尼佛本尊，所以派遣了侍者前來靈鷲山，來問訊 釋迦牟尼佛。可是來問訊時不能空手而到，因此要「各齎寶華滿掬」給侍者去問訊應身佛 釋迦如來。掬，就是用雙手捧著，能捧多少就捧多少，雙手捧滿了，不能再多了，這叫滿掬。所以侍者菩薩們「各齎寶華滿掬」，來到 釋迦牟尼佛面前。

你如果眞的是沒有任何資財可以供佛，所以不得不用觀想的，來圓滿供佛的心行。觀想是什麼意思？觀想出飲食或寶物來供佛是什麼意思？就是以自己的心意來供佛，因為確實沒有任何資財可以供佛，所以只能用觀想的，或者觀就是用自己的心意來供佛。那就觀想出七金山、大寶山等等來供佛，或者觀想出無量的寶華來供佛。那供佛的時候你總得要作個手勢，什麼手勢？就是

滿掬的手勢。密宗就學人家這一套，他們就這樣子，這個是供佛的手印；其實不值一提，就這麼簡單的原理。然後觀想出來就把手舉高，就這樣供佛；那其實是沒有資財的人才這樣供佛，也就是以心意來供佛的意思。

那麼化身諸佛就派遣了侍者菩薩，以「寶華滿掬」去供養本尊　釋迦牟尼佛。這也就是說，悟後要由意識心等化身佛，藉由心所法去朝禮法身如來。回到經文來，菩薩們應當要怎麼樣供佛？當然得要交代，所以這些化身佛都交代說：「善男子啊！你去到靈鷲山釋迦牟尼佛的所在，就像我告訴你的這樣說：『某某化身佛問訊本尊釋迦牟尼佛，少病、少惱否？氣力安樂否？問訊釋迦牟尼佛座下的諸菩薩眾安隱否？諸聲聞眾安隱否？』」確實應該要這樣問訊。化身佛不會生病，可是應身佛會生病。爲什麼會生病？因爲「眾生病故我病」，《維摩詰經》裡面，維摩詰菩薩不是這樣說的嗎？人家問訊說：「維摩詰大菩薩，您爲什麼病了？」他說：「因爲眾生病的緣故，所以我就有病了。」凡夫的假名大善知識們就註解說：「因爲維摩詰菩薩憐愍眾生的緣故，所以眾生有病，菩薩就跟著生病。」那叫作扯淡，講得輕描淡寫可是都言不及義；就好像你在喝淡水一樣，不是什麼好飲料，喝起來沒味道，叫

作扯淡。

實際上，維摩詰菩薩在告訴我們什麼道理？是在說：「因爲眾生都會生病，而我爲了利樂眾生來這裡受生，所以我就跟著眾生一樣也會生病。」這才是眞正的義理。「如果這裡的眾生感應我來的時候，此時這裡的眾生是不會生病的果報，我來這裡感應受生時，我就一樣不會生病。如果感應我去度化他們的眾生是欲界天的天人，那欲界天人不會生病，我維摩詰菩薩就不會生病。感應我去受生的眾生若是色界天人，那麼我就去受生爲色界天人，我就不會生病。感應我去受生的是五濁惡世會生病的眾生，我來這裡受生時，就同樣也會生病。」只是這麼簡單的道理，不必去曲解說：「因爲菩薩大慈大悲，所以眾生生病，他就示現生病。」眾生生病時，妙覺菩薩跟著一起生病，就會使眾生們的病好起來嗎？都不會啊！眾生還是一樣病啊！所以不是他們講的那個道理。是因爲感應他來的眾生是會生病的，所以菩薩來受生時，取得同類的五陰當然也會生病。

同樣的道理，應身如來、本尊如來既然是應化而受生在這裡，而這裡的五濁眾生是會生病的，所以本尊 釋迦如來當然有時候也會生病。當菩薩們

都感冒了，阿羅漢們都感冒了，一天到晚在 如來面前咳來咳去的，你說 如來要不要被感染？要喔！但祂仍然是如來，不因爲祂生病了就說不是如來。眾生若是長壽的，大約八、九十歲就會死了，那麼應身如來八、九十歲時該不該死呢？一樣要死嘛！這道理是很簡單的，不要把它弄得複雜化。所以說，既然是應身如來感應五濁惡世的眾生而得到那個五陰，當然就會有病，所以要問訊 釋迦世尊少病，希望 世尊很少生病。那麼也要問訊「少惱」，如果應身如來是受生在色界天，感應色界天的眾生而來，那麼就沒有什麼煩惱可說了。可是所感應的是五濁惡世的人類，受生在這裡，跟這一些五濁惡世的眾生同住；這五濁惡世的眾生是一大堆煩惱，如來每天都要處理這些煩惱，你說 如來表面上看來是不是有煩惱？一定有。

我們舉個例好了，有一位阿羅漢優陀夷，他沒有證得阿羅漢以前，一天到晚都要跟女生鬼混。他已經出家了，然後有女信徒來供養，他就抱著人家想要怎麼樣；人家當然要去告狀，佛陀就找了他來：「你出家了，不可以這樣喔！」當然這都是成爲阿羅漢之前還在凡夫位的事。佛陀告誡他不許這樣，於是爲他制定一條不邪淫的事相戒；爲了他，佛陀制定了好多條不邪淫

的出家戒。這樣看來，當優陀夷對女生不禮貌時，表面上佛陀就有一件煩惱了，因爲要找他來問清楚；不能夠不問清楚，也不能在他不承認之前就指責他，所以就找了他來。找了他來告誡之後，他不這樣作了；接著就是故意要讓人家女信眾進入他房間去，才接受供養。當人家進他的寮房以後，他就開始毛手毛腳，然後人家又去告狀，他就說：「如來並沒有說毛手毛腳不行。」於是　如來又找了他來問，就告誡說：「以後不許這樣。」然後他就不再這樣作了。但他以後還是繼續一樣喜歡女生到他寮房裡面去，他雖然不再毛手毛腳了，卻改用身體一直推揉女信眾。

他就一直變著方法，反正就是要達到他的目的；他的問題非常多，都是男女間的事，就這樣一直不斷地變化方法接觸女信眾的身體。就爲了他這類事情，如來得要找他十幾次來詢問、制戒，最後才終於連最微細的微細行，都禁止他而不許作，然後他只好死了心，開始在法上用功才成爲阿羅漢。這是一位阿羅漢證得聲聞菩提以前的故事，是眞的故事。那你說，這一個阿羅漢在凡夫位的時候是如此，難保別的阿羅漢以前沒有這些糗事。可是我這樣講，優陀夷如果現在還在行菩薩道，當他知道我說起他在因地的糗事了，會

不會起煩惱？不會，他現在已經沒有現行了，只會有習氣種子：「唉！我這個師兄弟又在講我以前的糗事了。」最多只有這樣，可是他不會起煩惱了，因為他已經是阿羅漢後來又成為菩薩了。那你說　如來統攝這麼多的聲聞眾，單單是制定這一類比丘的微細戒，如來要花掉多少時間？這樣看來，如來有沒有煩惱？表面看起來就是一堆的煩惱啊！因為一天到晚都在處理這些人事。然而菩薩們不會，就只有這一些從聲聞眾——剛轉進佛法中的出家眾，會有一大堆的問題。

既然從表面上看起來會有煩惱，這是諸佛在五濁惡世統攝眾生時，這些煩惱是免不了的。所以化身佛遣了侍者來問訊本尊　釋迦如來時，當然還要問訊：「某某化身佛問訊本尊釋迦如來少惱否？」得要這樣問訊，這就是問訊「少病、少惱」。然後在人間住久了，這個色身年紀大了，氣力總是會比較衰弱。例如你學生時代玩單槓、雙槓、吊環，身手很俐落，等你到四十歲的時候，你再玩玩看，行不行呢？不行！到了五十幾歲，你跑步還能不能像年輕的時候呢？也不行！到了七十歲，你可能不太有辦法跑步了；就算還能跑步，從年輕人看來也像是在快走。如果到了八十幾歲，走路都不像走路了，

只能說是在慢步或者散步。所以應身佛如果受生在人間，當然色身的年紀大了，氣力不夠了，表示身體不是很安樂了，那當然也要問訊說：「氣力安樂否？」可是問訊了應身佛這些事，還得要問訊應身佛座下的菩薩眾、聲聞眾是否安隱；因爲化身佛所化度的眾生，都不像應身佛所度的五濁惡世菩薩眾、聲聞眾，是有人間色陰的。

所以，你們當年聽聞 釋迦如來講經說法時，也許來到法會現場時，曾經五體投地禮拜以後坐下；也許有人來了，只是問訊以後坐下；也許有人來了，彎一下腰以後坐下；也許有人來了，點個頭便坐下；也許有人來了，只是舉個手便坐下；也許有人來了，連舉手都沒有就直接坐下來聽經。所以，今天來到正覺同修會裡面學法時，你們所證各各差別。但是不管如何，都不要妄自菲薄，因爲感應 釋迦如來在這個五濁惡世受生示現成佛轉法輪的功德，你自己也有一分；你這樣的一個人，看來是很平淡、很平凡，一點都不特出的人，同樣是感應 釋迦如來前來這裡受生的一分力量。

你們都是本尊 釋迦如來座下的弟子，即使眼前都還是凡夫，也都是彌足尊貴，因爲你們不是 釋迦如來的化身佛所度的眾生。應作如是觀，所以

不要看輕自己。想一想，能夠感應 釋迦如來本尊在這裡化度，諸位難道不應該覺得珍惜嗎？如果你不珍惜，人家化身諸佛以及所化度的菩薩們都還很珍惜地說：「我們都沒有因緣可以親承釋迦如來本尊。」那你想，你是何等的尊貴，爲什麼還要看輕自己？爲什麼人家一說：「哎呀！那開悟的事，都是大菩薩們的事，你沒分啦！你不要再想了；再過幾十劫，你都沒有機會啦！」那你爲什麼就要信？你要想一想自己是那麼尊貴。

所以你看，化身佛派遣了侍者菩薩來問訊 釋迦牟尼本尊的時候，尚且要問訊說你們菩薩眾「在釋迦如來座下是否安隱」？那你想一想，那些化身釋迦如來所度的眾生們，是不是心中都很羨慕諸位？是很羨慕。因爲化身佛都還得要派遣菩薩來問訊本尊 釋迦如來說「你們大眾好不好」？所以你們是被十方無量無數的 世尊化身佛所護念的，乃至對聲聞眾，也都要問訊說：「好不好？」何況你們是菩薩眾呢！這就是說，十方分身無量無數的化身佛，派遣侍者菩薩來向本尊 釋迦牟尼佛問訊，問訊完以後都要再問訊諸位菩薩眾、聲聞眾，然後再用寶華來散佛而作供養。

諸位有沒有看到這一段記錄裡面，化身佛來跟本尊 釋迦牟尼佛相見？

有沒有看見？沒有！所有化身佛都不能看見本尊 釋迦如來。那麼這就從兩個方面來說：第一個方面、一切化身佛見不到本尊 釋迦如來，爲什麼見不到？因爲不能相見；如果相見了，化身佛所度化的眾生，聽聞到這個消息就會覺得說：「我們的世尊好像不很尊貴。」是不是？假使他們的 世尊不尊貴，那麼他們的世尊所說的法就不算數了，大眾也就不太相信了；不相信的緣故，他們就無法得到利益了，所以化身佛不應該禮拜本尊 釋迦如來。

這樣，意思瞭解了，接著第二個方面從理上來說；將來諸位成佛的時候，諸位的所有一切功能差別，一切心王、心所都可以應化無方；但也一樣要來朝禮本尊 釋迦如來——第八識眞如心，可是你的本尊釋迦如來—第八識眞如心—依舊不見一切化身佛。也就是說，無垢識一樣不去了知這一些，就只是加持七識心王及心所法各自獨立去運作，但是一樣不加以了知。這就是無垢識的境界，從《法華經》裡面顯示給我們看的就是這個道理。不曉得這樣講，會不會太深？太深了？（有人答：好）好？呵、呵、呵！不怕深就對了。所以諸佛境界不可思議，且不說本尊佛的境界，化身諸佛的境界就不可思議了。

這就是諸佛的佛地境界相，可是有多少人知道呢？又有什麼時候可以講解呢？這其實都沒有人知道，也沒有什麼場合可以講，就只有在我們正覺同修會之中才能講。我如果在外面，譬如當年四二五演講的時候若是講這個，一定會有很多人當場退席離去，然後罵開來：「這個蕭平實在講夢話！」他們信心不夠，慧力也不夠，我無法公開為他們演說這些道理。只有在我們講堂裡面才可以說，因為講堂裡面，主要都是我們自己的人，都已經善根成熟、五力發起了，所以我講了這個，大家不會起煩惱。否則的話，一定生起煩惱，越聽越按捺不住，最後走人，不可能聽到完。所以我在四二五只能講什麼？講那個淺的斷三縛結內涵，那是佛法中最淺的法。即使如此，都還有很多人反映說：「喔！講那個太深了，都聽不懂。」如果把今天說的這個法在那裡講呢，人家聽起來一定會說：「這蕭平實在講夢話。」所以諸位千萬不要妄自菲薄，因為你們是應身佛本尊 釋迦如來所化度的眾生，將來都要在 彌勒尊佛座下成為阿羅漢，而且都會在那一世轉為大菩薩眾，大部分人都有可能在那一世入地。那你說，你到底是悟後去極樂世界好呢？還是繼續留在娑婆為正法奮鬥好呢？（大眾回答：留在娑婆奮鬥。）你們有智慧，這就是化長劫

入短劫。

二千五百多年前我們在 釋迦如來座下的那個過程，你們將會在 彌勒尊佛的座下重新再經歷。如果在 釋迦如來座下，在這個末法時期你可以證悟，到 彌勒佛降生那一世成爲阿羅漢，很有可能在那一世就入地了，因爲應身佛一定會講《法華經》，那個時候你們有可能已經入地了，成爲「化長劫入短劫」的菩薩。也就是說，歷經 彌勒佛所講的《楞嚴經》等等法以後，最後講《法華經》時，你們要被 彌勒佛授記。彌勒佛現在雖然還沒有來成佛，但他就是在等待那個因緣；而那個因緣不會自己成熟，得要諸位自己繼續努力，努力到那個時候，你已經具備了那個根基，彌勒尊佛一來說法，你就成爲阿羅漢，接著繼續宣講般若及唯識種智，最後講《法華經》時爲你們授記。套一句一神教《聖經》的方式來說：這是 釋迦如來所應許的。

所以自己衡量看看，是不是在末法最後這九千多年中，留下來繼續爲正法奮鬥？或者捨報就要往生極樂？自己可以衡量看看。那麼以我的看法，最好的打算就是繼續一世又一世留下來爲正法奮鬥。末法最後五十二年，月光菩薩下來率領我們大家的時候，過完五十二年之後，大家跟著月光菩薩進入

山中，捨報了，末法時期也過去了。那時捨報以後要到哪裡去？當然是到兜率內院去追隨 彌勒菩薩了；當他要下來人間成佛的時候，我們就先下來投胎等候他；在人間等著作什麼？等著當阿羅漢，然後再當初地菩薩。你的成佛之道這樣會不會很快呢？想一想就知道了，這樣留下來吃苦還眞是吃補，就多一個好處了。可是在這一段時間，我們應該要培集的福德，就要快速去作了。大家有沒有想到呢？你只有九千多年時間可以修集福德；你們將來是應該要入地的，假使在這九千多年不作，九千年後往生到兜率天的彌勒內院去，在那邊你能修多少福德？你們想想看，去那邊時，誰會給你種福田？沒有人給你種福田了，你只在享受福德，沒什麼機會廣種福田了。

所以，爲了圓滿那個快速入地的階段內容與過程，你們應該要修集的相對應的福德必須是很大的；可是說一句老實話，你只剩下九千多年時間可以修集福德。當末法時期過了以後，你要不要繼續留在這裡呢？你留下來沒有用，因爲眾生不會聽你演說的法。連月光菩薩，那是八地心的菩薩，一定已經滿足七地心了，連他說的法，眾生都不信了，所以最後只好怎麼樣：所有阿羅漢、菩薩們都跟著月光菩薩進入山中，不再弘法了。當大眾過完最後的

五十二年了，正法完全滅失了，連月光菩薩都攝受不了眾生，你還能繼續留在人間攝受眾生嗎？這時候你若說還要繼續在人間弘法，請問你能弘什麼法？所以，你只好跟著月光菩薩生去彌勒內院。去到那邊就沒有機會修福德了，就是一直不斷地聽聞 彌勒菩薩說法。所以，你能夠修集福德的時間，就只剩下九千多年。以你的成佛之道過程而言，九千多年就像眨一下眼皮就過去了，卻得要把八住位到初地之間應修的法、應培植的福德修起來，所以接下來這一些時間，大家都要把握。

這樣有沒有覺得時不我與？是喔！眞的是如此。可是這一些都是很切身的、很現實的在你身上已經在發生的事，而你可能一直都沒有覺察到。我相信有些同修還是晃悠晃悠地，快活地在過日子，沒有在爲自己將來成爲阿羅漢以及入地所須要的那一些福德去作準備。如果這樣的話，到時候 彌勒菩薩示現在人間成佛時，九十六億阿羅漢、九十四億阿羅漢、九十二億阿羅漢，這龍華三會的勝會，他們可能就不在其中了，因爲那時成爲阿羅漢是準備要入地的，這是入地的前行修證。

世尊正法剩下的九千多年，就這樣一天一天、一夜一夜、一年一年，然

後一世一世一直在過去。所以，不管在這一世進入正覺中有沒有開悟、有沒有證果等等都不管它，可是你只要福德夠了，到 彌勒尊佛來人間示現成佛的時候，你都有分。但是，如果從來不修集福德的人，到那個時候別眼睜睜看著人家說：「爲什麼九十幾億人都能成阿羅漢，單單我就不行？」到時候可別眼睜睜這樣看著，那是很難過的時候。可是諸位！你如果來到正覺努力修行，將來一定有分，一定會在那三批各九十幾億的阿羅漢裡面；因爲從了義正法的弘揚過程之中，你去作了大力護持，那功德是無量無邊的；而不是去那些破法的道場中努力護持乃至累出病來了，所護持的功德都不能跟你在了義正法中護持一件小事情的功德來相提並論；他們那一類人的一生之所作福德，不足以跟你在正法中所作的一件小事情來相提並論，眞是沒有辦法比喻的。

那麼話說回來，這些化身佛一一各遣侍者來問訊本尊 釋迦牟尼佛，最後還要問訊說：釋迦如來座下的菩薩眾安隱否？聲聞眾安隱否？一一問訊完了，已經表示這些化身佛和菩薩對 釋迦如來座下的一切聲聞眾、菩薩眾都是很恭敬的。想想看，化身佛如何的尊貴，不能讓祂前來禮拜本尊 釋迦牟

尼佛，因爲都是在十方世界各各統領一個佛土，可是竟然還要問訊你們這些菩薩們安隱否？這顯示什麼呢？顯示應身佛所化度的菩薩、聲聞全都是很尊貴的。可是尊貴在哪裡？尊貴在快速成佛；我們在娑婆世界有福報親値 釋迦如來，成佛之道的三大阿僧祇劫都是長劫入短劫，是以這樣的過程來成佛的。

無數化身佛的侍者菩薩們這樣問訊完了以後，就以滿掬的寶華來散於佛陀之前而作供養。所有侍者菩薩都要來供養本尊 釋迦牟尼佛，供養完了，然後提出願望：「彼某甲佛，與欲開此寶塔。」每一尊 釋迦牟尼佛的化身佛，也就是 釋迦牟尼佛化現在十方無數世界弘化的每一尊化身佛，來到這裡問訊供養應身佛 釋迦如來以後，都希望與本尊 釋迦牟尼佛共同來打開 多寶如來這個寶塔。這是什麼意思？當然有人想：「就只是要那個寶塔打開來看看。」其實不是這麼簡單的意思，例如 釋迦牟尼佛示現成佛時，在菩提樹下諦觀七天不飲不食，也不睡眠。有沒有這件事呢？有這個記載嘛！那麼請問，那七天都在幹嘛？就是要諦觀一切種子——觀察如來藏中的一切種子。

就好像說，你剛破本參、找到如來藏的時候，也許你是在坐中破參，也

許你是在禮佛中破參，也許作什麼事的時候破參，接著你就會一直重複下去了；你那時是重複幹什麼呢？是在重複的過程中要去觀察：這個如來藏到底還有些什麼功德。同樣的道理，化身佛從十方世界都合集來了，當然要打開本尊 釋迦牟尼佛自己的寶塔，要看看應身佛自家裡面的「多寶如來」，也就是要看看佛地無垢識是什麼境界。你剛成佛時，當然要先看看無垢識的境界，這就是「彼某甲佛，與欲開此寶塔」。當你成佛的時候，你不會單單是從意識自身來觀察，你會把所有的一切心、心所法，一切識陰與心所法全部合集來，然後才打開無垢識，看看無垢識裡面總共的內容有多少；總得要全部弄清楚了，然後你才能夠具足運用。總不能夠一個年輕小伙子，遇到一個武功高強而有一百二十年內功的老前輩為他灌頂，把一生修練成的內力都灌到他身上以後，他始終都不會用。總不能這樣吧？這個小伙子要先去瞭解它，然後才能具足運用。這就譬喻「彼某甲佛，與欲開此寶塔」。一尊化身佛遣使來問訊，並且這樣請求之後，諸化身佛一一遣使，亦復如是。

這樣子說明，事理雙全。也許有的人聽了，有一個念頭一閃而過，馬上就把它砍掉說：「不應該這樣想。」什麼念頭？神話。我相信一定有人這樣，

這個念頭一閃而過，馬上就砍掉了。但這是正常的，因為還沒有到釋迦如來境界的時候，當然難免會這樣想；可是等到你入地了，你就絕對不會這樣想。這是正常的，就好像佛教界百年來，一直都有人在說：「那如來藏只是一個施設，沒有如來藏可證，如來藏其實就是緣起性空的異名。」以前有這樣想法的人其實很多，只是這幾年少了；因為我們不斷地把如來藏的可證，以及如來藏的眞實存在，和如來藏的功德加以顯發，而沒有人能夠推翻，所以佛教界開始相信了。但是，我剛開始弘法時，大家才一聽到「正覺」就說：「啊！那邪魔外道。」或者說：「啊！那是自性見。」向來如此。但是現在沒了，沒有人這麼罵了。

現在只剩下密宗外道在罵，但為什麼他們要罵？因為他們不是眞正學佛的人。而且那一些在罵我們的密宗人士都是什麼呢？都是一些密宗的精舍、佛壇、學會的主持人。那些主持人為什麼要罵正覺？因為他們漸漸沒有財源了，我們斷了他們的財路，也斷了他們的女色之路。他們那一些密宗的道場，有些是喇嘛們自己設的道場，有些是外圍的，也就是喇嘛的徒弟們設的道場；有些是跟喇嘛沒有直接關係，有些是有間接關係來設的道場。設道場是

怎麼樣的呢？最外圍的跟喇嘛有間接關係，約定了三七分帳；他們是在作生意，拿著佛教的名號在作生意，叫大家要供養。但是供養道場、供養喇嘛的時候都不用觀想的，只在供養佛菩薩時才要用觀想的；他們鼓勵信眾供養道場、供養喇嘛時一定要用現金，然後精舍收了現金就與喇嘛三七分帳。道場主人收了一百元供養金，他可以收下三十元，要把七十元分給喇嘛，三七分帳。那麼比較內圈的，跟喇嘛有直接關係的精舍，可能就是四六分帳或者五五分帳；若是喇嘛自己設的，當然就是全部自己享用，所以他們都是藉佛法的名義在賺錢。

現在由於正覺弘法，把佛法道理講清楚了，證明他們都不是眞正的佛法，不是佛教；他們的財源被斷了一大半，當然很生氣，因此明知道你正覺是正法，他們也要說你是邪魔外道。這都是正常的事，因爲他們不是眞的在學佛。他們跟我們正覺同修會是兩個極端：我們同修會是會員們所護持的錢財全部涓滴歸公，並且我們所有老師們都跟我一樣是義工，都不支領薪水的，而且往往還要再拿錢出來護持正法。我們這些人全都是傻瓜，從他們的眼裡看來眞是傻瓜，可是他們心中根本就不相信你們正覺同修會眞的有這種

傻瓜。偏偏我們是傻瓜一大堆，可是我說傻瓜才是眞正的智者，是以世間必壞之財換取堅固而不壞的法財，所以我們都得到七聖財；因爲諸位同樣的在正覺裡面捨了世間財，去獲得堅固的法財。

但我們不斷地寫書證明如來藏才是正法，才是諸佛下生人間所教導的本懷；所以，現在正覺說出來的法「如來藏」，沒有人再說這是邪魔外道、是自性見了，可是以前佛教界都說如來藏是外道的自性見。他們以前也都說如來藏只是一種類似神話的東西，只是用來安慰那一些恐怕斷了我見、我執而落入斷滅空的凡夫眾生；他們以前都這麼說，可是現在我們證實不是這樣子，所以他們現在不敢再認爲如來藏是個施設或神話了。那麼諸位或者斷了三縛結，或者明心了，或者眼見佛性了，或者悟後已經進修道種智了，諸位更已經瞭解這不是神話，所以今天我才能夠這樣子把《法華經》隱含的眞實義，無所忌諱地拿出來演述。

如果要是再早十年，我可就不敢講這一部經中的這些深妙法；我絕對不敢講，因爲諸位也將無法理解它。但諸位的智慧增長了以後我就可以講了，諸位現在聽了就可以理解了；我認爲諸位已是我的知音，我就可以說出來

了。那麼有了這麼多的知音在這裡，即使再苦一點，我當然還是可以再受生於這個汙濁的惡世中，因為這麼多的知音眞是很可貴。古人常常說：「人生一世，想要得遇一個知音眞的很難。」事實上也是這樣。想一想，你一世之中能有幾個知己好友？正是屈指可數。結果我有這麼多知音，所以我說了這麼多、這麼深妙的佛法，而諸位不會生起煩惱，像我這樣人生一世，夫復何求？這就是菩薩遊戲人間最大的安慰。這是很令人感動的事，可是你們可能都還沒有想到這一點。

那麼話說回來，也許有人一念閃過「神話」二字，雖然馬上就砍斷了這個念頭；可是我要告訴諸位的是，《法華經》是屬於大乘經，並且是圓教的經典；大乘經典本來就已經難知難證了，圓教的經典更是難知難解，何況要人家信受？本來就不容易。然而，這樣難信、難知、難解的眞實相，並不是只有在大乘經中才有，其實在《阿含經》中就有一小部分了，例如《央掘魔羅經》。央掘魔羅被　釋迦世尊指派陪同　文殊師利，去到十方諸佛世界各各見了十尊佛；每一方位去見十尊佛之後，結果每一尊佛都說：「你們回去問釋迦如來就會知道，爲何如來有常住身。」最後回到娑婆世界，釋迦如來告

訴他們說：「八十億佛皆是一佛，即是我身。」十方世界裡的八十億尊佛，其實就是一佛，就是 釋迦如來，這可是阿含部的經典中明文記載的。那麼你說《法華經》裡面說的，每一方位「百千萬億那由他恒河沙等國土中諸佛」都是 釋迦如來所變化，到底有沒有互相牴觸呢？沒有啊！所以這不是神話。

對於無知的人而言，就說這是神話，因為這個境界太深太廣而難以想像，根性差而器量小的人當然無法信受；可是等到你越修層次越高，智慧越深越廣時，你發覺 佛陀的智慧功德越發無法想像。在悟前說：「佛陀的智慧與功德大概是如此。」等到悟了以後才說：「以前對佛陀智慧的想像，真是差太遠了。」終於有更多的瞭解。然後又眼見佛性了，後來又有種智了，一步一步一直往上修，越發覺得佛地功德根本不可思量，所以不能夠說那是神話。那麼《法華經》講到這裡，告訴我們說：本尊 釋迦如來的十方分身諸佛全部都合集回來了，這是在 多寶如來的七寶大塔面前顯現出來的。那麼，這在告訴我們什麼道理？告訴我們說，多寶如來是眞實存在，七寶塔也是眞實存在；然而卻回過頭來，由這個七寶大塔和 多寶如來，來證實諸佛確實是有無量分身。這是由古佛與今佛互相來證成：諸佛如來都是有分身的，諸

佛如來也不是滅度以後成爲斷滅空的。講到這裡，就已顯示出這個義理給我們知道。那麼，接下來經文又繼續怎麼演述呢？

經文：【爾時釋迦牟尼佛見所分身佛悉已來集，各各坐於師子之座，皆聞諸佛與欲同開寶塔。即從座起，住虛空中。一切四衆起立合掌，一心觀佛。於是釋迦牟尼佛，以右指開七寶塔戶，出大音聲如卻關鑰，開大城門。即時一切衆會，皆見多寶如來於寶塔中坐師子座，全身不散如入禪定。又聞其言：「善哉！善哉！釋迦牟尼佛！快說是《法華經》，我爲聽是經故而來至此。」爾時四衆等、見過去無量千萬億劫滅度佛說如是言，歎未曾有，以天寶華聚，散多寶佛及釋迦牟尼佛上。

爾時多寶佛，於寶塔中分半座與釋迦牟尼佛，而作是言：「釋迦牟尼佛！可就此座。」即時釋迦牟尼佛入其塔中，坐其半座，結跏趺坐。爾時，大衆見二如來在七寶塔中師子座上，結跏趺坐，各作是念：「佛座高遠，唯願如來以神通力，令我等輩俱處虛空。」即時釋迦牟尼佛以神通力，接諸大衆皆在虛空，以大音聲普告四衆：「誰能於此娑婆國土廣說《妙法華經》？今正是

時。如來不久當入涅槃，佛欲以此《妙法華經》付囑有在。」】

接下來就進入《法華經》的一個很重要階段，以下就先語譯。

語譯：【這時釋迦牟尼佛看見所分身出去，十方世界的諸佛全部已經來到娑婆世界集合完畢了，這一些化身佛各各都坐在寶樹下的師子座上，也都聽聞到諸化身佛所遣的菩薩們，向本尊釋迦牟尼佛表達了想要共同來開啓七寶大塔。於是釋迦牟尼佛就從法座上起身，並且住於虛空之中。這時一切四眾都站起身來，合掌於胸前，一心仰觀釋迦牟尼佛。於是釋迦牟尼佛就以右手的指頭去推開七寶塔的門戶，打開門戶時發出了大音聲，如同放下了關住門戶的鎖鑰一般，於是就打開了大城門。這時候一切大眾會集在一起，全都看見了多寶如來在寶塔中坐在師子座上，全身都沒有散失，如同進入禪定中一般。然後大眾又聽聞到多寶如來發出聲音說：「非常好啊！非常好啊！釋迦牟尼佛！這樣爽快地演說這一部《妙法蓮華經》，我多寶如來正是爲了聽聞這一部《法華經》的緣故，而來到這個娑婆世界。」這時四眾都看見了過去無量千萬億劫前已經滅度的多寶如來說了這樣的言語，感歎地說：「這眞是從來不曾有過的盛事。」於是都以天上的寶華一聚又一聚地，散向多寶佛

以及釋迦牟尼佛的上方飄落下來。

這時多寶佛在寶塔之中就分出了半座給釋迦牟尼佛，這樣子說：「**釋迦牟尼佛！可以在這個法座上面來坐。**」這時釋迦牟尼佛就進入七寶塔中，坐在那半座上面，同樣盤起腿來結跏趺坐。這時大眾看見有兩尊如來在七寶大塔之中的師子座上，共同結跏趺坐，大眾就都生起這樣的念頭說：「**兩尊佛所坐的佛座既高又遠，唯願如來運作神通力，讓我們大眾都可以上升到虛空中看得分明。**」這時釋迦牟尼佛就以偉大的神通力，把所有的大眾都接住而升到虛空中來，然後又以很大的音聲普遍地告知所有四眾：「**有誰能夠在這個娑婆國土中來廣大演述這一部《妙法華經》呢？如今正是時候啊！因為我釋迦如來不久之後將會進入涅槃中，而佛陀我，想要以這部《妙法蓮華經》付囑於將來可以為大眾宣說的人。**」】

講義：那麼這裡又是在告訴大眾什麼妙法呢？從事相上來看，是說釋迦牟尼佛本尊看見十方分身無量無邊諸佛，都已經來到娑婆世界集合了，也都各各在寶樹下的師子座上坐定了，並且也都聽聞諸佛派遣侍者來向本尊釋迦牟尼佛表明，想要共同來開啓這個七寶塔，所以從座位上站起來，飛升

來在虛空中；因爲那七寶塔很高廣，以受生在人間的這個色身而言，根本就看不清楚，所以要飛升來在虛空中。大眾看見 釋迦如來飛升到空中去，當然一定是有很重要的事會發生，而且都聽說要開啓寶塔了，於是大眾當然就起立合掌，總不能夠大剌剌繼續坐在那邊，所以要起立而且要合掌表示恭敬。這時當然是一心關注於 釋迦如來，看看接著會怎麼樣演變發展。這時 釋迦如來看見大眾起立合掌，一心瞻仰，於是就以右指輕輕推開七寶塔的門戶，是以右指而不是整個手掌貼上去打開；是用右指輕輕地推開七寶塔那個門戶，才這麼輕輕一推，那個門戶就出現了關鑰落下的聲音，那聲音很大地響了出來。以前的門戶都是怎麼樣的？是有兩扇門，在這兩扇門的內方會有一根粗的橫木，從上方放下來就卡住兩扇門了，這個便叫作關鑰。那麼，釋迦如來右手的手指這麼輕輕一推，那關鑰就落了下來，所以就發出了很大的聲音；總之就是關鑰落下的很大聲音，於是大城門就打開了。

那麼，這個是從事上來說的，可是在眞實理上面，這代表什麼意思？六祖惠能大師很有智慧，聽那位「念法華（法達）」法師爲他誦《法華經》時，他還沒聽完整部經文，就說：「**不必再誦了，我知道了。**」他說《法華經》

主要的意旨就是四個字：開、示、悟、入。你看人家多有智慧！好多人讀了《法華經》，往往讀了一輩子，又拜又誦，竟不曉得開在哪裡、示在哪裡、悟在哪裡、入在哪裡。人家六祖這麼一聽，都還沒有誦完，他就知道了，那你說他該不該當六祖？當然合該他當六祖嘛！可是有的人覺得說：「這《六祖壇經》，你悟了以後看起來就是這麼淺。」可是，能不能因爲這樣就判斷說「六祖的智慧就只有這樣」？不行，因爲說出來的永遠是少數。就好像讀了《大藏經》以後，不可以說：「如來的智慧就只是這樣子，全部都在這裡。」其實不然！因爲所能說出來的，永遠只是一小部分，不可能是全部。

話說回來，釋迦如來「即從座起，住虛空中」，接著「以右指開七寶塔戶」；「七寶塔戶」開了，是不是大眾就看見了多寶如來？對不對？於是「即時一切眾會，皆見多寶如來於寶塔中坐師子座，全身不散如入禪定。」這裡面意思可深了，也許有人講：「這沒什麼啊！就是打開了，然後多寶如來坐在師子座上，全身都在，好像入於禪定中一樣。」是啊！字面上看來是這樣，但是不能自以爲知。釋迦如來以右手的手指推開了七寶大塔的門戶，這是說什麼？這就告訴大家，你學佛人都必須經過這個過程，你一定要自己去設法

打開自己的七寶大塔。怎麼樣打開呢？得要參禪。

「參禪喔？參禪好像很難，那是大根器的菩薩們幹的事，我們末法時代這些眾生哪裡輪得到？」這是講念佛法門很有名的大法師講的，他還是親口對我講的，我是親耳聽到他當面講的。然而，末法時代就沒有正法嗎？末法時代就沒有菩薩再來嗎？不然！所以釋迦如來這麼辛苦，人天至尊而且是本尊佛，來到這裡示現，一定不想聽到那樣的話。那種人眞是小根小器，人天至尊而且是本尊，特地來這裡辛苦應化示現，結果要度的竟是這樣小根小器的人，可眞不值得！所以學佛人都不應該說那種話。好在我跟他見過面以後一、二年，他講話就改了，那倒也好啦！至於近年他有沒有大妄語，有沒有支持密宗破壞佛教正法，且不理他。釋迦牟尼世尊以右指去推開這個七寶塔戶，同樣的，大家也要想辦法去開啓自己的「七寶塔戶」。你要用右指開、左指開都隨你，你要怎麼樣開也都隨你，都沒關係，只要那個理合了，也就可以了。如果理不合，怎麼樣開都不行，永遠都打不開禪的門戶。理如果不合，縱使用大鐵鎚去搥，也一樣搥不開。重要的就是理能不能相合，理如果能合了，以右指這麼輕輕一推，城門就打開了。

城門打開的時候，「出大音聲如卻關鑰」。我九百多年前的師父最喜歡講：「如擊石火，似閃電光。」閃電光是不是很亮？可是一會兒就過去了。躲在棉被裡，把兩個石頭這麼一敲，那個火花迸散出來，是不是很美妙？但同樣一閃就過去了。這個「出大音聲如卻關鑰」，是不是也一下子就過去了？總不會一直響吧？於是大城門就打開了。這個過程，不是小可，可是爲什麼要「出大音聲如卻關鑰」？因爲要提醒大眾呀！然後世尊以右指推開大城門，是以大人相爲大眾說法；但大眾都只看到表面，不知世尊這時是掛羊頭、賣狗肉。當世尊把七寶塔的大門戶這一打開，就好比諸位參禪的時候，突然間智慧開了：「哎呀！原來我的如來藏就是這一個。」就瞧見了。那麼你就已經在你自己的七寶塔裡面安坐，看見你自己的「多寶如來」而與「多寶如來」分座而坐了。

當你看見了你自己的「多寶如來」時，只是在那一剎那就全體看見了，你的「多寶如來」是不是全身不散都在那裡？祂有沒有給你先看一小部分，然後再一部分、一部分給你看見？有沒有？沒有！祂是整體一時全部給你看見了。當你找到了你的如來藏時，是一體同見的，就整體全都看見了；並沒

有像那個十牛圖說的，要先看見腳跡，再看見牛尾巴，再看見牛屁股，然後再看見後腿，再看見肚子乃至牛頭、牛角？沒有這回事，你一瞧見如來藏的時候，祂就是整體現前。哪有人先看見如來藏一分，然後再看見如來藏二分、三分、四分、五分，然後才十分？那麼這樣子，諸位可以檢查看看，那十牛圖的作者有沒有開悟？顯然他沒有找到如來藏，才會編出十牛圖那個開悟過程，那眞的叫作胡扯！你們看，如來這七寶塔才一打開，多寶如來「全身不散」就不動而坐在那邊了，大家都看見全身了。你找到如來藏的時候，也是一剎那間全部都看見，整個如來藏心你都看見了。你沒有先看見如來藏的一小部分說：「我先看見祂東邊這一邊，等一下看見祂西邊這一邊，再看見祂南邊、北邊、各邊。」都沒有啊！你才一看見就全體都看見了。

可是，你找到如來藏的時候，那如來藏是不是住在禪定中？祂住在大龍之定中。定中的意思是什麼？是沒有語言文字妄想，而且制心一處，都不會跟五塵六塵相應。對不對呢？定境中正是制心一處啊！你的如來藏有沒有起過語言文字妄想？你的如來藏有沒有在定外了別六塵？你看，你如果入定長時安住，入了二禪等至位中，有時候還會出定呢；可是你的如來藏住在這樣

的境界，從來不出定。但這個是不是一般的四禪八定等世間禪定？其實不是禪定，因為禪定是意識心的境界。可是，如來藏這個境界，祂永遠如是、永遠不改變，就好像永遠制心一處而不會散亂，不會生起語言文字妄想，所以「如入禪定」。若是入禪定，將來一定又會出禪定，就是有出有入。世間禪定，一定是有出有入的；可是，如來藏這種定，不出也不入，所以這又不是世間禪定了，你只好說祂「如入禪定」，因為祂是永遠這樣。當你明心而看見如來藏的時候，你這個如來藏就是你的「多寶如來」；當你打開你自己的七寶塔時，要打開七寶塔來看，不要往虛空去看；若是往虛空去看，是永遠都看不到自己的「多寶如來」的；要往自己的七寶塔裡面來尋找，可是你也得要懂得去把它打開。當你這一打開時，好震撼呵！「原來是祂！」眞的很震撼啊！這不就像是「出大音聲如卻關鑰」嗎？你若是不小心，有時還會嚇一大跳呢！

這時看見你自己的「多寶如來」坐在師子座上，也許你又想：「奇怪？我找到我的如來藏了，但我的如來藏又沒有坐什麼師子座。」請問：如來藏以什麼為座？以你這個七寶塔為座；你這個五陰就是七寶塔全體，就是祂的

法座，祂就一直坐在你這個師子座上。當你悟了以後，你這個七寶塔就是你的師子座，這時當然已經確定自己的「多寶如來」正是「全身不散如入禪定」。是全身都在，一點點都沒有散失，而且如同入禪定中不生一念一般。好了，接下來，我還沒講，也許有人在想：「可是這多寶如來會講話呢？我的如來藏有沒有講話？」一定會這樣想，對不對？對啊！我們就繼續來合計合計吧！

「又聞其言：『善哉！善哉！釋迦牟尼佛！快說是《法華經》，我爲聽是經故而來至此。』」多寶如來是向釋迦牟尼佛這麼說的，這在表示什麼？意思就是說，當你打開了你的七寶塔戶，看見你自己的七寶塔中的「多寶如來」時，祂「全身不散如入禪定」；可是你繼續再觀察下去，你的如來藏不斷地顯示、不斷在運作著，從來都不曾停歇，才能夠使得你這一座七寶塔「從地踊出，住在虛空」，否則你這座七寶塔，早就散壞了，甚至根本就不可能出現。當祂不斷在運作時，是不是就在告訴你說：「善哉啊！善哉啊！能仁寂靜佛！你說的這一部《法華經》講得太好、太爽快了，我就是爲了聽這一部經，從無始劫以前來到現在特地來聽此經的。」是不是這樣？正是這樣啊！

你自己的「多寶如來」從無始劫以來，就是爲了要聽你演講《法華經》，就是爲了要聽你演講七寶塔中的「多寶如來」的故事，所以一劫又一劫，無量劫以來一直在三界中來來去去，就這樣來到今天這裡。如今這個七寶大塔顯現出來了，大門戶打開了，而你看見了自己的「多寶如來」，你當然應該要把你的「多寶如來」的故事講出來給大家聽。「多寶如來」的故事是什麼故事？就是如來藏的故事。而 多寶如來很久很久以前本來就已成佛了，就是你的如來藏本來即是佛，不是凡夫眾生。

像這樣聽聞《法華經》，諸位應該聽得歡喜說：「眞的是快哉！快哉！」所以《法華經》眞的不容易懂，因爲你還沒有那個智慧，也就是說你還沒有經歷那個過程時，縱使你以前聽過諸佛演講《法華經》，諸佛並沒有像我這樣把其中的密意演繹出來，你在二千多年前也沒有聽聞 釋迦佛講過這些密意，那你可就聽不懂。然而我今天爲你們說了，如果已經破參明心的人，聽了當場就懂了，就能理解爲何說《法華經》是極深奧、極難信受、極難理解、極難實證的經典了。所以這樣看來，你的「多寶如來」還是爲你說法了，因爲你的如來藏一直告訴你：「對啊！我在這裡啊！你找得好，找得好呀！你

現在既能仁、又寂靜了，你就是釋迦牟尼佛。」為什麼說你現在變成「釋迦牟尼佛」了？時間已經到了，且聽下回分解。

今晚是攝氏十度，山上還會更冷一些。不論再怎麼冷，台灣平地都不會下雪，只是寒一些、潮濕一些，但都還可以接受；對我們的聽經聞法、道業進修，並沒有什麼大妨礙。只是我寫書的時候，得要弄一盞燈來照照手指頭，不然就會被冷得要命的滑鼠給凍僵了，你們年輕人就沒我這個問題。像我們這種上了歲數的人，才會知道什麼叫作青春。以前十幾、二十幾歲時其實不懂什麼叫作青春，現在終於懂了：「喔！青春就是這樣子，青春是這麼好。」可是，青春也有一點不好，就是沒有智慧，加上盲從、衝動，作事不能夠周詳地考慮前因後果；所以這樣看來，青春也不是很好。以人的一生而言，最好是像諸位四十歲左右，身體還健壯，但是也有實相智慧，這是最令人羨慕的；我想要回到那個時節，得要等下輩子了。但是今天天氣冷，大家還是很踴躍來聽經，可見正法的未來是光明的，這個光明的原因卻是在諸位身上。

現在繼續《法華經》一百一十一頁，上週講到倒數第二行說：「又聞其言：『善哉！善哉！釋迦牟尼佛！快說是《法華經》，我為聽是經故而來至

此。』」這是在說明什麼意思呢？這是說 多寶如來希望 釋迦牟尼佛很爽快、很俐落地把《法華經》講給大家聽，同時也等於是稱讚 釋迦如來把《法華經》講得很暢快。並且說明祂是爲了聽這一部《妙法蓮華經》而來到這裡。上週也跟諸位說，其實你們自己的「多寶如來」是從很遠很遠、很久很久以前來到現在，而祂無始劫以前本來就入涅槃了——其實是本來就入涅槃的；然後經過那麼久遠劫來、無量無數阿僧祇劫以後來到現在，就是要聽你們演述自己的《妙法蓮華經》。

現在有二個部分一定要先弄清楚，「釋迦牟尼佛」是你們自己，「多寶如來」是你們自己的如來藏。你們自己的如來藏從無量劫以來本來就在涅槃中，爲了聽你們演講《妙法蓮華經》，才來到現在這個地方。那什麼叫作「釋迦牟尼佛」？爲什麼說你們是「釋迦牟尼佛」？爲什麼叫作《妙法蓮華經》？是什麼緣故而說是《妙法蓮華經》？這都要探究啊！因爲這一段經文是《法華經》中很重要的一個部分。以前「念法華」法師誦《法華經》給六祖惠能大師聽，六祖聽到這一段，等後面這幾段經文聽誦完了就說：「不必再誦了，我知道了，這《法華經》主要的意思就是四個字：開、示、悟、入。」現在

這段經文所說的二位如來的事情便叫作「開」，釋迦如來在這裡就是把諸佛的所知所見打開給大家看，只是大家都讀不懂。那六祖是個不識字的柴夫，他悟後十五年出家了，竟然可以聽懂，可見他的智慧是不得了的。

那我們就來談談看，先來談「釋迦牟尼佛」。你們每一個人將來成佛時就稱爲「釋迦牟尼佛——Sakyamuni」。釋迦牟尼就只是這四個字，翻譯成中國話，意思就是：能仁與寂靜。請問：能夠始終仁愛有情的是你的如來藏呢？還是你的五陰？是你的五陰呵！因爲如來藏是不會生起這個心行的，所以如來藏不會說：「我要利樂眾生，我要慈愛有情。」所以 多寶如來一直都住在七寶塔中。有仁愛、仁慈之心，這是你的五蘊，特別是悟後的意根與意識。當你將來到達佛地的時候，你的仁慈之心具足圓滿，你就是「釋迦」了。

到那時你也是證得絕對寂靜的境界，所以你就是「牟尼」了。爲什麼叫作寂靜？因爲你悟了以後，還有一堆妄想，還不是絕對寂靜；如來藏是絕對寂靜的，但你的五蘊中的意識還不是絕對寂靜。繼續進修，到了初地不會打妄想，可是習氣種子還是會不斷冒上來，依舊不寂靜。到了七地滿心，進入八地心，習氣種子斷盡了，總行了吧？還是不行，爲什麼呢？因爲你還有異

熟種子不斷地生滅變易，所以仍然不是絕對寂靜。你得要到達佛地，二種障的一切隨眠全部斷盡，這才能是眞的絕對寂靜。這個時候眞正寂靜了，你的如來藏這時候改稱爲無垢識。你的第八識無垢識含攝八識心王，那時的一一心、一一心所法都可以獨自運作，那時能不能出聲說：「釋迦牟尼啊！趕快說這部《法華經》，趕快諦說，我要來聽。」能不能？能啊！因爲這個時候一一心都可以獨立運作，一一心都具足，包括如來藏—無垢識—都能夠具有五個遍行心所法、五個別境心所法、善十一心所法，都已具足圓滿，當然可以對你表達這個意志，這時你的五蘊就應該演說《妙法蓮華經》了。

這樣，聽懂不懂？怎麼有的人還是有一點茫然？這可能要稍微解釋一下五遍行跟五別境，否則就聽不懂了，因爲你們多數人還沒有在增上班修學過。五種遍行法，就是觸、作意、受、想、思。這五個心所法是遍於八識心王，從第八識到眼識都有這五個心所法。可是，意根只有五個別境心所法中的一個慧（別境就是了別境界的功能差別，人能夠了別境界就是靠這五個心所法），而且只有極少分。心所法，就是心所有的法，就是心的功能差別。

這五個別境心所法叫作欲、勝解、念、定、慧。欲，就是起一個念頭「我

想要作某件事」，沒有語言文字，就只是一個想法；想要去作什麼事情的欲望，那叫作欲。譬如說，你正在打坐，突然起一個念，想要下座喝水，但是並沒有語言文字就下座去喝水了；沒有語言文字而想要下座喝水，這一個動機、動力，或說這一個欲望，叫作欲，就是「想要」的意思。譬如說，你在家裡才一看到窗外的雨一直下，又感受天氣這麼冷，可是你仍然生起一個欲求：「我要去聽經。」雖然心中都沒有語言文字，但因爲有這個欲作爲動機，你就會來聽經了，這個「想要」來聽經便叫作欲。等而下之，比如大老闆，有一些大老闆是這樣，現在沒有選台灣小姐了，以前有些大老闆是這樣的：「這一回選上的台灣小姐是誰？透過廣告公司找找看，能不能陪我來過夜？」也許去碰一鼻子灰，因爲可能有人是不賣的。那麼這也是欲啊！但是層次不同。你想要修學善法，那叫作善法欲；他們那個心行，叫作惡法欲，同樣都是欲。但是這個欲本身沒有語言文字，這就是欲，是五別境中的第一個心所法。有了這個欲，你得要去探究爲什麼會有這個欲？因爲會跟六塵相應，是在六塵中相應，所以這個欲心所生起了。

當這個欲心所生起以後，要談到對於所欲的境界有沒有勝解？你能夠瞭

解那個境界，才叫作勝解；殊勝的勝，理解的解。假使有人告訴你某一個法，可是你聽不懂，你聽不懂就是對他所說的內涵沒有勝解。你若是聽懂了說：「原來就是這個意思。」你對那個法就有了勝解，這是第二個心所法。可是這個勝解，仍然要在六塵中去運作；離了六塵，這個勝解心所法便不能運作。那麼，有欲就會去瞭解，如實瞭解以後就有了勝解；譬如說，你往窗外一看是這個情況，可是也知道「不妨礙我去聽經」，你對那個窗外的境界有勝解，這時依舊沒有語言文字生起便有了勝解。

有勝解之後，你就有了「念」心所，「念」就是記憶、憶念，你會記住；一旦勝解了，你馬上就記住了：今天戶外的情況是怎麼樣。有這個念心所了，所以你要出門時，就知道要去拿雨傘。或者有人本來騎機器腳踏車，不必再思想就知道今天應該開車，依舊不需要語言文字來思惟；這就是說你那個念心所是存在的，因爲你看過窗外以後有了對天氣的勝解，你便自然記住今天天氣的狀況了。有了這個念心所，是因爲你瞭解天氣的情況，所以你不需要語言文字便記住了，出門時你就會自動拿了雨傘出門。

拿了雨傘出門的時候，也許有的人心中會猶豫：「唉喲！這麼冷！要不

要去聽經？我對於剛剛所見的那些窗外境界，是不是具足了知？」這就牽涉到定心所了，你本來下定決心：「我就是要去聽經。」你當時就有定心所。決定的定，這個決定，心得決定而不改變，這就是定，這是第四個心所法了。你剛剛看過以後，也決定要去聽，拿了雨傘，你不會去改變，你對剛才所見窗外影像的認知，你確定是下雨、是很冷，你確定這一點，你對這一點的認知不會改變，這就是定心所；這時是心得決定而不改變：一定是很冷而且下雨。你對這一點認知是不會改變的，這也是你的定心所。

可是接著你走出大門時接觸屋外溼冷境界時又會考量：「我剛才對於這個既冷又溼的判斷是不是正確的？」當你重新判斷而且心得決定的時候，你就是有判斷戶外環境的智慧了，這叫作慧心所。但不論你是否重新確認剛才還在屋裡時對屋外境界的判斷，在屋裡第一次判斷完成時，便已經有了慧心所運作過了，差別只在前後的慧心所判斷是否一樣罷了。所以欲、勝解、念、定、慧，這五個心所法可以讓你去了別六塵中的境界。在因地，如來藏沒有這個功能；即使是在等覺位，且不說等覺，連妙覺位的如來藏都沒有這個功能，要到佛地才有這五個別境心所法相應，所以佛地的無垢識也可以有所決

定。佛地的第八識既能擁有五別境心所法，當然可以開口要求「釋迦牟尼佛」五蘊：「你應該要演說《法華經》了。」你們現在的如來藏作不到，乃至等覺、妙覺位也都還作不到，要到妙覺地下生人間眼見佛性時的最後那一剎那眞的成佛了，才作得到。這五個別境心所法，第八識如來藏是要到成佛時才會生起。既然成佛的時候第八識有這個功能差別了，當然那時你的第八識「多寶如來」可以開口說：「釋迦牟尼佛！趕快說《法華經》，我從無量劫以來就是為了聽這一部經才來到今天這裡的。」祂無量劫以來一直跟隨著你，最後就是要在你成佛以後聽你講這一部經。

那麼意根行不行？意根在這時候還不行，到了妙覺位也都還不行。妙覺位以下的意根，這五個別境心所法之中，只擁有一個慧心所；可是這個慧心所的功能是非常非常少的，大部分的慧心所祂都不具足。祂甚至沒有能力來反觀自己現在正在幹嘛，得要靠意識才能返觀意根，通常也是悟了以後由意識來看意根自己現在在幹嘛——除非悟前有眞善知識教導。所以你睡著的時候，不知道自己睡著了，因為你的意識中斷了，而意根不會反觀自己，所以不知道自己正在睡覺。因此當你睡著的時候，你不知道自己正在睡覺，醒來

時你才會知道：「喔！我剛才是在睡覺，現在醒了。」有沒有人睡著無夢而沒有意識的時候，知道自己正在睡覺？如果你那時能夠知道，你就是成佛了。可是，有的人聽了就自以爲是：「我睡著時都知道啊！」原來他根本沒有睡著，自以爲眞的睡著了。

那麼，假使我也像上面說的那樣來說明五個遍行心所法，那太複雜，我們現在先不講它，以後到了增上班時自然會聽到我的詳細講解。那麼，五個別境心所法以外，佛地的無垢識還會跟善十一心所法相應，就是有慚、有愧等十一個好的心所法，那時第八識也會相應。所以，當你成佛的時候，你的「多寶如來」無垢識可以主動告訴你：「釋迦牟尼佛！現在該你說《法華經》的時候了，請你趕快爲我們演說、暢快地爲我們演說，我是爲了聽這一部經的緣故，所以從無始劫以來一直在涅槃中，結果就是現在要來聽你說。」雖然祂那時給你瞭解這個願望，卻都沒有語言文字。這樣這意思就懂了。

可是也許有人想：「那『多寶如來』爲什麼不能稱爲『釋迦牟尼』？『多寶如來』也是能仁、寂靜啊！」可是能仁寂靜卻是五蘊的事，你的「多寶如來」那時候成佛時，也只是隨緣任運去作，沒有所謂的能仁、所謂的寂靜可

言，祂是依憑著自己的種子直接就去運作，所以能仁寂靜還是你成佛那時的五蘊；所以你那時的第八識「多寶如來」就告訴你，說你「釋迦牟尼佛」要演說這部《妙法蓮華經》。

既然你的「多寶如來」要求你「釋迦牟尼佛」演述《妙法蓮華經》，請問《妙法蓮華經》是什麼意思？先來說「經」，經就是大總持，把整個法義貫串起來而不會散失，便叫作經。「妙法」是說世出世間一切諸法，所有清淨法、染汙法都含藏在這個「妙法蓮華」之中，「妙法蓮華」就是如來藏金剛心。這「朵」很微妙的「蓮華」含藏了一切三界萬法的種子，也就是說祂含藏了一切諸法的功能差別；但是其中有一些染汙的種子，你可以把它全部清洗乾淨，三大阿僧祇劫以後祂就具足圓滿究竟清淨，這就是「妙蓮華」，也就是佛地的「蓮華」第八無垢識。那麼，這個「蓮華」含藏了一切的法，用這部經把它貫串起來而演說給大家瞭解，所以叫作《妙法蓮華經》。換句話說，這時「多寶如來」要求「釋迦如來」爲大眾解說「這個如來藏所含藏的一切妙法」，這就是請求「釋迦牟尼佛」演述《妙法蓮華經》。那麼，你將來成佛的時候，請問你的「多寶如來」是不是依舊住在涅槃中？始終不生不

滅而無量劫以來不斷地延續下來，直到你成佛的時候，祂就是要聽你講《妙法蓮華經》呢？當然是嘛！

講到這裡，關於這個「妙法蓮華」，我要插進一些話來說，將來在書裡面也把它整理出來廣爲流通；但我們不久之後還會印出一些新的DM廣爲流通。因爲上一週我在吃午餐時，那已是下午兩點多鐘了，我看到一個節目報導，是報導豬哥亮的節目；說有一個女孩子專門唱宗教歌曲，爲他唱什麼「唵嘛呢叭咪吽」，還說那個咒有多好、多好、多好。天曉得！那個咒的意思是什麼？他們眞的都不懂。你們今天聽了要廣爲人說，只要有人持那個咒，就要告訴他。我們鄰居還有人寫了好大的字「唵嘛呢叭咪吽」掛在客廳裡面。但是我這裡就隱姓埋名，不想讓人家知道我說的是誰。那六字大「冥」咒的意思就是說：「喔！摩尼寶珠在蓮華上面。」摩尼珠是什麼意思？有二個解釋，第一個是密宗的內部解釋，是指男性的性器官，「蓮華」則是指女性的性器官。

有人聽不懂嗎？要不要我講白一點？要喔！那我到底該怎麼辦？有人點頭，有人搖頭。民意調查好了，想要講明白一點的請舉手！不好意思舉手。

希望不要講的請舉手！其他的人呢？那就是說，想要知道但不好意思舉手。那我知道你們的意思了，我還是簡單說明：依男性來講，摩尼寶珠叫作龜頭；依女性來講，蓮華叫作陰蒂。蓮華，就是女性的生殖器官，六字大「冥」咒的意思就是在讚歎說：「喔！摩尼寶珠在陰蒂蓮華上面。」當他們知道這咒語的眞正意思以後，他們還會想要唸嗎？正因爲他們都不知道，所以被密宗上師哄著一直唸下去，還特地編成歌曲一直唱，以後你們要把這個道理轉述出去。我們現在新設計的傳單裡面，我特地加了這麼一段讓大家知道，要讓密宗及社會人士以後不敢再公開唱這個六字大「冥」咒。這是題外話，以後整理在書中，有越多的人讀到就越好，那麼六字大「冥」咒就會開始漸漸消滅掉，這也是我們要作的工作。

接著說：「爾時四眾等、見過去無量千萬億劫滅度佛說如是言，歎未曾有。」先要講到這裡。當這個七寶大塔中的「多寶如來」向「釋迦牟尼佛」發出這個聲音說：「太好了！太好了！釋迦牟尼佛！請您爽快地、暢快地爲我們演說《法華經》，我『多寶如來』就是爲了聽這一部經的緣故，雖然滅度已經那麼久了，我還是來到這裡。」你們自己的如來藏都是本來早就滅度

的，請問你們的如來藏有生死嗎？沒有生死嘛！既然從來都沒有生死，是不是涅槃？涅槃是不是滅度？是囉！無量劫以前，你根本無法計算祂是多少劫以前本來就已經是涅槃，這就是無量千萬億劫之前滅度的佛，就是你的如來藏，多寶如來特地爲了示現這個道理，才會不斷在諸佛宣講《法華經》時坐在七寶塔中前來，然而你的「多寶如來」等你成佛時要聽你講述這部《妙法蓮華經》。所以今天你雖然還沒有成佛，但你來到二十一世紀的這裡，今天祂就跟著你來，出生了這一世的色陰附帶七轉識，這就是「從地踊出」，從你的境界相中踊現了出來；然後「住在空中」，因爲祂太分明了！若是在地上，有可能一部分會被擋住而看不見，若是「住在空中」，大家都看得見。

當你悟了，全都看得見，沒有看不見的時候；即使睡著了，證悟者也都還看得見你的七寶塔與「多寶如來」。這時不但是「多寶如來」，甚至於過去的無量千萬億劫已經滅度的佛，同樣都這麼說。這一些過去無量千萬億劫滅度諸佛「多寶如來」，有沒有包括法華會上的這一些菩薩、阿羅漢們？當然有嘛！因爲他們各自的「多寶如來」，也是過去無量千萬億劫本已滅度之佛，他們的「多寶佛」都是這樣的。當然經文中的意思，也有從事相上來講的意

涵，所以也有其他無量千萬億已滅度諸佛，同樣都這樣說；都同樣像 多寶如來這樣說，因爲過去無量千萬億已滅度諸佛，當然會贊成 多寶如來的說法。

這時大眾「歎未曾有」，就以天界的各種寶貴妙華，一聚又一聚散向 多寶如來以及 釋迦牟尼佛的寶塔上面。這樣有沒有告訴你如來藏在哪裡？有沒有？這眞的很老婆，已經是不斷地告訴你了。

「爾時釋迦牟尼佛見所分身佛悉已來集，各各坐於師子之座，皆聞諸佛與欲同開寶塔。即從座起，住虛空中。一切四眾起立合掌，一心觀佛。於是釋迦牟尼佛，以右指開七寶塔户，出大音聲如卻關鑰，開大城門。即時一切眾會，皆見多寶如來於寶塔中坐師子座，全身不散如入禪定。」這時 釋迦牟尼佛「即從座起」，又住於虛空中，然後大眾一心合掌觀看著，於是 釋迦牟尼佛用右手指推開了七寶塔戶，那個寶塔的門戶就「叩咯」一聲，門戶的關鑰已經落下了，接著打開城門，顯示給大家看：七寶塔裡面的 多寶如來，「全身不散如入禪定」。已經這樣分明打開給你們看，還看不見？

我們上週有講，你的多寶如來在你的七寶塔裡面，「全身不散」具足圓

滿，沒有一絲一毫缺陷，沒有缺了一隻手、少了一個胳膊，都沒有啊！而且始終處在大龍之定中，不出與不入，這不叫作「如入禪定」嗎？並不是進入四禪八定中，因爲世間禪定的四禪八定都是有出入的，但這裡經文中說的是「如入」，不是眞的進入四禪八定境界中。這樣已經很清楚打開給大家看了，「開、示、悟、入」四法之中就已經有第一個字「開」了。如果這樣還看不見，我便繼續講解下去：「過去無量千萬億劫已經滅度諸佛，也都這樣讚歎。」如此讚歎的時候，你們總該看見了吧？如果還看不見，我再接著說：「四眾等人歎未曾有以後，都以天寶華一聚又一聚，從七寶塔上散下來供養二尊佛。」這個眞的叫開佛知見，把十方諸佛的所知與所見，打開給大家看了。那麼開佛知見之後，接著應該怎麼樣呢？我們就來看看，到底祂是怎麼樣「示」。

「爾時多寶佛，於寶塔中分半座與釋迦牟尼佛，而作是言：『釋迦牟尼佛！可就此座。』即時釋迦牟尼佛入其塔中，坐其半座，結跏趺坐。爾時，大眾見二如來在七寶塔中師子座上，結跏趺坐，各作是念：『佛座高遠，唯願如來以神通力，令我等輩俱處虛空。』」這時 多寶如來，就在寶塔中分了

半座給 釋迦牟尼佛。那個寶座應該蠻大的，像我這個法座，就沒辦法分半座給別人同坐，因爲太小了。好在這個不是佛座，只是菩薩座。多寶如來在寶塔中把寶座分出一半給 釋迦牟尼佛來坐，就邀請說：「**釋迦牟尼佛！可以上來這個座位上安坐。**」於是 釋迦牟尼佛就進入這個塔中，坐在那個半座上面，一樣是結跏趺坐。

這一個「**坐其半座**」是什麼意思？爲什麼 釋迦牟尼佛要「**入其塔中**」？因爲這是諸佛的常法。那麼回過頭來看諸位好了，因爲以現前的來印證最準確。你自己的「**多寶如來**」是不是分一半給你的「**釋迦牟尼佛**」坐？你自己的「**釋迦如來**」有坐在你的「七寶塔」之外嗎？沒有啊！都坐在你的「**七寶塔**」裡面，可是你的「**多寶如來**」也坐在你的「**七寶塔**」裡面，這不是分座而坐嗎？這樣看清楚了沒有？「**多寶如來**」與「**釋迦如來**」示現給諸位看了，這就是把諸佛的所知所見打「開」來以後，現在又「示」現給諸位看。剛才是打開，現在示現給諸位看，那你有沒有看見你的「**多寶如來**」？當然還是有許多人看不見，所以說，開了、示了以後，眾生還是很不容易「悟、入」，還眞的不容易證悟。這時就是說，「**釋迦如來**」入於諸佛的境界來示現給大

家看，說「我現在跟多寶如來同在一處」；這就是「示」佛境界，是打開了而且進入佛的境界來示現給大家看：是說每一座莊嚴的七寶塔之中，都有「多寶如來」，也都有「釋迦牟尼佛」，而且各坐半座同在一起。各坐一半是說各人管各人的事，你的「多寶如來」管祂自己相應的那一部分事情，而你的「釋迦如來」管你自己五蘊這一部分，二者各坐半座，共同來主掌這個七寶塔。各位增上班的同修們，大家可以現觀，看看是否如我所說。

「坐其半座」以後「結跏趺坐」。結跏趺坐，從表面上看來是盤起腿來坐得有模有樣，就好像在修禪定一樣的坐法。可是在這個地方，「結跏趺坐」代表這時是正心誠意、究竟圓滿、究竟清淨的境界，才是這裡「結跏趺坐」的意思。這時大眾看見二位如來「在七寶塔中師子座上，結跏趺坐」，心裡面各自都這樣想：「佛陀的座位又高又遠，唯願如來以神通力，讓我們大眾都可以升上虛空來，才能清楚看見。」這意思是什麼？且不說還沒有破參，就算你已破參好了，就算你已入地好了，你能夠看得見佛地的「釋迦牟尼佛、多寶如來」的境界嗎？依舊看不見！那距離還很遙遠，而且究竟佛地的層次是那麼高，你的層次還這麼低，怎麼能清楚看見？而且距離又那麼遙遠，大

眾的身量這麼小，而且都坐在地上，如何能清楚看見？根本看不清楚。

這時該怎麼辦？只好請求 佛陀加持，把大家接到虛空來，到了虛空中一樣的高度，才有辦法看得很清楚，而且距離也可以拉近。這就是說，靠著佛的加持力，才能更清楚地把佛地五蘊及法身佛的境界顯示給大家看見。這時所作的，其實就是把前面第二轉法輪、第三轉法輪所說的那一些法，加持大家可以比較清楚看見。如果繼續讓大眾留在地上，而且在地上鱗次櫛比這樣一直排下去，已經排到好遠好遠去了，多數人根本就看不見；因爲那是好幾個佛土聚爲一個佛土那麼廣大，坐得遠的人距離就變很大了，也許根本看不見，只好請求 多寶如來、釋迦如來加持，把大眾接到虛空中來，就算是遠一點的人，至少也還看得見。如果在地面上，那個化身佛所坐的寶座有五由旬，你在地面上連化身佛的境界都看不見，何況更高廣的七寶塔中的情況？這就是請求 佛陀把佛地的所知所見，更清楚「示」現給大家看。

這時「釋迦牟尼佛以神通力，接諸大眾皆在虛空，以大音聲普告四眾：『誰能於此娑婆國土廣說《妙法華經》？今正是時。如來不久當入涅槃，佛欲以此《妙法華經》付囑有在。』」這時 世尊就隨順大家的意願，把大家都

加持而升上虛空中來，終於看見了：原來七寶塔裡面，多寶如來跟釋迦如來都坐在這裡。這時候看見了，又是什麼意思？化佛以及大眾都能在釋迦牟尼佛所變化成的寶地上坐；雖然是坐在寶地上，也還是看不清楚，所以得要加持他們，上升到虛空中來；也就是依著佛力的加持，讓他們可以稍微瞭解佛地的境界。這是在顯示諸佛所證的不可思議境界，這就是「示」。前一段「開」，這一段「示」。然後用「大音聲普告四眾」，因爲變化所成的整個娑婆世界佛土太大了，若沒有大音聲，邊遠的人可就聽不見了，所以用「大音聲普告四眾」說：「有誰能夠在這個娑婆世界中廣說《妙法華經》呢？如今正是時候。我釋迦如來不久就會在這裡示現進入無餘涅槃了，我想要以這部《妙法蓮華經》付囑於住在三界有中的人。」

這是告訴我們說，一切有情各自都有一朵勝妙的寶蓮華，祂能夠出生無量無邊的勝妙諸法，不管是三界六道的法，或者二乘出世間法，或者大乘世出世間法，都由這一個妙法蓮華第八識所生。這朵妙法蓮華就是「多寶如來」，就是各人的第八識如來藏。可是既然現在講《法華經》，不久以後即將入涅槃了，快要示現入涅槃了，當然要以這一部《妙法蓮華經》來付囑。付

囑的時候，不可以付囑給四空天的眾生，四空天的眾生能夠作什麼呢？當然要盡量付囑給具備「人間有」的菩薩們，不然就是色界天的菩薩們。不能夠付囑給聲聞人，因爲聲聞人過了這一世就不是「有在」了，他們未來世沒有「三界有」存在了。菩薩世世「有」在，所以要付囑給菩薩。

那麼這個「付囑有在」，還牽涉到二個方面：第一個方面是近的「有在」，另一個方面是遠的「有在」。假使只付囑給近的「有在」，譬如有些菩薩的菩薩性不堅固，也許這一世奮勇承諾說：「我承擔起來。」可是一世、二世以後，又覺得說：「這部《法華經》，人家都不信了，我還講什麼？算了！入涅槃去了。」那麼這樣「付囑有在」，就失去了效果，只成爲「近令有在」，對後世有情是不利的；所以希望被付囑的菩薩們是一世又一世，無量無數劫中都願意一直講下去的，我說這叫作「遠令有在」；即使是很遙遠的時劫以後，也要讓他「有在」，這就是諸佛的心願。

所以說，要怎麼樣好好把《法華經》的眞實義給宣示出來，也能繼續流傳久遠，這眞的很重要。如果你每一世都能來演講這部《法華經》，你未來世成佛就會很快。當然不是指依文解義的演說，若是依文解義的話，只是門

外漢，他想要成佛可還早著。諸位聽到這裡，要不要下定決心說：「我未來世要生生世世講這一部《法華經》」？（大眾大聲回答說：要。）對嘛！就是要這麼大聲嘛！剛才有人還遲疑了一下，是對自己不太有把握？但我知道你們不是不想要，只是對自己的能力有一點懷疑，所以遲疑回答我。但是沒問題，並不是你下一世就馬上要演講此經，因為前面還有很多菩薩們，至少我們親教師們會先打前鋒；而你們一世一世跟著親教師們熏習，等到他們生到色界天中的色究竟天宮去，就得換你們來演講此經了，但你們這個願要先發。那麼接下來，佛陀在重頌之中怎麼說呢？

（未完，詳續第十輯解說。）

佛教正覺同修會〈修學佛道次第表〉

第一階段

* 以憶佛及拜佛方式修習動中定力。
* 學第一義佛法及禪法知見。
* 無相拜佛功夫成就。
* 具備一念相續功夫—動靜中皆能看話頭。
* 努力培植福德資糧，勤修三福淨業。

第二階段

* 參話頭，參公案。
* 開悟明心，一片悟境。
* 鍛鍊功夫求見佛性。
* 眼見佛性〈餘五根亦如是〉親見世界如幻，成就如幻觀。
* 學習禪門差別智。
* 深入第一義經典。
* 修除性障及隨分修學禪定。
* 修證十行位陽焰觀。

第三階段

* 學一切種智眞實正理—楞伽經、解深密經、成唯識論…。
* 參究末後句。
* 解悟末後句。
* 透牢關—親自體驗所悟末後句境界，親見實相，無得無失。
* 救護一切衆生迴向正道。護持了義正法，修證十迴向位如夢觀。
* 發十無盡願，修習百法明門，親證猶如鏡像現觀。
* 修除五蓋，發起禪定。持一切善法戒。親證猶如光影現觀。
* 進修四禪八定、四無量心、五神通。進修大乘種智，求證猶如谷響現觀。

佛菩提二主要道次第概要表——二道並修，以外無別佛法

佛菩提道——大菩提道

遠波羅蜜多

資糧位

十信位修集信心——一劫乃至一萬劫

初住位修集布施功德（以財施爲主）。

二住位修集持戒功德。

三住位修集忍辱功德。

四住位修集精進功德。

五住位修集禪定功德。

六住位修集般若功德（熏習般若中觀及斷我見，加行位也）。

外門廣修六度萬行

見道位

七住位明心般若正觀現前，親證本來自性清淨涅槃。

八住位起於一切法現觀般若中道。漸除性障。

十住位眼見佛性，世界如幻觀成就。

一至十行位，於廣行六度萬行中，依般若中道慧，現觀陰處界猶如陽焰，至第十行滿心位，陽焰觀成就。

一至十迴向位熏習一切種智；修除性障，唯留最後一分思惑不斷。第十迴向滿心位成就菩薩道如夢觀。

內門廣修六度萬行

初地：第十迴向位滿心時，成就道種智一分（八識心王一一親證後，領受五法、三自性、七種第一義、七種性自性、二種無我法）復由勇發十無盡願，成通達位菩薩。復又永伏性障而不具斷，能證慧解脫而不取證，由大願故留惑潤生。此地主修法施波羅蜜多及百法明門。證「猶如鏡像」現觀，故滿初地心。

二地：初地功德滿足以後，再成就道種智一分而入二地；主修戒波羅蜜多及一切種智。滿心位成就「猶如光影」現觀，戒行自然清淨。

解脫道：二乘菩提

斷三縛結，成初果解脫

薄貪瞋癡，成二果解脫

斷五下分結，成三果解脫

入地前的四加行令煩惱障現行悉斷，成四果解脫，留惑潤生。分段生死已斷，煩惱障習氣種子開始斷除，兼斷無始無明上煩惱。

近波羅蜜多 — 大波羅蜜多 — 圓滿波羅蜜多

修道位 — 究竟位

三地：二地滿心再證道種智一分，故入三地。此地主修忍波羅蜜多及四禪八定、四無量心、五神通。能成就俱解脫果而不取證，留惑潤生。滿心位成就「猶如谷響」現觀及無漏妙定意生身。

四地：由三地再證道種智一分故入四地。主修精進波羅蜜多，於此土及他方世界廣度有緣，無有疲倦。進修一切種智，滿心位成就「如水中月」現觀。

五地：由四地再證道種智一分故入五地。主修禪定波羅蜜多及一切種智，斷除下乘涅槃貪。滿心位成就「變化所成」現觀。

六地：由五地再證道種智一分故入六地。此地主修般若波羅蜜多——依道種智現觀十二因緣一一有支及意生身化身，皆自心眞如變化所現，「非有似有」，成就細相觀，不由加行而自然證得滅盡定，成俱解脫大乘無學。

七地：由六地「非有似有」現觀，再證道種智一分故入七地。此地主修一切種智及方便波羅蜜多，由重觀十二有支一一支中之流轉門及還滅門一切細相，成就方便善巧，念念隨入滅盡定。滿心位證得「如犍闥婆城」現觀。

八地：由七地極細相觀成就故再證道種智一分而入八地。此地主修一切種智及願波羅蜜多。至滿心位純無相觀任運恆起，故於相土自在，滿心位復證「如實覺知諸法相意生身」故。

九地：由八地再證道種智一分故入九地。主修力波羅蜜多及一切種智，成就四無礙，滿心位證得「種類俱生無行作意生身」。

十地：由九地再證道種智一分故入此地。此地主修一切種智——智波羅蜜多。滿心位起大法智雲，及現起大法智雲所含藏種種功德，成受職菩薩。

等覺：由十地道種智成就故入此地。此地應修一切種智，圓滿等覺地無生法忍；於百劫中修集極廣大福德，以之圓滿三十二大人相及無量隨形好。

妙覺：示現受生人間已斷盡煩惱障一切習氣種子，並斷盡所知障一切隨眠，永斷變易生死無明，成就大般涅槃，四智圓明。人間捨壽後，報身常住色究竟天利樂十方地上菩薩；以諸化身利樂有情，永無盡期，成就究竟佛道。

圓滿成就究竟佛果

七地滿心斷除故意保留之最後一分思惑時，煩惱障所攝色、受、想三陰有漏習氣種子全部斷盡。

→ 煩惱障所攝行、識二陰無漏習氣種子任運漸斷，所知障所攝上煩惱任運漸斷。

→ 斷盡變易生死成就大般涅槃

佛子蕭平實 謹製
（二〇〇九、〇二 修訂）
（二〇一二、〇二 增補）

佛教正覺同修會 共修現況 及 招生公告　2017/12/21

一、共修現況：（請在共修時間來電，以免無人接聽。）

台北正覺講堂 103 台北市承德路三段 277 號九樓 捷運淡水線圓山站旁
Tel..**總機** 02-25957295（晚上）（**分機：九樓**辦公室 10、11；知客櫃檯 12、13。 **十樓**知客櫃檯 15、16；書局櫃檯 14。 **五樓**辦公室 18；知客櫃檯 19。**二樓**辦公室 20；知客櫃檯 21。）
Fax..25954493

第一講堂　台北市承德路三段 277 號九樓

禪淨班：週一晚班、週三晚班、週四晚班、週五晚班、週六下午班、週六上午班（共修期間二年半，全程免費。皆須報名建立學籍後始可參加共修，欲報名者詳見本公告末頁。）

進階班：週一晚班、週三晚班、週四晚班、週五晚班（禪淨班結業後轉入共修）。

增上班：**瑜伽師地論詳解**：每月單數週之週末 17.50～20.50。平實導師講解，2003 年 2 月開講至今，預計 2019 年圓滿，僅限已明心之會員參加。

禪門差別智：每月第一週日全天　平實導師主講（事冗暫停）。

大法鼓經詳解　詳解末法時代大乘佛法修行之道。佛教正法消毒妙藥塗於大鼓而以擊之，凡有眾生聞之者，一切邪見鉅毒悉皆消殞；此經即是大法鼓之正義，凡聞之者，所有邪見之毒悉皆滅除，見道不難；亦能發起菩薩無量功德，是故諸大菩薩遠從諸方佛土來此娑婆聞修此經。平實導師主講，定於 2017 年 12 月底起，每逢周二晚上開講，第一至第六講堂都可同時聽聞，歡迎已發成佛大願的菩薩種性學人，攜眷共同參與此殊勝法會現場聞法，不限制聽講資格。本會學員憑上課證進入第一至第四講堂聽講，會外學人請以身分證件換證進入聽講（此為大樓管理處安全管理規定之要求，敬請諒解）；第五及第六講堂（B1、B2）對外開放，不需出示任何證件，請由大樓側門直接進入。

第二講堂　台北市承德路三段 267 號十樓。

禪淨班：週一晚上班。

進階班：週三晚班、週四晚班、週五晚班、週六下午班。禪淨班結業後轉入共修。

大法鼓經詳解：平實導師講解。每週二 18.50~20.50 影像音聲即時傳輸

第三講堂　台北市承德路三段 277 號五樓。

禪淨班：週六下午班。

進階班：週一晚班、週三晚班、週四晚班、週五晚班。

大法鼓經詳解：平實導師講解。每週二 18.50~20.50 影像音聲即時傳輸

第四講堂　台北市承德路三段 267 號二樓。

進階班：週一晚上班、週三晚上班、週四晚上班（禪淨班結業後轉入共修）。

大法鼓經詳解：平實導師講解。每週二 18.50~20.50 影像音聲即時傳輸

第五、第六講堂

念佛班 每週日晚上，第六講堂共修（B2），一切求生極樂世界的三寶弟子皆可參加，不限制共修資格。

進階班：週一晚班、週三晚班、週四晚班。

大法鼓經詳解：平實導師講解。每週二 18.50~20.50 影像音聲即時傳輸。第五、第六講堂爲**開放式講堂**，不需以身分證件換證即可進入聽講，台北市承德路三段 267 號地下一樓、地下二樓。每逢週二晚上講經時段開放給會外人士自由聽經，請由大樓側面梯階逕行進入聽講。**聽講者請尊重講者的著作權及肖像權，請勿錄音錄影，以免違法；若有錄音錄影被查獲者，將依法處理。**

正覺祖師堂 大溪區美華里信義路 650 巷坑底 5 之 6 號（台 3 號省道 34 公里處 妙法寺對面斜坡道進入）電話 03-3886110 傳真 03-3881692 本堂供奉 克勤圓悟大師，專供會員每年四月、十月各三次精進禪三共修，兼作本會出家菩薩掛單常住之用。除禪三時間以外，每逢單月第一週之週日 9:00~17:00 開放會內、外人士參訪，當天並提供午齋結緣。教內共修團體或道場，得另申請其餘時間作團體參訪，務請事先與常住確定日期，以便安排常住菩薩接引導覽，亦免妨礙常住菩薩之日常作息及修行。

桃園正覺講堂（第一、第二講堂）：桃園市介壽路 286、288 號 10 樓（陽明運動公園對面）電話：03-3749363(請於共修時聯繫，或與台北聯繫)

禪淨班：週一晚上班（1）、週一晚上班（2）、週三晚上班、週四晚上班、週五晚上班。

進階班：週四晚班、週五晚班、週六上午班。

增上班：雙週六晚上班（增上重播班）。

大法鼓經詳解：平實導師講解。每週二晚上，以台北正覺講堂所錄 DVD 放映；歡迎會外學人共同聽講，不需出示身分證件。

新竹正覺講堂 新竹市東光路 55 號二樓之一 電話 03-5724297（晚上）

第一講堂：

禪淨班：週一晚上班、週五晚上班、週六上午班。

進階班：週三晚上班、週四晚上班（由禪淨班結業後轉入共修）。

增上班：單週六晚上班。雙週六晚上班（重播班）。

大法鼓經詳解：平實導師講解。每週二晚上，以台北正覺講堂所錄 DVD 放映。歡迎會外學人共同聽講，不需出示身分證件。

第二講堂：

禪淨班：週三晚上班、週四晚上班。

大法鼓經詳解：每週二晚上與第一講堂同時播放佛藏經詳解 DVD。

第三、第四講堂：裝修完畢，即將開放。

台中正覺講堂　04-23816090（晚上）

第一講堂　台中市南屯區五權西路二段 666 號 13 樓之四（國泰世華銀行樓上。鄰近縣市經第一高速公路前來者，由五權西路交流道可以快速到達，大樓旁有停車場，對面有素食館）。

禪淨班：週三晚上班、週四晚上班。

進階班：週一晚上班、週六上午班（由禪淨班結業後轉入共修）。

增上班：**增上班**：單週六晚上班。雙週六晚上班（重播班）。

大法鼓經詳解：平實導師講解。每週二晚上，以台北正覺講堂所錄 DVD 放映。歡迎會外學人共同聽講，不需出示身分證件。

第二講堂　台中市南屯區五權西路二段 666 號 4 樓

禪淨班：週一晚上班、週三晚上班、週六上午班。

進階班：週五晚上班（由禪淨班結業後轉入共修）。

大法鼓經詳解：每週二晚上與第一講堂同時播放佛藏經詳解 DVD。

第三講堂、第四講堂：台中市南屯區五權西路二段 666 號 4 樓。

嘉義正覺講堂　嘉義市友愛路 288 號八樓之一　電話：05-2318228

第一講堂：

禪淨班：週一晚上班、週四晚上班、週五晚上班、週六上午班。

進階班：週三晚上班（由禪淨班結業後轉入共修）。

增上班：單週六晚上班。雙週六晚上班（重播班）。

大法鼓經詳解：平實導師講解。每週二晚上，以台北正覺講堂所錄 DVD 放映。歡迎會外學人共同聽講，不需出示身分證件。

第二講堂　嘉義市友愛路 288 號八樓之二。

台南正覺講堂

第一講堂　台南市西門路四段 15 號 4 樓。06-2820541（晚上）

禪淨班：週一晚上班、週三晚上班、週四晚上班、週五晚上班、週六下午班。

增上班：**增上班**：單週六晚上班。雙週六晚上班（重播班）。

大法鼓經詳解：平實導師講解。每週二晚上，以台北正覺講堂所錄 DVD 放映。歡迎會外學人共同聽講，不需出示身分證件。

第二講堂　台南市西門路四段 15 號 3 樓。

大法鼓經詳解：每週二晚上與第一講堂同時播放佛藏經詳解 DVD。

第三講堂　台南市西門路四段 15 號 3 樓。

進階班：週三晚上班、週四晚上班、週六上午班（由禪淨班結業後轉入共修）。

大法鼓經詳解：每週二晚上與第一講堂同時播放佛藏經詳解 DVD。

高雄正覺講堂　高雄市新興區中正三路 45 號五樓 07-2234248（晚上）

第一講堂（五樓）：

禪淨班：週一晚班、週三晚班、週四晚班、週五晚班、週六上午班。

增上班：單週週末下午，以台北增上班課程錄成 DVD 放映之，限已明心之會員參加。

大法鼓經詳解：平實導師講解。每週二晚上，以台北正覺講堂所錄 DVD 放映。歡迎會外學人共同聽講，不需出示身分證件。

第二講堂（四樓）：

進階班：週三晚上班、週四晚上班、週六上午班（由禪淨班結業後轉入共修）。

大法鼓經詳解：每週二晚上與第一講堂同時播放佛藏經詳解 DVD。

第三講堂（三樓）：

進階班：週四晚班（由禪淨班結業後轉入共修）。

香港正覺講堂　☆已遷移新址☆

九龍觀塘，成業街 10 號，電訊一代廣場 27 樓 E 室。

（觀塘地鐵站 B1 出口，步行約 4 分鐘）。電話：(852) 23262231

英文地址：Unit E，27th Floor, TG Place, 10 Shing Yip Street, Kwun Tong, Kowloon

禪淨班：雙週六下午班 14:30-17:30，已經額滿。
雙週日下午班 14:30-17:30。
單週六下午班 14:30-17:30，已經額滿。

進階班：雙週五晚上班（由禪淨班結業後轉入共修）。

增上班：單週週末上午，以台北增上班課程錄成 DVD 放映之。

增上重播班：雙週週末上午，以台北增上班課程錄成 DVD 放映之。

大法鼓經詳解：平實導師講解。雙週六 19:00-21:00，以台北正覺講堂所錄 DVD 放映；歡迎會外學人共同聽講，不需出示身分證件。

美國洛杉磯正覺講堂　☆已遷移新址☆

825 S. Lemon Ave Diamond Bar, CA 91789 U.S.A.

Tel. (909) 595-5222（請於週六 9:00~18:00 之間聯繫）

Cell. (626) 454-0607

禪淨班：每逢週末 15：30~17：30 上課。

進階班：每逢週末上午 10：00~12：00 上課。

大法鼓經詳解：平實導師講解。每週六下午 13：00~15：00 以台北所錄 DVD 放映。歡迎各界人士共享第一義諦無上法益，不需報名。

二、招生公告　本會台北講堂及全省各講堂、香港講堂，每逢四月、十月下旬開新班，每週共修一次（每次二小時。開課日起三個月內仍可插班）；但美國洛杉磯共修處之禪淨班得隨時插班共修。各班共修期間皆爲二年半，全程免費，欲參加者請向本會函索報名表（各共修處皆於共修時間方有人執事，非共修時間請勿電詢或前來洽詢、請書），或直接從本會官方網站(http://www.enlighten.org.tw/newsflash/class)或成佛之道網站下載報名表。共修期滿時，若經報名禪三審核通過者，可參加四天三夜之禪三精進共修，有機會明心、取證如來藏，發起般若實相智慧，成爲實義菩薩，脫離凡夫菩薩位。

三、新春禮佛祈福 農曆年假期間停止共修：自農曆新年前七天起停止共修與弘法，正月 8 日起回復共修、弘法事務。新春期間正月初一～初七 9.00～17.00 開放台北講堂、正月初一~初三開放桃園、新竹、台中、嘉義、台南、高雄講堂，以及大溪禪三道場（正覺祖師堂），方便會員供佛、祈福及會外人士請書。美國洛杉磯共修處之休假時間，請逕詢該共修處。

密宗四大派修雙身法，是外道性力派的邪法；又以生滅的識陰作為常住法，是常見外道，是假的藏傳佛教。

西藏覺囊巴以他空見弘揚第八識如來藏勝法，才是真藏傳佛教

佛教正覺同修會　弘法行事表

2017/12/07

1、**禪淨班**　以無相念佛及拜佛方式修習動中定力，實證一心不亂功夫。傳授解脫道正理及第一義諦佛法，以及參禪知見。共修期間：二年六個月。每逢四月、十月開新班，詳見招生公告表。

2、**進階班**　禪淨班畢業後得轉入此班，進修更深入的佛法，期能證悟明心。各地講堂各有多班，繼續深入佛法、增長定力，悟後得轉入增上班修學道種智，期能證得無生法忍。

3、**增上班 瑜伽師地論**詳解　詳解論中所言凡夫地至佛地等 17 師之修證境界與理論，從凡夫地、聲聞地……宣演到諸地所證無生法忍、一切種智之眞實正理。由平實導師開講，每逢一、三、五週之週末晚上開示，僅限已明心之會員參加。2003 年二月開講至今，預定 2019 年講畢。

4、**大法鼓經**詳解　詳解末法時代大乘佛法修行之道。佛教正法消毒妙藥塗於大鼓而以擊之，凡有眾生聞之者，一切邪見鉅毒悉皆消殞；此經即是大法鼓之正義，凡聞之者，所有邪見之毒悉皆滅除，見道不難；亦能發起菩薩無量功德，是故諸大菩薩遠從諸方佛土來此娑婆聞修此經。平實導師主講。定於 2017 年 12 月底開講，歡迎已發成佛大願的菩薩種性學人，攜眷共同參與此殊勝法會聽講。

本經破「有」而顯涅槃，以此名爲眞實的「法」；眞法即是第八識如來藏，《金剛經》《法華經》中亦名之爲「此經」。若墮在「有」中，皆名「非法」，「有」即是五陰、六入、十二處、十八界及內我所、外我所，皆非眞實法。若人如是俱說「法」與「非法」而宣揚佛法，名爲擊大法鼓；如是依「法」而捨「非法」，據以建立山門而爲眾說法，方可名爲眞正的法鼓山。此經中說，以「此經」爲菩薩道之本，以證得「此經」之正知見及法門作爲度人之「法」，方名眞實佛法，否則盡名「非法」。本經中對法與非法、有與涅槃，有深入之闡釋，歡迎教界一切善信（不論初機或久學菩薩），一同親沐 如來聖教，共沾法喜。由平實導師詳解。不限制聽講資格。

5、**精進禪三**　主三和尚：平實導師。於四天三夜中，以克勤圓悟大師及大慧宗杲之禪風，施設機鋒與小參、公案密意之開示，幫助會員剋期取證，親證不生不滅之眞實心——人人本有之如來藏。每年四月、十月各舉辦二個梯次；平實導師主持。僅限本會會員參加禪淨班共修期滿，報名審核通過者，方可參加。並選擇會中定力、慧力、福德三條件皆已具足之已明心會員，給以指引，令得眼見自己無形無相之佛性遍布山河大地，眞實而無障礙，得以肉眼現觀世界身心悉皆如幻，具足成就如幻觀，圓滿十住菩薩之證境。

6、**不退轉法輪經**詳解　本經所說妙法極為甚深難解，時至末法，已然無有知者；而其甚深絕妙之法，流傳至今依舊多人可證，顯示佛學眞是義學而非玄談，其中甚深極妙令人拍案稱絕之第一義諦妙義，平實導師將會加以解說。待《大法鼓經》宣講完畢時繼續宣講此經。

7、**阿含經**詳解　選擇重要之阿含部經典，依無餘涅槃之實際而加以詳解，令大眾得以現觀諸法緣起性空，亦復不墮斷滅見中，顯示經中所隱說之涅槃實際—如來藏—確實已於四阿含中隱說；令大眾得以聞後觀行，確實斷除我見乃至我執，證得**見到**眞現觀，乃至**身證**……等眞現觀；已得大乘或二乘見道者，亦可由此聞熏及聞後之觀行，除斷我所之貪著，成就慧解脫果。由平實導師詳解。不限制聽講資格。

8、**解深密經**詳解　重講本經之目的，在於令諸已悟之人明解大乘法道之成佛次第，以及悟後進修一切種智之內涵，確實證知三種自性性，並得據此證解七眞如、十眞如等正理。每逢週二 18.50~20.50 開示，由平實導師詳解。將於《大法鼓經》講畢後開講。不限制聽講資格。

9、**成唯識論**詳解　詳解一切種智眞實正理，詳細剖析一切種智之微細深妙廣大正理；並加以舉例說明，使已悟之會員深入體驗所證如來藏之微密行相；及證驗見分相分與所生一切法，皆由如來藏—阿賴耶識—直接或展轉而生，因此證知一切法無我，證知無餘涅槃之本際。將於增上班《瑜伽師地論》講畢後，由平實導師重講。僅限已明心之會員參加。

10、**精選如來藏系經典**詳解　精選如來藏系經典一部，詳細解說，以此完全印證會員所悟如來藏之眞實，得入不退轉住。另行擇期詳細解說之，由平實導師講解。僅限已明心之會員參加。

11、**禪門差別智**　藉禪宗公案之微細淆訛難知難解之處，加以宣說及剖析，以增進明心、見性之功德，啓發差別智，建立擇法眼。每月第一週日全天，由平實導師開示，僅限破參明心後，復又眼見佛性者參加（事冗暫停）。

12、**枯木禪**　先講智者大師的《小止觀》，後說《釋禪波羅蜜》，詳解四禪八定之修證理論與實修方法，細述一般學人修定之邪見與岔路，及對禪定證境之誤會，消除枉用功夫、浪費生命之現象。已悟般若者，可以藉此而實修初禪，進入大乘通教及聲聞教的三果心解脫境界，配合應有的大福德及後得無分別智、十無盡願，即可進入初地心中。親教師：平實導師。未來緣熟時將於正覺寺開講。不限制聽講資格。

註：本會例行年假，自 2004 年起，改爲每年農曆新年前七天開始停息弘法事務及共修課程，農曆正月 8 日回復所有共修及弘法事務。新春期間（每日 9.00~17.00）開放台北講堂，方便會員禮佛祈福及會外人士請書。大溪區的正覺祖師堂，開放參訪時間，詳見〈正覺電子報〉或成佛之道網站。本表得因時節因緣需要而隨時修改之，不另作通知。

佛教正覺同修會　贈閱書籍 目錄　2015/09/29

1.**無相念佛**　平實導師著　回郵 10 元
2.**念佛三昧修學次第**　平實導師述著　回郵 25 元
3.**正法眼藏—護法集**　平實導師述著　回郵 35 元
4.**真假開悟簡易辨正法&佛子之省思**　平實導師著　回郵 3.5 元
5.**生命實相之辨正**　平實導師著　回郵 10 元
6.**如何契入念佛法門**（附：印順法師否定極樂世界）平實導師著　回郵 3.5 元
7.**平實書箋**—答元覽居士書　平實導師著　回郵 35 元
8.**三乘唯識**—如來藏系經律彙編　平實導師編　回郵 80 元
（精裝本　長 27 cm　寬 21 cm　高 7.5 cm　重 2.8 公斤）
9.**三時繫念全集**—修正本　回郵掛號 40 元（長 26.5 cm×寬 19 cm）
10.**明心與初地**　平實導師述　回郵 3.5 元
11.**邪見與佛法**　平實導師述著　回郵 20 元
12.**菩薩正道**—回應義雲高、釋性圓…等外道之邪見　正燦居士著　回郵 20 元
13.**甘露法雨**　平實導師述　回郵 20 元
14.**我與無我**　平實導師述　回郵 20 元
15.**學佛之心態**—修正錯誤之學佛心態始能與正法相應　孫正德老師著　回郵35元
附錄：平實導師著**《略說八、九識並存…等之過失》**
16.**大乘無我觀**—《悟前與悟後》別說　平實導師述著　回郵 20 元
17.**佛教之危機**—中國台灣地區現代佛教之真相（附錄：公案拈提六則）
平實導師著　回郵 25 元
18.**燈　影**—燈下黑（覆「求教後學」來函等）　平實導師著　回郵 35 元
19.**護法與毀法**—覆上平居士與徐恒志居士網站毀法二文
張正圜老師著　回郵 35 元
20.**淨土聖道**—兼評**選擇本願念佛**　正德老師著　**由正覺同修會購贈**　回郵 25 元
21.**辨唯識性相**—對「紫蓮心海《辯唯識性相》書中否定阿賴耶識」之回應
正覺同修會 台南共修處法義組 著　回郵 25 元
22.**假如來藏**—對法蓮法師《如來藏與阿賴耶識》書中否定阿賴耶識之回應
正覺同修會 台南共修處法義組 著　回郵 35 元
23.**入不二門**—公案拈提集錦 第一輯（於平實導師公案拈提諸書中選錄約二十則，
合輯爲一冊流通之）平實導師著　回郵 20 元
24.**真假邪說**—西藏密宗索達吉喇嘛《破除邪說論》真是邪說
釋正安法師著　回郵 35 元
25.**真假開悟**—真如、如來藏、阿賴耶識間之關係　平實導師述著　回郵 35 元
26.**真假禪和**—辨正釋傳聖之謗法謬說　孫正德老師著　回郵 30 元

27.**眼見佛性**—駁慧廣法師**眼見佛性的含義**文中謬説
游正光老師著　回郵 25 元
28.**普門自在**—公案拈提集錦 第二輯（於平實導師公案拈提諸書中選錄約二十則，合輯爲一冊流通之）平實導師著　回郵 25 元
29.**印順法師的悲哀**—以現代禪的質疑為線索　恒毓博士著　回郵 25 元
30.**識蘊真義**—現觀識蘊內涵、取證初果、親斷三縛結之具體行門。
—依《成唯識論》及《唯識述記》正義，略顯安慧《大乘廣五蘊論》之邪謬
平實導師著　回郵 35 元
31.**正覺電子報** 各期紙版本　免附回郵　每次最多函索三期或三本。
（已無存書之較早各期，不另增印贈閱）
32.**現代人應有的宗教觀**　蔡正禮老師 著　回郵3.5元
33.**遠惑趣道**—正覺電子報般若信箱問答錄　第一輯　回郵20元
34.**遠惑趣道**—正覺電子報般若信箱問答錄　第二輯　回郵20元
35.**確保您的權益**—器官捐贈應注意自我保護　游正光老師 著　回郵10元
36.**正覺教團電視弘法三乘菩提 DVD 光碟（一）**
由正覺教團多位親教師共同講述錄製 DVD 8 片，MP3 一片，共 9 片。有二大講題：一爲「三乘菩提之意涵」，二爲「學佛的正知見」。內容精闢，深入淺出，精彩絕倫，幫助大眾快速建立三乘法道的正知見，免被外道邪見所誤導。有志修學三乘佛法之學人不可不看。(製作工本費 100 元，回郵 25 元)
37.**正覺教團電視弘法 DVD 專輯（二）**
總有二大講題：一爲「三乘菩提之念佛法門」，一爲「學佛正知見(第二篇)」，由正覺教團多位親教師輪番講述，內容詳細闡述如何修學念佛法門、實證念佛三昧，以及學佛應具有的正確知見，可以幫助發願往生西方極樂淨土之學人，得以把握往生，更可令學人快速建立三乘法道的正知見，免於被外道邪見所誤導。有志修學三乘佛法之學人不可不看。（一套 17 片，工本費 160 元。回郵 35 元）
38.**佛藏經** 燙金精裝本 每冊回郵 20 元。正修佛法之道場欲大量索取者，請正式發函並蓋用大印寄來索取（2008.04.30 起開始敬贈）
39.**喇嘛性世界**—揭開假藏傳佛教譚崔瑜伽的面紗　張善思 等人合著
由正覺同修會購贈　回郵 20 元
40.**假藏傳佛教的神話**—性、謊言、喇嘛教　張正玄教授編著　回郵 20 元
由正覺同修會購贈　回郵 20 元
41.**隨　緣**—理隨緣與事隨緣　平實導師述　回郵 20 元。
42.**學佛的覺醒**　正枝居士 著　回郵 25 元
43.**導師之真實義**　蔡正禮老師 著　回郵 10 元
44.**淺談達賴喇嘛之雙身法**—兼論解讀「密續」之達文西密碼
吳明芷居士 著　回郵 10 元
45.**魔界轉世**　張正玄居士 著　回郵 10 元
46.**一貫道與開悟**　蔡正禮老師 著　回郵 10 元

47.**博愛**—愛盡天下女人　正覺教育基金會 編印　回郵 10 元
48.**意識虛妄經教彙編**—實證解脫道的關鍵經文　正覺同修會編印　回郵 25 元
49.**邪箭囈語**—破斥藏密外道多識仁波切《破魔金剛箭雨論》之邪說
陸正元老師著　上、下冊回郵各 30 元
50.**真假沙門**—依 佛聖教闡釋佛教僧寶之定義
蔡正禮老師著　俟正覺電子報連載後結集出版
51.**真假禪宗**—藉評論釋性廣《印順導師對變質禪法之批判
及對禪宗之肯定》以顯示真假禪宗
附論一：凡夫知見 無助於佛法之信解行證
附論二：世間與出世間一切法皆從如來藏實際而生而顯
余正偉老師著　俟正覺電子報連載後結集出版　回郵未定
52.**假鋒虛焰金剛乘**—揭示顯密正理，兼破索達吉師徒《般若鋒兮金剛焰》。
釋正安 法師著　俟正覺電子報連載後結集出版

★ 上列贈書之郵資，係台灣本島地區郵資，大陸、港、澳地區及外國地區，請另計酌增（大陸、港、澳、國外地區之郵票不許通用）。尚未出版之書，請勿先寄來郵資，以免增加作業煩擾。

★ 本目錄若有變動，唯於後印之書籍及「成佛之道」網站上修正公佈之，不另行個別通知。

函索書籍請寄：佛教正覺同修會　103 台北市承德路 3 段 277 號 9 樓
台灣地區函索書籍者請附寄郵票，無時間購買郵票者可以等值現金抵用，但不接受郵政劃撥、支票、匯票。大陸地區得以人民幣計算，國外地區請以美元計算（請勿寄來當地郵票，在台灣地區不能使用）。欲以掛號寄遞者，請另附掛號郵資。

親自索閱：正覺同修會各共修處。　★請於共修時間前往取書，餘時無人在道場，請勿前往索取；共修時間與地點，詳見書末正覺同修會共修現況表（以近期之共修現況表為準）。

註：正智出版社發售之局版書，請向各大書局購閱。若書局之書架上已經售出而無陳列者，請向書局櫃台指定洽購；若書局不便代購者，請於正覺同修會共修時間前往各共修處請購，正智出版社已派人於共修時間送書前往各共修處流通。 郵政劃撥購書及 大陸地區 購書，請詳別頁正智出版社發售書籍目錄最後頁之說明。

成佛之道 網站：http://www.a202.idv.tw　正覺同修會已出版之結緣書籍，多已登載於 成佛之道 網站，若住外國、或住處遙遠，不便取得正覺同修會贈閱書籍者，可以從本網站閱讀及下載。　書局版之《宗通與說通》亦已上網，台灣讀者可向書局洽購，售價 300 元。《狂密與眞密》第一輯~第四輯，亦於 2003.5.1.全部於本網站登載完畢；台灣地區讀者請向書局洽購，每輯約 400 頁，售價 300 元（網站下載紙張費用較貴，容易散失，難以保存，亦較不精美）。

＊＊假藏傳佛教修雙身法，非佛教＊＊

正智出版社 籌募弘法基金發售書籍目錄 2018/05/13

1.**宗門正眼**—公案拈提 第一輯 重拈 平實導師著 500 元

因重寫內容大幅度增加故，字體必須改小，並增爲 576 頁 主文 546 頁。比初版更精彩、更有內容。初版《禪門摩尼寶聚》之讀者，可寄回本公司免費調換新版書。免附回郵，亦無截止期限。（2007 年起，每冊附贈本公司精製公案拈提〈超意境〉CD 一片。市售價格 280 元，多購多贈。）

2.**禪淨圓融** 平實導師著 200 元（第一版舊書可換新版書。）

3.**真實如來藏** 平實導師著 400 元

4.**禪—悟前與悟後** 平實導師著 上、下冊，每冊 250 元

5.**宗門法眼**—公案拈提 第二輯 平實導師著 500 元

（2007 年起，每冊附贈本公司精製公案拈提〈超意境〉CD 一片）

6.**楞伽經詳解** 平實導師著 全套共 10 輯 每輯 250 元

7.**宗門道眼**—公案拈提 第三輯 平實導師著 500 元

（2007 年起，每冊附贈本公司精製公案拈提〈超意境〉CD 一片）

8.**宗門血脈**—公案拈提 第四輯 平實導師著 500 元

（2007 年起，每冊附贈本公司精製公案拈提〈超意境〉CD 一片）

9.**宗通與說通**—成佛之道 平實導師著 主文 381 頁 全書 400 頁售價 300 元

10.**宗門正道**—公案拈提 第五輯 平實導師著 500 元

（2007 年起，每冊附贈本公司精製公案拈提〈超意境〉CD 一片）

11.**狂密與真密** 一～四輯 平實導師著 西藏密宗是人間最邪淫的宗教，本質不是佛教，只是披著佛教外衣的印度教性力派流毒的喇嘛教。此書中將西藏密宗密傳之男女雙身合修樂空雙運所有祕密與修法，毫無保留完全公開，並將全部喇嘛們所不知道的部分也一併公開。內容比大辣出版社喧騰一時的《西藏慾經》更詳細。並且函蓋藏密的所有祕密及其錯誤的中觀見、如來藏見……等，藏密的所有法義都在書中詳述、分析、辨正。每輯主文三百餘頁 每輯全書約 400 頁 售價每輯 300 元

12.**宗門正義**—公案拈提 第六輯 平實導師著 500 元

（2007 年起，每冊附贈本公司精製公案拈提〈超意境〉CD 一片）

13.**心經密意**—心經與解脫道、佛菩提道、祖師公案之關係與密意 平實導師述 300 元

14.**宗門密意**—公案拈提 第七輯 平實導師著 500 元

（2007 年起，每冊附贈本公司精製公案拈提〈超意境〉CD 一片）

15.**淨土聖道**—兼評「選擇本願念佛」 正德老師著 200 元

16.**起信論講記** 平實導師述著 共六輯 每輯三百餘頁 售價各 250 元

17.**優婆塞戒經講記** 平實導師述著 共八輯 每輯三百餘頁 售價各 250 元

18.**真假活佛**—略論附佛外道盧勝彥之邪說（對前岳靈犀網站主張「盧勝彥是證悟者」之修正） 正犀居士（岳靈犀）著 流通價 140 元

19.**阿含正義**—唯識學探源 平實導師著 共七輯 每輯 300 元

20.**超意境** CD 以平實導師公案拈提書中超越意境之頌詞，加上曲風優美的旋律，錄成令人嚮往的超意境歌曲，其中包括正覺發願文及平實導師親自譜成的黃梅調歌曲一首。詞曲雋永，殊堪翫味，可供學禪者吟詠，有助於見道。內附設計精美的彩色小冊，解說每一首詞的背景本事。每片 280 元。【每購買公案拈提書籍一冊，即贈送一片。】

21.**菩薩底憂鬱** CD 將菩薩情懷及禪宗公案寫成新詞，並製作成超越意境的優美歌曲。 1.主題曲〈菩薩底憂鬱〉，描述地後菩薩能離三界生死而迴向繼續生在人間，但因尚未斷盡習氣種子而有極深沈之憂鬱，非三賢位菩薩及二乘聖者所知，此憂鬱在七地滿心位方才斷盡；本曲之詞中所說義理極深，昔來所未曾見；此曲係以優美的情歌風格寫詞及作曲，聞者得以激發嚮往諸地菩薩境界之大心，詞、曲都非常優美，難得一見；其中勝妙義理之解說，已印在附贈之彩色小冊中。 2.以各輯公案拈提中直示禪門入處之頌文，作成各種不同曲風之超意境歌曲，值得玩味、參究；聆聽公案拈提之優美歌曲時，請同時閱讀內附之印刷精美說明小冊，可以領會超越三界的證悟境界；未悟者可以因此引發求悟之意向及疑情，眞發菩提心而邁向求悟之途，乃至因此眞實悟入般若，成眞菩薩。 3.正覺總持咒新曲，總持佛法大意；總持咒之義理，已加以解說並印在隨附之小冊中。本 CD 共有十首歌曲，長達 63 分鐘。每盒各附贈二張購書優惠券。每片 280 元。

22.**禪意無限** CD 平實導師以公案拈提書中偈頌寫成不同風格曲子，與他人所寫不同風格曲子共同錄製出版，幫助參禪人進入禪門超越意識之境界。盒中附贈彩色印製的精美解說小冊，以供聆聽時閱讀，令參禪人得以發起參禪之疑情，即有機會證悟本來面目而發起實相智慧，實證大乘菩提般若，能如實證知般若經中的眞實意。本 CD 共有十首歌曲，長達 69 分鐘，每盒各附贈二張購書優惠券。每片 280 元。

23.**我的菩提路**第一輯　釋悟圓、釋善藏等人合著　售價 300 元

24.**我的菩提路**第二輯　郭正益、張志成等人合著　售價 300 元

25.**我的菩提路**第三輯　王美伶等人合著　售價 300 元

26.**我的菩提路**第四輯　陳晏平等人合著　售價 300 元

27.**鈍鳥與靈龜**—考證後代凡夫對大慧宗杲禪師的無根誹謗。

平實導師著 共 458 頁 售價 350 元

28.**維摩詰經講記** 平實導師述 共六輯 每輯三百餘頁 售價各 250 元

29.**真假外道**—破劉東亮、杜大威、釋證嚴常見外道見　正光老師著　200 元

30.**勝鬘經講記**—兼論印順《勝鬘經講記》對於《勝鬘經》之誤解。

平實導師述　共六輯　每輯三百餘頁　售價 250 元

31.**楞嚴經講記** 平實導師述 共 **15** 輯，每輯三百餘頁 售價 300 元

32.**明心與眼見佛性**—駁慧廣〈蕭氏「眼見佛性」與「明心」之非〉文中謬說

正光老師著　共 448 頁　售價 300 元

33.**見性與看話頭** 黃正倖老師 著，本書是禪宗參禪的方法論。

內文 375 頁，全書 416 頁，售價 300 元。

34.**達賴真面目**—玩盡天下女人 白正偉老師 等著 中英對照彩色精裝大本 800 元

35.**喇嘛性世界**—揭開假藏傳佛教譚崔瑜伽的面紗 張善思 等人著 200 元

36.**假藏傳佛教的神話**—性、謊言、喇嘛教 正玄教授編著 200 元

37.**金剛經宗通** 平實導師述 共九輯 每輯售價 250 元。

38.**空行母**—性別、身分定位，以及藏傳佛教。
珍妮・坎貝爾著 呂艾倫 中譯 售價 250 元

39.**末代達賴**—性交教主的悲歌 張善思、呂艾倫、辛燕編著 售價 250 元

40.**霧峰無霧**—給哥哥的信 辨正釋印順對佛法的無量誤解
游宗明 老師著 售價 250 元

41.**第七意識與第八意識？**—穿越時空「超意識」
平實導師述 每冊 300 元

42.**黯淡的達賴**—失去光彩的諾貝爾和平獎
正覺教育基金會編著 每冊 250 元

43.**童女迦葉考**—論呂凱文〈佛教輪迴思想的論述分析〉之謬。
平實導師 著 定價 180 元

44.**人間佛教**—實證者必定不悖三乘菩提
平實導師 述，定價 400 元

45.**實相經宗通** 平實導師述 共八輯 每輯 250 元

46.**真心告訴您(一)**—達賴喇嘛在幹什麼？
正覺教育基金會編著 售價 250 元

47.**中觀金鑑**—詳述應成派中觀的起源與其破法本質
孫正德老師著 分為上、中、下三冊，每冊 250 元

48.**藏傳佛教要義**—《狂密與真密》之簡體字版 平實導師 著 上、下冊
僅在大陸流通 每冊 300 元

49.**法華經講義** 平實導師述 共二十五輯 每輯 300 元
已於 2015/05/31 起開始出版，每二個月出版一輯

50.**西藏「活佛轉世」制度**—附佛、造神、世俗法
許正豐、張正玄老師合著 定價 150 元

51.**廣論三部曲** 郭正益老師著 定價 150 元

52.**真心告訴您(二)**—達賴喇嘛是佛教僧侶嗎？
—補祝達賴喇嘛八十大壽
正覺教育基金會編著 售價 300 元

53.**次法**—實證佛法前應有的條件
張善思居士著 分為上、下二冊，每冊 250 元

54.**涅槃**—解說四種涅槃之實證及內涵 平實導師著 上下冊 各 350 元
預定 2018/09/30 出版上冊，11 月底出版下冊

55.**廣論之平議**—宗喀巴《菩提道次第廣論》之平議 正雄居士著
約二或三輯 俟正覺電子報連載後結集出版 書價未定

56.**末法導護**—對印順法師中心思想之綜合判攝 正慶老師著 書價未定

57.**菩薩學處**—菩薩四攝六度之要義　陸正元老師著　出版日期未定。
58.**八識規矩頌**詳解　○○居士 註解　出版日期另訂　書價未定。
59.**印度佛教史**—法義與考證。依法義史實評論印順《印度佛教思想史、佛教史地考論》之謬說　正偉老師著　出版日期未定　書價未定
60.**中國佛教史**—依中國佛教正法史實而論。○○老師 著　書價未定。
61.**中論正義**—釋龍樹菩薩《中論》頌正理。
孫正德老師著　出版日期未定　書價未定
62.**中觀正義**—註解平實導師《中論正義頌》。
○○法師（居士）著　出版日期未定　書價未定
63.**佛藏經講記**　平實導師述　出版日期未定　書價未定
64.**阿含經講記**—將選錄四阿含中數部重要經典全經講解之，講後整理出版。
平實導師述　約二輯　每輯300元　出版日期未定
65.**寶積經講記**　平實導師述　每輯三百餘頁 優惠價300元 出版日期未定
66.**解深密經講記**　平實導師述 約四輯　將於重講後整理出版
67.**成唯識論略解**　平實導師著　五～六輯　每輯300元　出版日期未定
68.**修習止觀坐禪法要講記**　平實導師述　每輯三百餘頁
將於正覺寺建成後重講、以講記逐輯出版　出版日期未定
69.**無門關**—《無門關》公案拈提　平實導師著　出版日期未定
70.**中觀再論**—兼述印順《中觀今論》謬誤之平議。正光老師著 出版日期未定
71.**輪迴與超度**—佛教超度法會之真義。
○○法師（居士）著　出版日期未定　書價未定
72.**《釋摩訶衍論》平議**—對偽稱龍樹所造《釋摩訶衍論》之平議
○○法師（居士）著　出版日期未定　書價未定
73.**正覺發願文**註解—以真實大願為因 得證菩提
正德老師著　出版日期未定　書價未定
74.**正覺總持咒**—佛法之總持　正圜老師著　出版日期未定　書價未定
75.**三自性**—依四食、五蘊、十二因緣、十八界法，說三性三無性。
作者未定　出版日期未定
76.**道品**—從三自性說大小乘三十七道品　作者未定　出版日期未定
77.**大乘緣起觀**—依四聖諦七真如現觀十二緣起 作者未定　出版日期未定
78.**三德**—論解脫德、法身德、般若德。　作者未定　出版日期未定
79.**真假如來藏**—對印順《如來藏之研究》謬說之平議　作者未定 出版日期未定
80.**大乘道次第**　作者未定　出版日期未定　書價未定
81.**四緣**—依如來藏故有四緣。　作者未定　出版日期未定
82.**空之探究**—印順《空之探究》謬誤之平議　作者未定 出版日期未定
83.**十法義**—論阿含經中十法之正義　作者未定　出版日期未定
84.**外道見**—論述外道六十二見　作者未定　出版日期未定

正智出版社有限公司 書籍介紹

禪淨圓融：言淨土諸祖所未曾言，示諸宗祖師所未曾示；禪淨圓融，另闢成佛捷徑，兼顧自力他力，闡釋淨土門之速行易行道，亦同時揭櫫聖教門之速行易行道；令廣大淨土行者得免緩行難證之苦，亦令聖道門行者得以藉著淨土速行道而加快成佛之時劫。乃前無古人之超勝見地，非一般弘揚禪淨法門典籍也，先讀為快。平實導師著 200元。

宗門正眼—公案拈提第一輯：繼承克勤圜悟大師碧巖錄宗旨之禪門鉅作。先則舉示當代大法師之邪說，消弭當代禪門大師鄉愿之心態，摧破當今禪門「世俗禪」之妄談；次則旁通教法，表顯宗門正理；繼以道之次第，消弭古今狂禪；後藉言語及文字機鋒，直示宗門入處。悲智雙運，禪味十足，數百年來難得一睹之禪門鉅著也。平實導師著 500元（原初版書《禪門摩尼寶聚》，改版後補充為五百餘頁新書，總計多達二十四萬字，內容更精彩，並改名為《宗門正眼》，讀者原購初版《禪門摩尼寶聚》皆可寄回本公司免費換新，免附回郵，亦無截止期限）（2007年起，凡購買公案拈提第一輯至第七輯，每購一輯皆贈送本公司精製公案拈提〈超意境〉CD一片，市售價格280元，多購多贈）。

禪—悟前與悟後：本書能建立學人悟道之信心與正確知見，圓滿具足而有次第地詳述禪悟之功夫與禪悟之內容，指陳參禪中細微淆訛之處，能使學人明自真心、見自本性。若未能悟入，亦能以正確知見辨別古今中外一切大師究係真悟？或屬錯悟？便有能力揀擇，捨名師而選明師，後時必有悟道之緣。一旦悟道，遲者七次人天往返，便出三界，速者一生取辦。學人欲求開悟者，不可不讀。　平實導師著。上、下冊共500元，單冊250元。

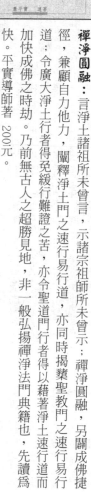

真實如來藏：如來藏眞實存在，乃宇宙萬有之本體，並非印順法師、達賴喇嘛等人所說之「唯有名相、無此心體」。如來藏是涅槃之本際，是一切有智之人竭盡心智、不斷探索而不能得之生命實相；是古今中外許多大師自以爲悟而當面錯過之生命實相。如來藏即是阿賴耶識，乃是一切有情本自具足、不生不滅之眞實心。當代中外大師於此書出版之前所未能言者，作者於本書中盡情流露、詳細闡釋。眞悟者讀之，必能增益悟境、智慧增上；錯悟者讀之，必能檢討自己之錯誤，免犯大妄語業；未悟者讀之，能知參禪之理路，亦能以之檢查一切名師是否眞悟。此書是一切哲學家、宗教家、學佛者及欲昇華心智之人必讀之鉅著。 平實導師著 售價400元。

宗門法眼—公案拈提第二輯：列舉實例，闡釋土城廣欽老和尚之悟處；並直示這位不識字的老和尚妙智橫生之根由，繼而剖析禪宗歷代大德之開悟公案，解析當代密宗高僧卡盧仁波切之錯悟證據，並例舉當代顯宗高僧、大居士之錯悟證據（凡健在者，爲免影響其名聞利養，皆隱其名）。藉辨正當代名師之邪見，向廣大佛子指陳禪悟之正道，彰顯宗門法眼。悲勇兼出，強捋虎鬚；慈智雙運，巧探驪龍；摩尼寶珠在手，直示宗門入處，禪味十足；若非大悟徹底，不能爲之。禪門精奇人物，允宜人手一冊，供作參究及悟後印證之圭臬。本書於2008年4月改版，增寫爲大約500頁篇幅，以利學人研讀參究時更易悟入宗門正法，以前所購初版首刷及初版二刷舊書，皆可免費換取新書。平實導師著 500元（2007年起，凡購買公案拈提第一輯至第七輯，每購一輯皆贈送本公司精製公案拈提〈超意境〉CD一片，市售價格280元，多購多贈）。

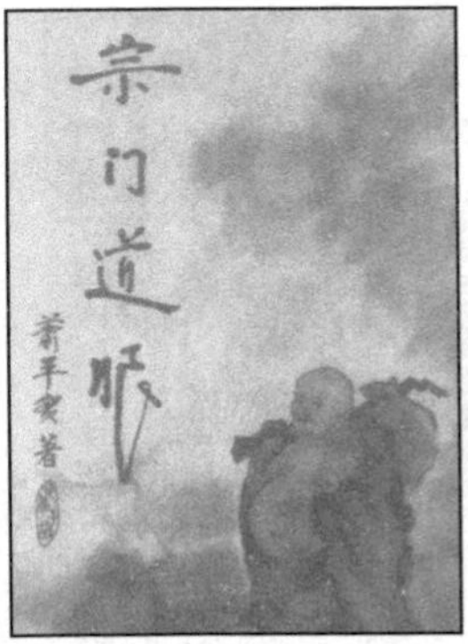

宗門道眼—公案拈提第三輯：繼宗門法眼之後，再以金剛之作略、慈悲之胸懷、犀利之筆觸，舉示寒山、拾得、布袋三大士之悟處，消弭當代錯悟者對於寒山大士……等之誤會及誹謗。 亦舉出民初以來與虛雲和尚齊名之蜀郡鹽亭袁煥仙夫子——南懷瑾老師之師，其「悟處」何在？並蒐羅許多眞悟祖師之證悟公案，顯示禪宗歷代祖師之睿智，指陳部分祖師、奧修及當代顯密大師之謬悟，作爲殷鑑，幫助禪子建立及修正參禪之方向及知見。假使讀者閱此書已，一時尚未能悟，亦可一面加功用行，一面以此宗門道眼辨別眞假善知識，避開錯誤之印證及歧路，可免大妄語業之長劫慘痛果報。欲修禪宗之禪者，務請細讀。平實導師著 售價500元（2007年起，凡購買公案拈提第一輯至第七輯，每購一輯皆贈送本公司精製公案拈提〈超意境〉CD一片，市售價格280元，多購多贈）。

楞伽經詳解：本經是禪宗見道者印證所悟眞僞之根本經典，亦是禪宗見道者悟後起修之依據經典；故達摩祖師於印證二祖慧可大師之後，將此經典連同佛缽祖衣一併交付二祖，令其依此經典佛示金言、進入修道位，修學一切種智。由此可知此經對於眞悟之人修學佛道，是非常重要之一部經典。此經能破外道邪說，亦破佛門中錯悟名師之謬說，亦破禪宗部分祖師之狂禪：不讀經典、一向主張「一悟即成究竟佛」之謬執。並開示愚夫所行禪、觀察義禪、攀緣如禪、如來禪等差別，令行者對於三乘禪法差異有所分辨；亦糾正禪宗祖師古來對於如來禪之誤解，嗣後可免以訛傳訛之弊。此經亦是法相唯識宗之根本經典，禪者悟後欲修一切種智而入初地者，必須詳讀。　平實導師著，全套共十輯，已全部出版完畢，每輯主文約320頁，每冊約352頁，定價250元。

宗門血脈—公案拈提第四輯：末法怪象—許多修行人自以爲悟，每將無念靈知認作眞實；崇尚二乘法諸師及其徒衆，則將外於如來藏之緣起性空—無因論之無常空、斷滅空、一切法空—錯認爲　佛所說之般若空性。這兩種現象已於當今海峽兩岸及美加地區顯密大師之中普遍存在；人人自以爲悟，心高氣壯，便敢寫書解釋祖師證悟之公案，大多出於意識思惟所得，言不及義，錯誤百出，因此誤導廣大佛子同陷大妄語之地獄業中而不能自知。彼等書中所說之悟處，其實處處違背第一義經典之聖言量。彼等諸人不論是否身披袈裟，都非佛法宗門血脈，或雖有禪宗法脈之傳承，亦只徒具形式；猶如螟蛉，非眞血脈，未悟得根本眞實故。禪子欲知　佛、祖之眞血脈者，請讀此書，便知分曉。平實導師著，主文452頁，全書464頁，定價500元（2007年起，凡購買公案拈提第一輯至第七輯，每購一輯皆贈送本公司精製公案拈提〈超意境〉CD一片，市售價格280元，多購多贈）。

宗通與說通：古今中外，錯誤之人如麻似粟，每以常見外道所說之靈知心，認作眞心；或妄想虛空之勝性能量爲眞如，或錯認物質四大元素藉冥性（靈知心本體）能成就吾人色身及知覺，或認初禪至四禪中之了知心爲不生不滅之涅槃心。此等皆非通宗者之見地。復有錯悟之人一向主張「宗門與教門不相干」，此即尚未通達宗門之人也。其實宗門與教門互通不二，宗門所證者乃是眞如與佛性，教門所說者乃說宗門證悟之眞如佛性，故教門與宗門不二。本書作者以宗教二門互通之見地，細說「宗通與說通」，從初見道至悟後起修之道、細說分明；並將諸宗諸派在整體佛教中之地位與次第，加以明確之教判，學人讀之即可了知佛法之梗概也。欲擇明師學法之前，允宜先讀。平實導師著，主文共381頁，全書392頁，只售成本價300元。

宗門正道—公案拈提第五輯：修學大乘佛法有二果須證—解脫果及大菩提果。二乘人不證大菩提果，唯證解脫果；此果之智慧，名爲聲聞菩提、緣覺菩提。大乘佛子所證二果之菩提果爲佛菩提，故名大菩提果，其慧名爲一切種智—函蓋二乘解脫果。然此大乘二果修證，須經由禪宗之宗門證悟方能相應。而宗門證悟極難，自古已然；其所以難者，咎在古今佛教界普遍存在三種邪見：1.以修定認作佛法，2.以無因論之緣起性空—否定涅槃本際如來藏以後之一切法空作爲佛法，3.以常見外道邪見（離語言妄念之靈知性）作爲佛法。如是邪見，或因自身正見未立所致，或因邪師之邪教導所致，或因無始劫來虛妄熏習所致。若不破除此三種邪見，永劫不悟宗門眞義、不入大乘正道，唯能外門廣修菩薩行。平實導師於此書中，有極爲詳細之說明，有志佛子欲摧邪見、入於內門修菩薩行者，當閱此書。主文共496頁，全書512頁。售價500元（2007年起，凡購買公案拈提第一輯至第七輯，每購一輯皆贈送本公司精製公案拈提〈超意境〉CD一片，市售價格280元，多購多贈）。

狂密與眞密：密教之修學，皆由有相之觀行法門而入，其最終目標仍不離顯教經典所說第一義諦之修證；若離顯教第一義經典、或違背顯教第一義經典，即非佛教。西藏密教之觀行法，如灌頂、觀想、遷識法、寶瓶氣、大聖歡喜雙身修法、喜金剛、無上瑜伽、大樂光明、樂空雙運等，皆是印度教兩性生生不息思想之轉化，自始至終皆以如何能運用交合淫樂之法達到全身受樂爲其中心思想，純屬欲界五欲的貪愛，不能令人超出欲界輪迴，更不能令人斷除我見；何況大乘之明心與見性，更無論矣！故密宗之法絕非佛法也。而其明光大手印、大圓滿法教，又皆同以常見外道所說離語言妄念之無念靈知心錯認爲佛地之眞如，不能直指不生不滅之眞如。西藏密宗所有法王與徒衆，都尚未開頂門眼，不能辨別眞僞，以依人不依法、依密續不依經典故，不肯將其上師喇嘛所說對照第一義經典，純依密續之藏密祖師所說爲準，因此而誇大其證德與證量，動輒謂彼祖師上師爲究竟佛、爲地上菩薩；如今台海兩岸亦有自謂其師證量高於　釋迦文佛者，然觀其師所述，猶未見道，仍在觀行即佛階段，尚未到禪宗相似即佛、分證即佛階位，竟敢標榜爲究竟佛及地上法王，誑惑初機學人。凡此怪象皆是狂密，不同於眞密之修行者。近年狂密盛行，密宗行者被誤導者極衆，動輒自謂已證佛地眞如，自視爲究竟佛，陷於大妄語業中而不知自省，反謗顯宗眞修實證者之證量粗淺；或如義雲高與釋性圓…等人，於報紙上公然誹謗眞實證道者爲「騙子、無道人、人妖、癩蛤蟆…」等，造下誹謗大乘勝義僧之大惡業；或以外道法中有爲有作之甘露、魔術……等法，誑騙初機學人，狂言彼外道法爲眞佛法。如是怪象，在西藏密宗及附藏密之外道中，不一而足，舉之不盡，學人宜應愼思明辨，以免上當後又犯毀破菩薩戒之重罪。密宗學人若欲遠離邪知邪見者，請閱此書，即能了知密宗之邪謬，從此遠離邪見與邪修，轉入眞正之佛道。　平實導師著　共四輯　每輯約400頁（主文約340頁）每輯售價300元。

宗門正義—公案拈提第六輯：佛教有六大危機，乃是藏密化、世俗化、膚淺化、學術化、宗門密意失傳、悟後進修諸地之次第混淆；其中尤以宗門密意之失傳，為當代佛教最大之危機。由宗門密意失傳故，易令 世尊本懷普被錯解，易令世尊正法被轉易為外道法，以及加以淺化、世俗化，是故宗門密意之廣泛弘傳與具緣佛弟子，極為重要。然而欲令宗門密意之廣泛弘傳予具緣之佛弟子者，必須同時配合錯誤知見之解析、普令佛弟子知之，然後輔以公案解析之直示入處，方能令具緣之佛弟子悟入。而此二者，皆須以公案拈提之方式為之，方易成其功、竟其業，是故平實導師續作宗門正義一書，以利學人。　全書500餘頁，售價500元（2007年起，凡購買公案拈提第一輯至第七輯，每購一輯皆贈送本公司精製公案拈提〈超意境〉CD一片，市售價格280元，多購多贈）。

心經密意—心經與解脫道、佛菩提道、祖師公案之關係與密意。　二乘菩提所證之解脫道，實依第八識心之斷除煩惱障現行而立解脫之名；大乘菩提所證之佛菩提道，實依親證第八識如來藏之涅槃性、清淨自性、及其中道性而立般若之名；禪宗祖師公案所證之真心，即是此第八識如來藏；是故三乘佛法所修所證之三乘菩提，皆依此如來藏心而立名也。此第八識心，即是《心經》所說之心也。證得此如來藏已，即能漸入大乘佛菩提道，亦可因證知此心而了知二乘無學所不能知之無餘涅槃本際，是故《心經》之密意，與三乘佛菩提之關係極為密切、不可分割，三乘佛法皆依此心而立名故。今者平實導師以其所證解脫道之無生智及佛菩提之般若種智，將《心經》與解脫道、佛菩提道、祖師公案之關係與密意，以演講之方式，用淺顯之語句和盤托出，發前人所未言，呈三乘菩提之真義，令人藉此《心經密意》一舉而窺三乘菩提之堂奧，迴異諸方言不及義之說；欲求真實佛智者、不可不讀！　主文317頁，連同跋文及序文…等共384頁，售價300元。

宗門密意—公案拈提第七輯：佛教之世俗化，將導致學人以信仰作為學佛，則將以感應及世間法之庇祐，作為學佛之主要目標，不能了知學佛之主要目標為親證三乘菩提。大乘菩提則以般若實相智慧為主要修習目標，以二乘菩提解脫道為附帶修習之標的；是故學習大乘法者，應以禪宗之證悟為要務，能親入大乘菩提之實相般若智慧中故，般若實相智慧非二乘聖人所能知故。此書則以台灣世俗化佛教之三大法師，說法似是而非之實例，配合真悟祖師之公案解析，提示證悟般若之關節，令學人易得悟入。平實導師著，全書五百餘頁，售價500元（2007年起，凡購買公案拈提第一輯至第七輯，每購一輯皆贈送本公司精製公案拈提〈超意境〉CD一片，市售價格280元，多購多贈）。

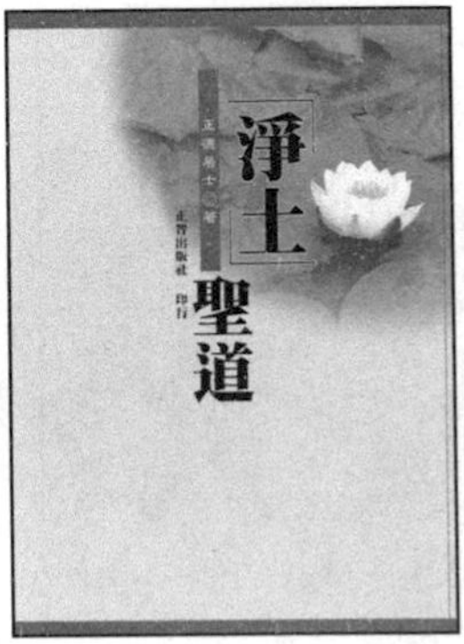

淨土聖道—兼評選擇本願念佛：佛法甚深極廣，般若玄微，非諸二乘聖僧所能知之，一切凡夫更無論矣！所謂一切證量皆歸淨土是也！是故大乘法中「聖道之淨土、淨土之聖道」，其義甚深，難可了知；乃至眞悟之人，初心亦難知也。今有正德老師眞實證悟後，復能深探淨土與聖道之緊密關係，憐憫衆生之誤會淨土實義，亦欲利益廣大淨土行人同入聖道，同獲淨土中之聖道門要義，乃振奮心神、書以成文，今得刊行天下。主文279頁，連同序文等共301頁，總有十一萬六千餘字，正德老師著，成本價200元。

起信論講記：詳解大乘起信論心生滅門與心眞如門之眞實意旨，消除以往大師與學人對起信論所說心生滅門之誤解，由是而得了知眞心如來藏之非常非斷中道正理；亦因此一講解，令此論以往隱晦而被誤解之眞實義，得以如實顯示，令大乘佛菩提道之正理得以顯揚光大；初機學者亦可藉此正論所顯示之法義，對大乘法理生起正信，從此得以眞發菩提心，眞入大乘法中修學，世世常修菩薩正行。平實導師演述，共六輯，都已出版，每輯三百餘頁，售價各250元。

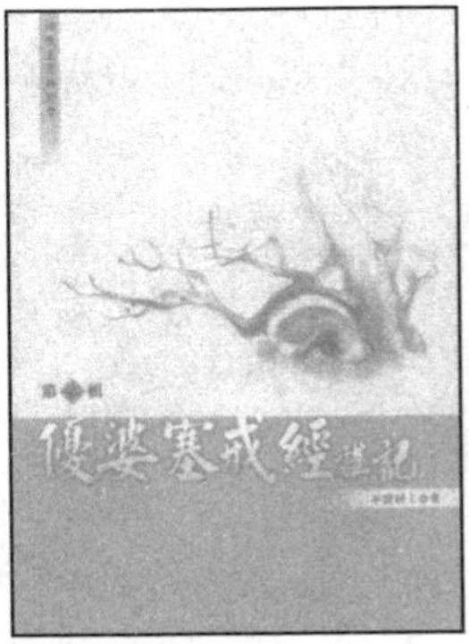

優婆塞戒經講記：本經詳述在家菩薩修學大乘佛法，應如何受持菩薩戒？對人間善行應如何看待？對三寶應如何護持？應如何正確地修集此世後世證法之福德？應如何修集後世「行菩薩道之資糧」？並詳述第一義諦之正義：五蘊非我非異我、自作自受、異作異受、不作不受……等深妙法義，乃是修學大乘佛法、行菩薩行之在家菩薩所應當了知者。出家菩薩今世或未來世登地已，捨報之後多數將如華嚴經中諸大菩薩，以在家菩薩身而修行菩薩行，故亦應以此經所述正理而修之，配合《楞伽經、解深密經、楞嚴經、華嚴經》等道次第正理，方得漸次成就佛道；故此經是一切大乘行者皆應證知之正法。平實導師講述，每輯三百餘頁，售價各250元；共八輯，已全部出版。

真假活佛—略論附佛外道盧勝彥之邪說：人人身中都有眞活佛，永生不滅而有大神用，但衆生都不了知，所以常被身外的西藏密宗假活佛籠罩欺瞞。本來就眞實存在的眞活佛，才是眞正的密宗無上密！諾那活佛因此而說禪宗是大密宗，但藏密的所有活佛都不知道、也不曾實證自身中的眞活佛。本書詳實宣示眞活佛的道理，舉證盧勝彥的「佛法」不是眞佛法，也顯示盧勝彥是假活佛，直接的闡釋第一義佛法見道的眞實正理。眞佛宗的所有上師與學人們，都應該詳細閱讀，包括盧勝彥個人在內。正犀居士著，優惠價140元。

阿含正義—唯識學探源：廣說四大部《阿含經》諸經中隱說之眞正義理，一一舉示佛陀本懷，令阿含時期初轉法輪根本經典之眞義，如實顯現於佛子眼前。並提示末法大師對於阿含眞義誤解之實例，一一比對之，證實唯識增上慧學確於原始佛法之阿含諸經中已隱覆密意而略說之，證實 世尊確於原始佛法中已曾密意而說第八識如來藏之總相；亦證實 世尊在四阿含中已說此藏識是名色十八界之因、之本—證明如來藏是能生萬法之根本心。佛子可據此修正以往受諸大師（譬如西藏密宗應成派中觀師：印順、昭慧、性廣、大願、達賴、宗喀巴、寂天、月稱、……等人）誤導之邪見，建立正見，轉入正道乃至親證初果而無困難；書中並詳說三果所證的心解脫，以及四果慧解脫的親證，都是如實可行的具體知見與行門。全書共七輯，已出版完畢。平實導師著，每輯三百餘頁，售價300元。

超意境CD：以平實導師公案拈提書中超越意境之頌詞，加上曲風優美的旋律，錄成令人嚮往的超意境歌曲，其中包括正覺發願文及平實導師親自譜成的黃梅調歌曲一首。詞曲雋永，殊堪翫味，可供學禪者吟詠，有助於見道。內附設計精美的彩色小冊，解說每一首詞的背景本事。每片280元。【每購買公案拈提書籍一冊，即贈送一片。】

我的菩提路第一輯：凡夫及二乘聖人不能實證的佛菩提證悟，末法時代的今天仍然有人能得實證，由正覺同修會釋悟圓、釋善藏法師等二十餘位實證如來藏者所寫的見道報告，已爲當代學人見證宗門正法之絲縷不絕，證明大乘義學的法脈仍然存在，爲末法時代求悟般若之學人照耀出光明的坦途。由二十餘位大乘見道者所繕，敘述各種不同的學法、見道因緣與過程，參禪求悟者必讀。全書三百餘頁，售價300元。

我的菩提路第二輯：由郭正益老師等人合著，書中詳述彼等諸人歷經各處道場學法，一一修學而加以檢擇之不同過程以後，因閱讀正覺同修會、正智出版社書籍而發起抉擇分，轉入正覺同修會中修學；乃至學法及見道之過程，都一一詳述之。其中張志成等人係由前現代禪轉進正覺同修會，張志成原爲現代禪副宗長，以前未閱本會書籍時，曾被人藉其名義著文評論 平實導師（詳見《宗通與說通》辨正及《眼見佛性》書末附錄…等）；後因偶然接觸正覺同修會書籍，深覺以前聽人評論平實導師之語不實，於是投入極多時間閱讀本會書籍、深入思辨，詳細探索中觀與唯識之關聯與異同，認爲正覺之法義方是正法，深覺相應；亦解開多年來對佛法的迷雲，確定應依八識論正理修學方是正法。乃不顧面子，毅然前往正覺同修會面見平實導師懺悔，並正式學法求悟。今已與其同修王美伶（亦爲前現代禪傳法老師），同樣證悟如來藏而證得法界實相，生起實相般若眞智。此書中尚有七年來本會第一位眼見佛性者之見性報告一篇，一同供養大乘佛弟子。全書四百頁，售價300元。

我的菩提路第三輯：由王美伶老師等人合著。自從正覺同修會成立以來，每年夏初、冬初都舉辦精進禪三共修，藉以助益會中同修們得以證悟明心發起般若實相智慧；凡已實證而被平實導師印證者，皆書具見道報告用以證明佛法之眞實可證而非玄學，證明佛法並非純屬思想、理論而無實質，是故每年都能有人證明正覺同修會的「實證佛教」主張並非虛語。特別是眼見佛性一法，自古以來中國禪宗祖師實證者極寡，較之明心開悟的證境更難令人信受；至2017年初，正覺同修會中的證悟明心者已近五百人，然而其中眼見佛性者至今唯十餘人爾，可謂難能可貴，是故明心後欲冀眼見佛性者實屬不易。黃正倖老師是懸絕七年無人見性後的第一人，她於2009年的見性報告刊於本書的第二輯中，爲大眾證明佛性確實可以眼見；其後七年之中求見性者都屬解悟佛性而無人眼見，幸而又經七年後的2016冬初，以及2017夏初的禪三，復有三人眼見佛性，希冀鼓舞四眾佛子求見佛性之大心，今則具載一則於書末，顯示求見佛性之事實經歷，供養現代佛教界欲得見性之四眾弟子。全書四百頁，售價300元，預定2017年6月30日發行。

我的菩提路第四輯：由陳晏平等人著。中國禪宗祖師往往有所謂「見性」之言，所言多屬看見如來藏具有能令人發起成佛之自性，並非《大般涅槃經》中 如來所說之眼見佛性。眼見佛性者，於親見佛性之時，即能於山河大地眼見自己佛性，亦能於他人身上眼見自己佛性及對方之佛性，如是境界無法為尚未實證者解釋；勉強說之，縱使眞實明心證悟之人聞之，亦只能以自身明心之境界想像之，但不論如何想像多屬非量，能有正確之比量者亦是稀有，故說眼見佛性極爲困難。眼見佛性之人若所見極分明時，在所見佛性之境界下所眼見之山河大地、自己五蘊身心皆是虛幻，自有異於明心者之解脫功德受用，此後永不思證二乘涅槃，必定邁向成佛之道而進入第十住位中，已超第一阿僧祇劫三分有一，可謂之爲超劫精進也。今又有明心之後眼見佛性之人出於人間，將其明心及後來見性之報告，連同其餘證悟明心者之精彩報告一同收錄於此書中，供養眞求佛法實證之四衆佛子。全書380頁，售價300元，預定2018年6月30日發行。

鈍鳥與靈龜：鈍鳥及靈龜二物，被宗門證悟者說爲二種人：前者是精修禪定而無智慧者，也是以定爲禪的愚癡禪人；後者是或有禪定、或無禪定的宗門證悟者，凡已證悟者皆是靈龜。但後來被人虛造事實，用以嘲笑大慧宗杲禪師，說他雖是靈龜，卻不免被天童禪師預記「患背」痛苦而亡：「鈍鳥離巢易，靈龜脫殼難。」藉以貶低大慧宗杲的證量。同時將天童禪師實證如來藏的證量，曲解爲意識境界的離念靈知。自從大慧禪師入滅以後，錯悟凡夫對他的不實毀謗就一直存在著，不曾止息，並且捏造的假事實也隨著年月的增加而越來越多，終至編成「鈍鳥與靈龜」的假公案、假故事。本書是考證大慧與天童之間的不朽情誼，顯現這件假公案的虛妄不實；更見大慧宗杲面對惡勢力時的正直不阿，亦顯示大慧對天童禪師的至情深義，將使後人對大慧宗杲的誣謗至此而止，不再有人誤犯毀謗賢聖的惡業。書中亦舉證宗門的所悟確以第八識如來藏爲標的，詳讀之後必可改正以前被錯悟大師誤導的參禪知見，日後必定有助於實證禪宗的開悟境界，得階大乘眞見道位中，即是實證般若之賢聖。全書459頁，售價350元。

維摩詰經講記：本經係 世尊在世時，由等覺菩薩維摩詰居士藉疾病而演說之大乘菩提無上妙義，所說函蓋甚廣，然極簡略，是故今時諸方大師與學人讀之悉皆錯解，何況能知其中隱含之深妙正義，是故普遍無法爲人解說；若強爲人說，則成依文解義而有諸多過失。今由平實導師公開宣講之後，詳實解釋其中密意，令維摩詰菩薩所說大乘不可思議解脫之深妙正法得以正確宣流於人間，利益當代學人及與諸方大師。書中詳實演述大乘佛法深妙不共二乘之智慧境界，顯示諸法之中絕待之實相境界，建立大乘菩薩妙道於永遠不敗不壞之地，以此成就護法偉功，欲冀永利娑婆人天。已經宣講圓滿整理成書流通，以利諸方大師及諸學人。全書共六輯，每輯三百餘頁，售價各250元。

真假外道：本書具體舉證佛門中的常見外道知見實例，並加以教證及理證上的辨正，幫助讀者輕鬆而快速的了知常見外道的錯誤知見，進而遠離佛門內外的常見外道知見，因此即能改正修學方向而快速實證佛法。游正光老師著　。成本價200元。

勝鬘經講記：如來藏爲三乘菩提之所依，若離如來藏心體及其含藏之一切種子，即無三界有情及一切世間法，亦無二乘菩提緣起性空之出世間法；本經詳說無始無明、一念無明皆依如來藏而有之正理，藉著詳解煩惱障與所知障間之關係，令學人深入了知二乘菩提與佛菩提相異之妙理；聞後即可了知佛菩提之特勝處及三乘修道之方向與原理，邁向攝受正法而速成佛道的境界中。平實導師講述，共六輯，每輯三百餘頁，售價各250元。

楞嚴經講記：楞嚴經係密教部之重要經典，亦是顯教中普受重視之經典；經中宣說明心與見性之內涵極爲詳細，將一切法都會歸如來藏及佛性—妙眞如性；亦闡釋佛菩提道修學過程中之種種魔境，以及外道誤會涅槃之狀況，旁及三界世間之起源。然因言句深澀難解，法義亦復深妙寬廣，學人讀之普難通達，是故讀者大多誤會，不能如實理解佛所說之明心與見性內涵，亦因是故多有悟錯之人引爲開悟之證言，成就大妄語罪。今由平實導師詳細講解之後，整理成文，以易讀易懂之語體文刊行天下，以利學人。全書十五輯，全部出版完畢。每輯三百餘頁，售價每輯300元。

明心與眼見佛性：本書細述明心與眼見佛性之異同，同時顯示了中國禪宗破初參明心與重關眼見佛性二關之間的關聯；書中又藉法義辨正而旁述其他許多勝妙法義，讀後必能遠離佛門長久以來積非成是的錯誤知見，令讀者在佛法的實證上有極大助益。也藉慧廣法師的謬論來教導佛門學人回歸正知正見，遠離古今禪門錯悟者所墮的意識境界，非唯有助於斷我見，也對未來的開悟明心實證第八識如來藏有所助益，是故學禪者都應細讀之。 游正光老師著 共448頁 售價300元。

菩薩底憂鬱CD：將菩薩情懷及禪宗公案寫成新詞，並製作成超越意境的優美歌曲。 1.主題曲〈菩薩底憂鬱〉，描述地後菩薩能離三界生死而迴向繼續生在人間，但因尚未斷盡習氣種子而有極深沈之憂鬱，非三賢位菩薩及二乘聖者所知，此憂鬱在七地滿心位方才斷盡；本曲之詞中所說義理極深，昔來所未曾見；此曲係以優美的情歌風格寫詞及作曲，聞者得以激發嚮往諸地菩薩境界之大心，詞、曲都非常優美，難得一見；其中勝妙義理之解說，已印在附贈之彩色小冊中。 2.以各輯公案拈提中直示禪門入處之頌文，作成各種不同曲風之超意境歌曲，值得玩味、參究；聆聽公案拈提之優美歌曲時，請同時閱讀內附之印刷精美說明小冊，可以領會超越三界的證悟境界；未悟者可以因此引發求悟之意向及疑情，眞發菩提心而邁向求悟之途，乃至因此眞實悟入般若，成眞菩薩。 3.正覺總持咒新曲，總持佛法大意；總持咒之義理，已加以解說並印在隨附之小冊中。本CD共有十首歌曲，長達63分鐘，附贈二張購書優惠券。每片280元。

禪意無限CD：平實導師以公案拈提書中偈頌寫成不同風格曲子，與他人所寫不同風格曲子共同錄製出版，幫助參禪人進入禪門超越意識之境界。盒中附贈彩色印製的精美解說小冊，以供聆聽時閱讀，令參禪人得以發起參禪之疑情，即有機會證悟本來面目，實證大乘菩提般若。本CD共有十首歌曲，長達69分鐘，每盒各附贈二張購書優惠券。每片280元。

金剛經宗通：三界唯心，萬法唯識，是成佛之修證內容，是諸地菩薩之所修；般若則是成佛之道（實證三界唯心、萬法唯識）的入門，若未證悟實相般若，即無成佛之可能，必將永在外門廣行菩薩六度，永在凡夫位中。然而實相般若的發起，全賴實證萬法的實相；若欲證知萬法的眞相，則必須探究萬法之所從來，則須實證自心如來─金剛心如來藏，然後現觀這個金剛心的金剛性、眞實性、如如性、清淨性、涅槃性、能生萬法的自性性、本住性，名爲證眞如；進而現觀三界六道唯是此金剛心所成，人間萬法須藉八識心王和合運作方能現起。如是實證《華嚴經》的「三界唯心、萬法唯識」以後，由此等現觀而發起實相般若智慧，繼續進修第十住位的如幻觀、第十行位的陽焰觀、第十迴向位的如夢觀，再生起增上意樂而勇發十無盡願，方能滿足三賢位的實證，轉入初地；自知成佛之道而無偏倚，從此按部就班、次第進修乃至成佛。第八識自心如來是般若智慧之所依，般若智慧的修證則要從實證金剛心自心如來開始；《金剛經》則是解說自心如來之經典，是一切三賢位菩薩所應進修之實相般若經典。這一套書，是將平實導師宣講的《金剛經宗通》內容，整理成文字而流通之；書中所說義理，迥異古今諸家依文解義之說，指出大乘見道方向與理路，有益於禪宗學人求開悟見道，及轉入內門廣修六度萬行。講述完畢後結集出版，總共9輯，每輯約三百餘頁，售價各250元。

空行母─性別、身分定位，以及藏傳佛教：本書作者爲蘇格蘭哲學家，因爲嚮往佛教深妙的哲學內涵，於是進入當年盛行於歐美的假藏傳佛教密宗，擔任卡盧仁波切的翻譯工作多年以後，被邀請成爲卡盧的空行母（又名佛母、明妃），開始了她在密宗裡的實修過程；後來發覺在密宗雙身法中的修行，其實無法使自己成佛，也發覺密宗對女性岐視而處處貶抑，並剝奪女性在雙身法中擔任一半角色時應有的身分定位。當她發覺自己只是雙身法中被喇嘛利用的工具，沒有獲得絲毫應有的尊重與基本定位時，發現了密宗的父權社會控制女性的本質；於是作者傷心地離開了卡盧仁波切與密宗，但是卻被恐嚇不許講出她在密宗裡的經歷，也不許她說出自己對密宗的教義與教制下對女性剝削的本質，否則將被咒殺死亡。後來她去加拿大定居，十餘年後方才擺脫這個恐嚇陰影，下定決心將親

身經歷的實情及觀察到的事實寫下來並且出版，公諸於世。出版之後，她被流亡的達賴集團人士大力攻訐，誣指她爲精神狀態失常、說謊……等。但有智之士並未被達賴集團的政治操作及各國政府政治運作吹捧達賴的表相所欺，使她的書銷售無阻而又再版。正智出版社鑑於作者此書是親身經歷的事實，所說具有針對「藏傳佛教」而作學術研究的價值，也有使人認清假藏傳佛教剝削佛母、明妃的男性本位實質，因此洽請作者同意中譯而出版於華人地區。珍妮·坎貝爾女士著，呂艾倫 中譯，每冊250元。

霧峰無霧—給哥哥的信　本書作者藉兄弟之間信件往來論義，略述佛法大義；並以多篇短文辨義，舉出釋印順對佛法的無量誤解證據，並一一給予簡單而清晰的辨正，令人一讀即知。久讀、多讀之後即能認清楚釋印順的六識論見解，與眞實佛法之牴觸是多麼嚴重；於是在久讀、多讀之後，於不知不覺之間提升了對佛法的極深入理解，正知正見就在不知不覺間建立起來了。當三乘佛法的正知見建立起來之後，對於三乘菩提的見道條件便將隨之具足，於是聲聞解脫道的見道也就水到渠成；接著大乘見道的因緣也將次第成熟，未來自然也會有親見大乘菩提之道的因緣，悟入大乘實相般若也將自然成功，自能通達般若系列諸經而成實義菩薩。作者居住於南投縣霧峰鄉，自喻見道之後不復再見霧峰之霧，故鄉原野美景一一明見，於是立此書名爲《霧峰無霧》；讀者若欲撥霧見月，可以此書爲緣。游宗明 老師著 售價250元。

假藏傳佛教的神話—性、謊言、喇嘛教：本書編著者是由一首名叫「阿姊鼓」的歌曲爲緣起，展開了序幕，揭開假藏傳佛教—喇嘛教—的神秘面紗。其重點是蒐集、摘錄網路上質疑「喇嘛教」的帖子，以揭穿「假藏傳佛教的神話」爲主題，串聯成書，並附加彩色插圖以及說明，讓讀者們瞭解西藏密宗及相關人事如何被操作爲「神話」的過程，以及神話背後的眞相。作者：張正玄教授。售價200元。

達賴真面目—玩盡天下女人：假使您不想戴綠帽子，請記得詳細閱讀此書；假使您不想讓好朋友戴綠帽子，請您將此書介紹給您的好朋友。假使您想保護家中的女性，也想要保護好朋友的女眷，請記得將此書送給家中的女性和好友的女眷都來閱讀。本書爲印刷精美的大本彩色中英對照精裝本，爲您揭開達賴喇嘛的眞面目，內容精彩不容錯過，爲利益社會大衆，特別以優惠價格嘉惠所有讀者。編著者：白志偉等。大開版雪銅紙彩色精裝本。售價800元。

童女迦葉考—論呂凱文〈佛教輪迴思想的論述分析〉之謬：童女迦葉是佛世率領五百大比丘遊行於人間的歷史事實，是以童貞行而依止菩薩戒弘化於人間的大菩薩，不依別解脫戒（聲聞戒）來弘化於人間。這是大乘佛教與聲聞佛教同時存在於佛世的歷史明證，證明大乘佛教不是從聲聞法中分裂出來的部派佛教的產物，卻是聲聞佛教分裂出來的部派佛教聲聞凡夫僧所不樂見的史實；於是古今聲聞法中的凡夫都欲加以扭曲而作詭說，更是末法時代高聲大呼「大乘非佛說」的六識論聲聞凡夫極力想要扭曲的佛教史實之一，於是想方設法扭曲迦葉菩薩爲聲聞僧，以及扭曲迦葉童女爲比丘僧等荒謬不實之論著便陸續出現，古時聲聞僧寫作的《分別功德論》是最具體之事例，現代之代表作則是呂凱文先生的〈佛教輪迴思想的論述分析〉論文。鑑於如是假藉學術考證以籠罩大衆之不實謬論，未來仍將繼續造作及流竄於佛教界，繼續扼殺大乘佛教學人法身慧命，必須舉證辨正之，遂成此書。平實導師 著，每冊180元。

末代達賴—性交教主的悲歌：簡介從藏傳僞佛教（喇嘛教）的修行核心—性力派男女雙修，探討達賴喇嘛及藏傳僞佛教的修行內涵。書中引用外國知名學者著作、世界各地新聞報導，包含：歷代達賴喇嘛的祕史、達賴六世修雙身法的事蹟，以及《時輪續》中的性交灌頂儀式……等；達賴喇嘛書中開示的雙修法、達賴喇嘛的黑暗政治手段；達賴喇嘛所領導的寺院爆發喇嘛性侵兒童；新聞報導《西藏生死書》作者索甲仁波切性侵女信徒、澳洲喇嘛秋達公開道歉、美國最大假藏傳佛教組織領導人邱陽創巴仁波切的性氾濫，等等事件背後眞相的揭露。作者：張善思、呂艾倫、辛燕。售價250元。

黯淡的達賴—失去光彩的諾貝爾和平獎：本書舉出很多證據與論述，詳述達賴喇嘛不為世人所知的一面，顯示達賴喇嘛並不是眞正的和平使者，而是假借諾貝爾和平獎的光環來欺騙世人；透過本書的說明與舉證，讀者可以更清楚的瞭解，達賴喇嘛是結合暴力、黑暗、淫欲於喇嘛教裡的集團首領，其政治行為與宗教主張，早已讓諾貝爾和平獎的光環染污了。　本書由財團法人正覺教育基金會寫作、編輯，由正覺出版社印行，每冊250元。

第七意識與第八意識？—穿越時空「超意識」：「三界唯心，萬法唯識」是佛教中應該實證的聖教，也是《華嚴經》中明載而可以實證的法界實相。唯心者，三界一切境界、一切諸法唯是一心所成就，即是每一個有情的第八識如來藏，不是意識心。唯識者，即是人類各各都具足的八識心王——眼識、耳鼻舌身意識、意根、阿賴耶識，第八阿賴耶識又名如來藏，人類五陰相應的萬法，莫不由八識心王共同運作而成就，故說萬法唯識。依聖教量及現量、比量，都可以證明意識是二法因緣生，是由第八識藉意根與法塵二法為因緣而出生，又是夜夜斷滅不存之生滅心，即無可能反過來出生第七識意根，第八識如來藏，當知不可能從生滅性的意識心中，細分出恆審思量的第七識意根，更無可能細分出恆而不審的第八識如來藏。本書是將演講內容整理成文字，細說如是內容，並已在《正覺電子報》連載完畢，今彙集成書以廣流通，欲幫助佛門有緣人斷除意識我見，跳脫於識陰之外而取證聲聞初果；嗣後修學禪宗時即得不墮外道神我之中，得以求證第八識金剛心而發起般若實智。平實導師 述，每冊300元。

中觀金鑑—詳述應成派中觀的起源與其破法本質：學佛人往往迷於中觀學派之不同學說，被應成派與自續派所迷惑；修學般若中觀二十年後自以為實證般若中觀了，卻仍不曾入門，甫聞實證般若中觀者之所說，則茫無所知，迷惑不解；隨後信心盡失，不知如何實證佛法；凡此，皆因惑於這二派中觀學說所致。自續派中觀所說同於常見，以意識境界立為第八識如來藏之境界，應成派所說則同於斷見，但又同立意識為常住法，故亦具足斷常二見。今者孫正德老師有鑑於此，乃將起源於密宗的應成派中觀學說，追本溯源，詳考其來源之外，亦一一舉證其立論內容，詳加辨正，令密宗雙身法祖師以識陰境界而造之應成派中觀學說本質，詳細呈現於學人眼前，令其維護雙身法之目的無所遁形。若欲遠離密宗此二大派中觀謬說，欲於三乘菩提有所進道者，允宜具足閱讀並細加思惟，反覆讀之以後將可捨棄邪道返歸正道，則於般若之實證即有可能，證後自能現觀如來藏之中道境界而成就中觀。本書分上、中、下三冊，每冊250元，全部出版完畢。

人間佛教—實證者必定不悖三乘菩提：「大乘非佛說」的講法似乎流傳已久，卻只是日本人企圖擺脫中國正統佛教的影響，而在明治維新時期才開始提出來的說法；台灣佛教、大陸佛教的淺學無智之人，由於未曾實證佛法而迷信日本人錯誤的學術考證，錯認為這些別有用心的日本佛學考證的講法為天竺佛教的眞實歷史；甚至還有更激進的反對佛教者提出「釋迦牟尼佛並非眞實存在，只是後人捏造的假歷史人物」，竟然也有少數人願意跟著「學術」的假光環而信受不疑，於是開始有一些佛教界人士造作了反對中國佛教而推崇南洋小乘佛教的行為，使佛教的信仰者難以檢擇，導致一般大陸人士開始轉入基督教的盲目迷信中。在這些佛教及外教人士之中，也就有一分人根據此邪說而大聲主張「大乘非佛說」的謬論，這些人以「人間佛教」的名義來抵制中國正統佛教，公然宣稱中國的大乘佛教是由聲聞部派佛教的凡夫僧所創造出來的。這樣的說法流傳於台灣及大陸佛教界凡夫僧之中已久，卻非眞正的佛教歷史中曾經發生過的事，只是繼承六識論的聲聞法中凡夫僧依自己的意識境界立場，純憑臆想而編造出來的妄想說法，卻已經影響許多無智之凡夫僧俗信受不移。本書則是從佛教的經藏法義實質及實證的現量內涵本質立論，證明大乘佛法本是佛說，是從《阿含正義》尚未說過的不同面向來討論「人間佛教」的議題，證明「大乘眞佛說」。閱讀本書可以斷除六識論邪見，迴入三乘菩提正道發起實證的因緣；也能斷除禪宗學人學禪時普遍存在之錯誤知見，對於建立參禪時的正知見有很深的著墨。平實導師 述，內文488頁，全書528頁，定價400元。

喇嘛性世界—揭開假藏傳佛教譚崔瑜伽的面紗：這個世界中的喇嘛，號稱來自世外桃源的香格里拉，穿著或紅或黃的喇嘛長袍，散布於我們的身邊傳教灌頂，吸引了無數的人嚮往學習；這些喇嘛虔誠地為大眾祈福，手中拿著寶杵（金剛）與寶鈴（蓮花），口中唸著咒語：「唵．嘛呢．叭咪．吽……」，咒語的意思是說：「我至誠歸命金剛杵上的寶珠伸向蓮花寶穴之中」！「喇嘛性世界」是什麼樣的「世界」呢？本書將為您呈現喇嘛世界的面貌。當您發現眞相以後，您將會唸：「噢！喇嘛．性．世界，譚崔性交嘛！」作者：張善思、呂艾倫。售價200元。

見性與看話頭：黃正倖老師的《見性與看話頭》於《正覺電子報》連載完畢，今結集出版。書中詳說禪宗看話頭的詳細方法，並細說看話頭與眼見佛性的關係，以及眼見佛性者求見佛性前必須具備的條件。本書是禪宗實修者追求明心開悟時參禪的方法書，也是求見佛性者作功夫時必讀的方法書，內容兼顧眼見佛性的理論與實修之方法，是依實修之體驗配合理論而詳述，條理分明而且極爲詳實、周全、深入。本書內文375頁，全書416頁，售價300元。

實相經宗通：學佛之目的在於實證一切法界背後之實相，禪宗稱之爲本來面目或本地風光，佛菩提道中稱之爲實相法界；此實相法界即是金剛藏，又名佛法之祕密藏，即是能生有情五陰、十八界及宇宙萬有（山河大地、諸天、三惡道世間）的第八識如來藏，又名阿賴耶識心，即是禪宗祖師所說的眞如心，此心即是三界萬有背後的實相。證得此第八識心時，自能瞭解般若諸經中隱說的種種密意，即得發起實相般若——實相智慧。每見學佛人修學佛法二十年後仍對實相般若茫然無知，亦不知如何入門，茫無所趣；更因不知三乘菩提的互異互同，是故越是久學者對佛法越覺茫然，都肇因於尚未瞭解佛法的全貌，亦未瞭解佛法的修證內容即是第八識心所致。本書對於修學佛法者所應實證的實相境界提出明確解析，並提示趣入佛菩提道的入手處，有心親證實相般若的佛法實修者，宜詳讀之，於佛菩提道之實證即有下手處。平實導師述著，共八輯，已全部出版完畢，每輯成本價250元。

真心告訴您（一）—**達賴喇嘛在幹什麼？**這是一本報導篇章的選集，更是「破邪顯正」的暮鼓晨鐘。「破邪」是戳破假象，說明達賴喇嘛及其所率領的密宗四大派法王、喇嘛們，弘傳的佛法是仿冒的佛法；他們是假藏傳佛教，是坦特羅（譚崔性交）外道法和藏地崇奉鬼神的苯教混合成的「喇嘛教」，推廣的是以所謂「無上瑜伽」的男女雙身法冒充佛法的假佛教，詐財騙色誤導眾生，常常造成信徒家庭破碎、家中兒少失怙的嚴重後果。「顯正」是揭櫫眞相，指出眞正的藏傳佛教只有一個，就是覺囊巴，傳的是　釋迦牟尼佛演繹的第八識如來藏妙法，稱爲他空見大中觀。正覺教育基金會即以此古今輝映的如來藏正法正知見，在眞心新聞網中逐次報導出來，將箇中原委「眞心告訴您」，如今結集成書，與想要知道密宗眞相的您分享。售價250元。

法華經講義：此書為平實導師始從2009/7/21演述至2014/1/14之講經錄音整理所成。世尊一代時教，總分五時三教，即是華嚴時、聲聞緣覺教、般若教、種智唯識教、法華時；依此五時三教區分為藏、通、別、圓四教。本經是最後一時的圓教經典，圓滿收攝一切法教於本經中，是故最後的圓教聖訓中，特地指出無有三乘菩提，其實唯有一佛乘；皆因眾生愚迷故，方便區分為三乘菩提以助眾生證道。世尊於此經中特地說明如來示現於人間的唯一大事因緣，便是為有緣眾生「開、示、悟、入」諸佛的所知所見──第八識如來藏妙眞如心，並於諸品中隱說「妙法蓮花」如來藏心的密意。然因此經所說甚深難解，眞義隱晦，古來難得有人能窺堂奧；平實導師以知如是密意故，特為末法佛門四眾演述《妙法蓮華經》中各品蘊含之密意，使古來未曾被古德註解出來的「此經」密意，如實顯示於當代學人眼前。乃至〈藥王菩薩本事品〉、〈妙音菩薩品〉、〈觀世音菩薩普門品〉、〈普賢菩薩勸發品〉中的微細密意，亦皆一併詳述之，開前人所未曾言之密意，示前人所未見之妙法。最後乃至以〈法華大意〉而總其成，全經妙旨貫通始終，而依佛旨圓攝於一心如來藏妙心，厥為曠古未有之大說也。平實導師述　已於2015/5/31起開始出版，每二個月出版一輯，共25輯。每輯300元。

西藏「活佛轉世」制度─附佛、造神、世俗法：歷來關於喇嘛教活佛轉世的研究，多針對歷史及文化兩部分，於其所以成立的理論基礎，較少系統化的探討。尤其是此制度是否依據「佛法」而施設？是否合乎佛法眞實義？現有的文獻大多含糊其詞，或人云亦云，不曾有明確的闡釋與如實的見解。因此本文先從活佛轉世的由來，探索此制度的起源、背景與功能，並進而從活佛的尋訪與認證之過程，發掘活佛轉世的特徵，以確認「活佛轉世」在佛法中應具足何種果德。定價150元。

真心告訴您（二）—達賴喇嘛是佛教僧侶嗎？補祝達賴喇嘛八十大壽：這是一本針對當今達賴喇嘛所領導的喇嘛教，冒用佛教名相、於師徒間或師兄姊間，實修男女邪淫，而從佛法三乘菩提的現量與聖教量，揭發其謊言與邪術，證明達賴及其喇嘛教是仿冒佛教的外道，是「假藏傳佛教」。藏密四大派教義雖有「八識論」與「六識論」的表面差異，然其實修之內容，皆共許「無上瑜伽」四部灌頂爲究竟「成佛」之法門，也就是共以男女雙修之邪淫法爲「即身成佛」之密要，雖美其名曰「欲貪爲道」之「金剛乘」，並誇稱其成就超越於（應身佛）釋迦牟尼佛所傳之顯教般若乘之上；然詳考其理論，則或以意識離念時之粗細心爲第八識如來藏，或以中脈裡的明點爲第八識如來藏，或如宗喀巴與達賴堅決主張第六意識爲常恆不變之眞心者，分別墮於外道之常見與斷見中；全然違背 佛說能生五蘊之如來藏的實質。售價300元。

涅槃：眞正學佛之人，首要即是見道，由見道故方有涅槃之實證，證涅槃者方能出生死，但涅槃有四種：二乘聖者的有餘涅槃、無餘涅槃，以及大乘聖者的本來自性清淨涅槃、佛地的無住處涅槃。大乘聖者實證本來自性清淨涅槃，入地前再取證二乘涅槃，然後起惑潤生捨離二乘涅槃，繼續進修而在七地心前斷盡三界愛之習氣種子，依七地無生法忍之具足而證得念念入滅盡定；八地後進斷異熟生死，直至妙覺地下生人間成佛，具足四種涅槃，方是眞正成佛。此理古來少人言，以致誤會涅槃正理者比比皆是，今於此書中廣說四種涅槃、如何實證之理、實證前應有之條件，實屬本世紀佛教界極重要之著作，令人對涅槃有正確無訛之認識，然後可以依之實行而得實證。本書共有上下二冊，每冊各四百餘頁，對涅槃詳加解說，每冊各350元。預定2018/9出版上冊，2018/11出版下冊。

修習止觀坐禪法要講記：修學四禪八定之人，往往錯會禪定之修學知見，欲以無止盡之坐禪而證禪定境界，卻不知修除性障之行門才是修證四禪八定不可或缺之要素，故智者大師云「性障初禪」；性障不除，初禪永不現前，云何修證二禪等？ 又：行者學定，若唯知數息，而不解六妙門之方便善巧者，欲求一心入定，未到地定極難可得，智者大師名之爲「事障未來」：障礙未到地定之修證。又禪定之修證，不可違背二乘菩提及第一義法，否則縱使具足四禪八定，亦不能實證涅槃而出三界。此諸知見，智者大師於《修習止觀坐禪法要》中皆有闡釋。作者平實導師以其第一義之見地及禪定之實證證量，曾加以詳細解析。將俟正覺寺竣工啓用後重講，不限制聽講者資格；講後將以語體文整理出版。欲修習世間定及增上定之學者，宜細讀之。平實導師述著。

解深密經講記：本經係 世尊晚年第三轉法輪，宣說地上菩薩所應熏修之唯識正義經典，經中所說義理乃是大乘一切種智增上慧學，以阿陀那識—如來藏—阿賴耶識爲主體。禪宗之證悟者，若欲修證初地無生法忍乃至八地無生法忍者，必須修學《楞伽經、解深密經》所說之八識心王一切種智；此二經所說正法，方是眞正成佛之道；印順法師否定第八識如來藏之後所說萬法緣起性空之法，是以誤會後之二乘解脫道取代大乘眞正成佛之道，尙且不符二乘解脫道正理，亦已墮於斷滅見中，不可謂爲成佛之道也。平實導師曾於本會郭故理事長往生時，於喪宅中從首七開始宣講，於每一七各宣講三小時，至第十七而快速略講圓滿，作爲郭老之往生佛事功德，迴向郭老早證八地、速返娑婆住持正法。茲爲今時後世學人故，將擇期重講《解深密經》，以淺顯之語句講畢後，將會整理成文，用供證悟者進道；亦令諸方未悟者，據此經中佛語正義，修正邪見，依之速能入道。平實導師述著，全書輯數未定，每輯三百餘頁，將於未來重講完畢後逐輯出版。

阿含經講記—小乘解脫道之修證：數百年來，南傳佛法所說證果之不實，所說解脫道之虛妄，所弘解脫道法義之世俗化，皆已少人知之；從南洋傳入台灣與大陸之後，所說法義虛謬之事，亦復少人知之；今時台灣全島印順系統之法師居士，多不知南傳佛法數百年來所說解脫道之義理已然偏斜、已然世俗化、已非眞正之二乘解脫正道，猶極力推崇與弘揚。彼等南傳佛法近代所謂之證果者多非眞實證果者，譬如阿迦曼、葛印卡、帕奧禪師、一行禪師……等人，悉皆未斷我見故。近年更有台灣南部大願法師，高抬南傳佛法之二乘修證行門爲「捷徑究竟解脫之道」者，然而南傳佛法縱使眞修實證，得成阿羅漢，至高唯是二乘菩提解脫之道，絕非究竟解脫，無餘涅槃中之實際尚未得證故，法界之實相尚未了知故，習氣種子待除故，一切種智未實證故，焉得謂爲「究竟解脫」？即使南傳佛法近代眞有實證之阿羅漢，尚且不及三賢位中之七住明心菩薩本來自性清淨涅槃智慧境界，則不能知此賢位菩薩所證之無餘涅槃實際，仍非大乘佛法中之見道者，何況普未實證聲聞果乃至未斷我見之人？謬充證果已屬逾越，更何況是誤會二乘菩提之後，以未斷我見之凡夫知見所說之二乘菩提解脫偏斜法道，焉可高抬爲「究竟解脫」？而且自稱「捷徑之道」？又妄言解脫之道即是成佛之道，完全否定般若實智、否定三乘菩提所依之如來藏心體，此理大大不通也！平實導師爲令修學二乘菩提欲證解脫果者，普得迴入二乘菩提正見、正道中，是故選錄四阿含諸經中，對於二乘解脫道法義有具足圓滿說明之經典，預定未來十年內將會加以詳細講解，令學佛人得以了知二乘解脫道之修證理路與行門，庶免被人誤導之後，未證言證，干犯道禁，成大妄語，欲升反墮。本書首重斷除我見，以助行者斷除我見而實證初果爲著眼之目標，若能根據此書內容，配合平實導師所著《識蘊眞義》《阿含正義》內涵而作實地觀行，實證初果非爲難事，行者可以藉此三書自行確認聲聞初果爲實際可得現觀成就之事。此書中除依二乘經典所說加以宣示外，亦依斷除我見等之證量，及大乘法中道種智之證量，對於意識心之體性加以細述，令諸二乘學人必定得斷我見、常見，免除三縛結之繫縛。次則宣示斷除我執之理，欲令升進而得薄貪瞋癡，乃至斷五下分結…等。平實導師述，共二冊，每冊三百餘頁。每輯300元。

喇嘛教修外道雙身法，墮識陰境界，非佛教

弘揚如來藏他空見的覺囊派才是真正藏傳佛教

總經銷： 飛鴻 國際行銷股份有限公司
231 新北市新店市中正路 501 之 9 號 2 樓
Tel.02－82186688（五線代表號） Fax.02-82186458、82186459

零售：1.**全台連鎖經銷書局：**
三民書局、誠品書局、何嘉仁書店
敦煌書店、紀伊國屋、金石堂書局、建宏書局
諾貝爾圖書城、墊腳石圖書文化廣場

2.**台北市：**佛化人生 **大安區**羅斯福路 3 段 325 號 6 樓之 4 台電大樓對面
3.**新北市：**春大地書店 **蘆洲區**中正路 117 號
4.**桃園市：**御書堂 **龍潭區**中正路 123 號
5.**新竹市：**大學書局 **東區**建功路 10 號
6.**台中市：**瑞成書局 **東區**雙十路 1 段 4 之 33 號
佛教詠春書局 **南屯區**永春東路 884 號
文春書店 **霧峰區**中正路 1087 號
7.**彰化市：**心泉佛教文化中心 南瑤路 286 號
8.**高雄市：**政大書城 **苓雅區**光華路 148-83 號
明儀書局 **三民區**明福街 2 號\
青年書局 **苓雅區**青年一路 141 號
9.**宜蘭市：**金隆書局 中山路 3 段 43 號
10.**台東市：**東普佛教文物流通處 博愛路 282 號
11.**其餘鄉鎮市經銷書局：**請電詢總經銷**飛鴻**公司。
12.**大陸地區請洽：**

香港：樂文書店
旺角店 :香港九龍旺角西洋菜街 62 號 3 樓
電話 : (852) 2390 3723 email: luckwinbooks@gmail.com
銅鑼灣店 :香港銅鑼灣駱克道 506 號 2 樓
電話 : (852) 2881 1150 email: luckwinbs@gmail.com

廈門：廈門外圖臺灣書店有限公司
地址：廈門市思明區湖濱南路809 號 廈門外圖書城3 樓 郵編：361004
電話：0592-5061658（臺灣地區請撥打 86-592-5061658）
E-mail：JKB118＠188.COM

13.**美國：世界日報圖書部：**紐約圖書部 電話 7187468889#6262
洛杉磯圖書部 電話 3232616972#202

14.**國內外地區網路購書：**
正智出版社 書香園地 http://books.enlighten.org.tw/
（書籍簡介、經銷書局可直接聯結下列網路書局購書）
三民 網路書局 http://www.sanmin.com.tw
誠品 網路書局 http://www.eslitebooks.com

博客來 網路書局　http://www.books.com.tw

金石堂 網路書局　http://www.kingstone.com.tw

飛鴻 網路書局　http://fh6688.com.tw

附註：1.請儘量向各經銷書局購買：郵政劃撥需要八天才能寄到（本公司在您劃撥後第四天才能接到劃撥單，次日寄出後第二天您才能收到書籍，此六天中可能會遇到週休二日，是故共需八天才能收到書籍）若想要早日收到書籍者，請劃撥完畢後，將劃撥收據貼在紙上，旁邊寫上您的姓名、住址、郵區、電話、買書詳細內容，直接傳眞到本公司 02-28344822，並來電 02-28316727、28327495 確認是否已收到您的傳眞，即可提前收到書籍。 2.因台灣每月皆有五十餘種宗教類書籍上架，書局書架空間有限，故唯有新書方有機會上架，通常每次只能有一本新書上架；本公司出版新書，大多上架不久便已售出，若書局未再叫貨補充者，書架上即無新書陳列，則請直接向書局櫃台訂購。 3.若書局不便代購時，可於晚上共修時間向正覺同修會各共修處請購（共修時間及地點，詳閱**共修現況表**。每年例行年假期間請勿前往請書，年假期間請見共修現況表）。 4.郵購：郵政劃撥帳號 19068241。 5.正覺同修會會員購書都以八折計價（戶籍台北市者爲一般會員，外縣市爲護持會員）都可獲得優待，欲一次購買全部書籍者，可以考慮入會，節省書費。入會費一千元（第一年初加入時才需要繳），年費二千元。**6.尚未出版之書籍，請勿預先郵寄書款與本公司，謝謝您！** 7.若欲一次購齊本公司書籍，或同時取得正覺同修會贈閱之全部書籍者，請於正覺同修會共修時間，親到各共修處請購及索取；**台北市讀者**請洽：103 台北市承德路三段 267 號 10 樓（捷運淡水線 圓山站旁）請書時間：週一至週五爲 18.00~21.00，第一、三、五週週六爲 10.00~21.00，雙週之週六爲 10.00~18.00 請購處專線電話：25957295-分機 14（於請書時間方有人接聽）。

敬告大陸讀者：

大陸讀者購書、索書捷徑（尚未在大陸出版的書籍，以下二個途徑都可以購得，電子書另包括結緣書籍）：

1.廈門外國圖書公司：廈門市思明區湖濱南路 809 號 廈門外圖書城 3F
郵編：361004　　電話：0592-5061658　　網址：http://www.xibc.com.cn/

2.電子書：正智出版社有限公司及正覺同修會在台灣印行的各種局版書、結緣書，已有『**正覺電子書**』陸續上線中，提供讀者於手機、平板電腦上購書、下載、閱讀正智出版社、正覺同修會及正覺教育基金會所出版之電子書，詳細訊息敬請參閱『正覺電子書』專頁：http://books.enlighten.org.tw/ebook

關於平實導師的書訊，請上網查閱：

成佛之道　http://www.a202.idv.tw

正智出版社 書香園地　http://books.enlighten.org.tw/

中國網採訪佛教正覺同修會、正覺教育基金會訊息：

http://big5.china.com.cn/gate/big5/fangtan.china.com.cn/2014-06/19/content_32714638.htm

http://pinpai.china.com.cn/

★ 正智出版社有限公司售書之稅後盈餘，全部捐助財團法人正覺寺籌備處、佛教正覺同修會、正覺教育基金會，供作弘法及購建道場之用；懇請諸方大德支持，功德無量。

★ 聲　明 ★

本社於 2015/01/01 開始調整本目錄中部分書籍之售價，以因應各項成本的持續增加。

＊ 喇嘛教修外道雙身法、墮識陰境界，非佛教 ＊

＊ 弘揚如來藏他空見的覺囊派才是真正藏傳佛教 ＊

售後服務—換書啓事（免附回郵）　2017/12/05

《楞伽經詳解》第三輯初版免費調換新書啓事：茲因 平實導師弘法早期尚未回復往世全部證量，有些法義接受他人的說法，寫書當時並未察覺而有二處（同一種法義）跟著誤說，如今發現已將之修正。茲爲顧及讀者權益，已開始免費調換新書；敬請所有讀者將以前所購第三輯（不論第幾刷），攜回或寄回本公司免費換新；郵寄者之回郵由本公司負擔，不需寄來郵票。因此而造成讀者閱讀、以及換書的不便，在此向所有讀者致上萬分的歉意，祈請讀者大眾見諒！

《楞嚴經講記》第 14 輯初版首刷本免費調換新書啓事：本講記第 14 輯出版前因 平實導師諸事繁忙，未將之重新閱讀而只改正校對時發現的錯別字，故未能發覺十年前所說法義有部分錯誤，於第 15 輯付印前重閱時才發覺第 14 輯中有部分錯誤尚未改正。今已重新審閱修改並已重印完成，煩請所有讀者將以前所購第 14 輯初版首刷本，寄回本公司免費換新（初版二刷本無錯誤），本公司將於寄回新書時同時附上您寄書來換新時的郵資，並在此向所有讀者致上最誠懇的歉意。

《心經密意》初版書免費調換二版新書啓事：本書係演講錄音整理成書，講時因時間所限，省略部分段落未講。後於再版時補寫增加 13 頁，維持原價流通之。茲爲顧及初版讀者權益，自 2003/9/30 開始免費調換新書，原有初版一刷、二刷書籍，皆可寄來本公司換書。

《宗門法眼》已經增寫改版爲 464 頁新書，2008 年 6 月中旬出版。讀者原有初版之第一刷、第二刷書本，都可以寄回本公司免費調換改版新書。改版後之公案及錯悟事例維持不變，但將內容加以增說，較改版前更具有廣度與深度，將更能助益讀者參究實相。

換書者**免附回郵**，亦無截止期限；舊書請寄：111 台北郵政 73-151 號信箱 或 103 台北市承德路三段 267 號 10 樓 正智出版社有限公司。舊書若有塗鴨、殘缺、破損者，仍可換取新書；但缺頁之舊書至少應仍有五分之三頁數，方可換書。所有讀者不必顧念本公司是否有盈餘之問題，都請踴躍寄來換書；本公司成立之目的不是營利，只要能眞實利益學人，即已達到成立及運作之目的。若以郵寄方式換書者，免附回郵；並於寄回新書時，由本公司附上您寄來書籍時耗用的郵資。造成您不便之處，再次致上萬分的歉意。

正智出版社有限公司 啓

國家圖書館出版品預行編目(CIP)資料

法華經講義 / 平實導師述. -- 初版. -
- 臺北市 : 正智, 2015.05 面 ; 公分
ISBN 978-986-56553-0-3 (第一輯：平裝)
ISBN 978-986-56554-6-4 (第二輯：平裝)
ISBN 978-986-56555-6-3 (第三輯：平裝)
ISBN 978-986-56556-1-7 (第四輯：平裝)
ISBN 978-986-56556-9-3 (第五輯：平裝)
ISBN 978-986-56557-9-2 (第六輯：平裝)
ISBN 978-986-56558-2-2 (第七輯：平裝)
ISBN 978-986-56558-9-1 (第八輯：平裝)
ISBN 978-986-56559-8-3 (第九輯：平裝)
ISBN 978-986-93725-2-7 (第十輯：平裝)
ISBN 978-986-93725-4-1 (第十一輯：平裝)
ISBN 978-986-93725-6-5 (第十二輯：平裝)
ISBN 978-986-93725-7-2 (第十三輯：平裝)
ISBN 978-986-94970-3-9 (第十四輯：平裝)
ISBN 978-986-94970-7-7 (第十五輯：平裝)
ISBN 978-986-94970-9-1 (第十六輯：平裝)
ISBN 978-986-95830-1-5 (第十七輯：平裝)
ISBN 978-986-95830-4-6 (第十八輯：平裝)
ISBN 978-986-95830-9-1 (第十九輯：平裝)
1. 法華部
221.5 104004638

法華經講義——第九輯

著 述 者：平實導師
音文轉換：章乃鈞 高惠齡 劉惠莉 蔡正利 黃昇金
校　　對：章乃鈞 陳介源 孫淑貞 傅素嫺 王美伶
出 版 者：正智出版社有限公司
電話：〇二 28327495 28316727（白天）
傳眞：〇二 28344822
111 台北郵政 73-151 號信箱
郵政劃撥帳號：一九〇六八二四一
正覺講堂：總機〇二 25957295（夜間）
總 經 銷：飛鴻國際行銷股份有限公司
231 新北市新店區中正路 501-9 號 2 樓
電話：〇二 82186688（五線代表號）
傳眞：〇二 82186458 82186459
初版首刷：二〇一六年九月三十日 二千冊
初版四刷：二〇一八年六月 二千冊
定　　價：三〇〇元